Klaus Douglass
Glaube hat G

Klaus Douglass

Glaube hat Gründe

Wie ich eine lebendige Beziehung zu Gott finde

Kreuz

2 3 4 5 03 02 01 00

Postfach 80 06 69, 70506 Stuttgart; Tel.: 07 11-78 80 30
Ein Unternehmen der Dornier Medienholding GmbH
Umschlaggestaltung: Jürgen Reichert, Stuttgart
Gesamtherstellung: Ebner Ulm
ISBN 3 7831 1649 X

Inhalt

Warum ich nicht religiös bin

In diesem Vorwort lesen Sie, warum die Menschen heute wieder zunehmend religiös werden und warum dieser Trend zurück zur Religion dem Christentum nicht besonders dienlich ist. Auf die Frage nach Gott finden wir innerhalb wie außerhalb des Christentums eine Vielfalt von Antworten. Da von diesen Fragen viel für uns abhängt, können wir es uns nicht leisten, hier einem Irrtum oder gar einer Lüge aufzusitzen. Wie jedoch beurteilt man die Wahrheit religiöser Aussagen? Ich werde Ihnen drei Kriterien an die Hand geben, mittels derer Sie die vielfältigen religiösen Angebote – und selbstverständlich auch dieses Buch – prüfen können. Das Anliegen dieses Buches ist es, zumindest die denkerische Klarheit zu schaffen, um Ihnen einen neuen Zugang zum Christentum zu ermöglichen.

Die Rückkehr der Religion

Unsere Zeit »dampft« geradezu vor Religion. Noch vor wenigen Jahren mußte man, wenn man einen Menschen für das Christentum interessieren wollte, erst einmal darüber diskutieren, ob es überhaupt einen Gott gibt. Heute stellt sich die Sachlage anders dar. Wir erleben derzeit in Ost und West eine seit den Tagen der Aufklärung nicht mehr gekannte Rückkehr des Religiösen.

Die Menschen, so scheint es, haben das Vertrauen in eine rein wissenschaftliche Weltsicht verloren. Für jede Frage, die in den letzten drei Jahrhunderten beantwortet werden konnte, haben sich mindestens zwei neue aufgetan. Die wesentlichen Fragen des Lebens sind wissenschaftlich nicht geklärt und können auch nicht geklärt werden: die Frage nach dem Wozu und Wohin, die Frage nach möglichen Welten und Dimensionen jenseits des empirisch Faßbaren, die Fragen nach Sinn, Schuld, Leid und Tod. Und es ist keineswegs ausgemacht, ob die Welt in den Jahren der Außerkraftsetzung der Religion wirklich *menschlicher* geworden ist, oder ob sie nicht vielmehr zunehmend die unmenschlichen Züge der »Schönen neuen Welt« Aldous Huxleys gewinnt. Alles in allem merkt man heute zusehends, daß die Naturwissenschaft die Religion zwar *aufklären*, nicht aber *ersetzen* konnte.

Drei Gründe, warum die Menschen wieder religiös werden:

- Weil mit jeder von der Wissenschaft beantworteten Frage mindestens zwei neue, ungelöste Fragen auftauchten.
- Weil die wesentlichen Fragen nach dem Woher und Wozu des Lebens wissenschaftlich nicht beantwortet werden können.
- Weil die Welt ohne Religion nicht unbedingt menschlicher geworden ist.

Religion ist heute wieder »in«. Allerdings geht damit nicht gerade eine Neubelebung des Christentums einher. Jede Menge Anbieter drängen heute auf den religiösen Markt, und es hat den Anschein, als ob sie – zumindest in ihrer Gesamtheit – sehr viel mehr Anklang fänden als das Christentum. Das Christentum, so scheint es, hat seine Zeit gehabt und hat sie nicht genutzt.

Keiner Religion hat man in der Vergangenheit unseres Kulturkreises auch nur annähernd vergleichbare Startbedingungen eingeräumt wie dem Christentum, aber es hat seinen Kredit verspielt. Es hat sich häufig genug als langweilig und irrelevant und nicht selten sogar als betrügerisch erwiesen. So ist es kein Wunder, daß das Christentum heute mit einem Handikap ins Rennen geht. Es genießt keinen Vertrauensvorsprung mehr, eher begegnet man ihm zunächst mit Mißtrauen.

Hieß es in der Aufklärung noch: »Wage, dich deines eigenen Verstandes zu bedienen«, so lautet der Schlachtruf heute anders: »Wage es, den Ahnungen deiner Seele nachzuspüren!« Hier wie dort ging beziehungsweise geht es darum, sich gegen die Bevormundung seitens der Kirche zur Wehr zu setzen. Nicht nur der Kopf, auch das religiöse Empfinden soll sich von ihrem diktatorischen Zugriff befreien.[1]

Drehte sich die Diskussion vor zwanzig Jahren noch um die Frage, *ob* es einen Gott gibt, so ist die Fragestellung heute eine andere, nämlich die, *welcher* Gott der richtige ist. Freilich: Auch diese Fragestellung ist schon wieder »typisch christlich«. Genau das stört uns am Christentum: daß es auf einem Gebiet, auf dem man nichts beweisen kann, partout die Kategorien von »Richtig« oder »Falsch« einzeichnen möchte. Das Christentum wäre uns sehr viel sympathischer, wenn es sich als *ein* Angebot unter vielen begreifen könnte, ohne die anderen Religionen gleich als »falsch« abzutun. Wir leben in einer Zeit des *»anything goes«* – auch und gerade auf religiösem Gebiet.

Doch können wir uns diese Haltung wirklich leisten? Die Gottesfrage hat Konsequenzen für unsere Wirklichkeitswahrnehmung, für unsere zwischenmenschlichen Beziehungen sowie überhaupt für unsere Selbstwerdung. In diesen Fragen einer Täuschung oder gar einer Lüge aufzusitzen ist alles andere als harmlos. Darum genügt es nicht, sich lediglich von einigen interessanten Gedanken und unerklärlichen Phänomenen faszinieren zu lassen.

Darum spielt in diesem Buch die *Wahrheitsfrage* eine wichtige Rolle. Ich sehe die Religionen und religiösen Angebote nicht auf einer Stufe. Hier gibt es Wahr und Falsch, und beides muß klar unterschieden werden, und zwar nicht um eines von mir vorausgesetzten christlichen Standpunktes, sondern um *unseretwillen.* Unser Leben ist zu wertvoll, als daß wir es uns leisten könnten, es mit der Frage nach Wahrheit nicht so genau zu nehmen.

Ich erwarte von Ihnen keinen Vertrauensvorschuß dem Christentum gegenüber. Das Christentum muß sich unter die gleichen Wahrheitskriterien beugen wie alle anderen religiösen Systeme auch. *Ich schlage Ihnen darum vor, gerade in der Begegnung mit dem Christentum der Wahrheitsfrage zunächst eine Priorität vor der Gottesfrage einzuräumen.* Ich bin überzeugt, daß diese Priorität nur von vorübergehender Dauer sein wird. Die katholische Religionsphilosophin Simone Weil hat einmal gesagt: »Es scheint mir gewiß, daß man Gott niemals genug widerstehen kann, wenn es aus reiner Sorge um die Wahrheit geschieht. Christus liebt es, daß man ihm die Wahrheit vorzieht. Denn ehe er Christus ist, ist er die Wahrheit. Wendet man sich aber von ihm ab, um der Wahrheit nachzugehen, so wird man keine weite Strecke gehen, ohne ihm in die Arme zu stürzen.« Religiosität ist nicht genug. Wir müssen die Wahrheitsfrage im Blick behalten, wenn wir uns auf dem Weg zu Gott nicht hoffnungslos verirren wollen.

Lassen sich religiöse Aussagen beweisen?

Nach einer weitverbreiteten Ansicht fängt Religion dort an, wo unser Wissen an seine Grenzen stößt. Nun wissen wir heute sehr viel mehr als noch vor wenigen Jahren, aber paradoxerweise ist dadurch der Ansatzpunkt der Religion nicht verkleinert, sondern *vergrößert* worden. Mit unserem Wissen vergrößern sich auch die Ränder unseres Wissens. Und hinter jeder dieser Grenzen eröffnet sich der menschlichen Phantasie eine schier unermeßliche Spielwiese der Fabulierkunst. Darin hat sich seit der Zeit des Neuen Testaments nicht viel geändert. »Wir sind nicht ausgeklügelten Fabeln gefolgt«, heißt es im zweiten Petrusbrief (1,16). Auch damals gab es viel freiflottierende Religiosität. Aber das Christentum wollte damit nicht verwechselt werden. Es hatte etwas anderes zu bieten als lediglich ausgeklügelte Fabeln. Es bot den Menschen nicht weniger als eine lebendige, reale Gotteserfahrung.

Dieses Buch möchte dazu helfen, vergleichbare Erfahrungen mit Gott zu machen. Es möchte helfen, den religiösen Nebel zu durchdringen, der unsere Zeit und allzuoft leider auch das Christentum umwölkt. Dieser Anspruch ist hoch, denn natürlich werden Sie auch in diesem Buch keinen »Beweis« für die Richtigkeit des Christentums finden. Mit Beweisen ist es nämlich so eine Sache.

> Konfuzius sagte einmal: »Gestern nacht träumte ich, ich wäre ein Schmetterling und flog von Blume zu Blume. Da erwachte ich, und siehe: Alles war nur ein Traum. Jetzt weiß ich nicht: Bin ich ein Mensch, der träumte, er sei ein Schmetterling, oder bin ich ein Schmetterling, der träumt, er sei ein Mensch?«

Über diese Geschichte kann man lange nachdenken, und man entfernt sich dabei immer weiter von einer gesicherten Antwort. Sie stellt uns vor die Frage: Wie wirklich ist unsere Wirklichkeit? Wer sagt uns eigentlich, daß alles, was wir wahrnehmen und denken, nicht letztlich eine Art Traum ist, reine Illusion eines Wesens, das sich in diesem Traum selbst vergessen hat? Der Philosoph Johann Gottlieb Fichte hat vor rund 200 Jahren sinngemäß behauptet, die ganze Welt um uns herum sei eine reine Einbildung. Für ihn existiere allein das denkende Ich (was immer das auch sei). Die meisten von uns werden die Auffassung Fichtes für abstrus halten, aber man muß zugeben, daß sie nur schwer zu widerlegen ist. Denn auf welcher Grundlage sollte eine solche Widerlegung erfolgen?

Und selbst wenn wir annehmen, wir träumten *nicht* und wir und unsere Umwelt wären *tatsächlich* real, so wird es mit dem Beweisen trotzdem nicht einfacher. Ist es nicht so, daß ich schon die einfachsten Dinge in meiner Welt »glauben« muß? Ich sage zum Beispiel: »Der Baum ist grün.« Das läßt sich einfach nachweisen, mögen Sie denken, aber so einfach ist es eben nicht.

Das Mittelalter zum Beispiel kannte die Farbe Grün gar nicht. Das, was wir als Grün bezeichnen, wurde unter »Blau« subsumiert. Einige Indianerstämme im südamerikanischen Urwald hingegen kennen über dreißig verschiedene Bezeichnungen für das, war wir als »Grün« bezeichnen – ihr Überleben hängt davon ab. Sie würden es niemals verstehen, wie wir diese Farbenfülle in nur einem einzigen Begriff zusammenfassen können. Natürlich kann man definitorisch festsetzen, daß sich die Farbe »Grün« in dem und dem Spektralbereich ansiedelt. Aber sind solche Setzungen nicht sehr willkürlich? Welchen Anhalt haben sie an der Wirklichkeit? Wie *wirklich* ist die Farbe Grün?

Der Satz »In meinem Garten steht eine Tanne« läßt sich scheinbar einfach dadurch beweisen, daß jemand hingeht und nachguckt. Was machen wir aber mit einem Satz wie: »Tausende von Menschen in der ganzen Welt haben in ihrem Leben schon einmal ein UFO gesehen«? Oder auch, wie Paulus in 1. Korinther 15 schreibt: »500 Leute gleichzeitig haben den auferstandenen Jesus gesehen«? – Selbst wenn wir einmal davon ausgehen wollen, daß diese Leute *nicht* alles Lügner waren, so müssen wir doch konstatieren, daß, wenn es hart auf hart kommt, das bloße »Sehen« für uns noch keine Beweiskraft hat.

Selbst die anscheinend gesichertste Aussage basiert darauf, daß uns unsere Sinne nicht täuschen, daß unser Auge und unser Gehirn die Dinge so wiedergeben, wie sie wirklich sind. Dabei wissen wir doch, daß sie es allzuoft *nicht* tun und wie unsicher unsere Erkenntnisse oftmals sind. Was heute noch als gesicherte Erkenntnis gilt, ist morgen schon überholt. Die scheinbar so exakte Physik, die ich noch in der Schule gelernt habe, nimmt der Physiker heute weitgehend nur noch aus historischem Interesse ernst. Unser Wissen und unser Wirklichkeitsverständnis ändern sich mit rasender Geschwindigkeit.

Was kann man beweisen? Auf der *empirischen* Ebene entscheidet sich nicht, was wahr und was unwahr ist. Sinne können täuschen. Sinne nehmen nicht alles wahr. Man kann etwas hundertmal *so* erleben und beim hundertunderstenmal erleben wir es anders.[2] Darum sucht der Wissenschaftler die Unterstützung der Mathematik beziehungsweise der Logik. Logik ist der Versuch, das Denken nach präzisen, nahezu mathematischen Regeln zu strukturieren. Erst der nach streng logischen Regeln aufgebaute Beweis gilt wirklich als Beweis.

Aber auch das ist nicht ohne Haken. Denn wer sagt mir eigentlich, selbst wenn ich etwas nach allen Regeln der Logik bewiesen habe, daß die *Regeln* stimmen? Es ist bemerkenswert: Die Grundprinzipien, auf denen unsere Mathematik und darum auch unsere mathematische Beweisführung fußt – die sogenannten *Axiome* –, sind samt und sonders unbewiesen. Sie gelten lediglich als »unmittelbar einleuchtend«.

Ich habe zum Beispiel in der Schule anfangs gelernt, daß sich zwei Parallelen nie schneiden. Ich habe diesen Satz geglaubt. Ich gebe zu: Die Parallelen, die ich in meinem Leben gezeichnet habe, fanden Platz auf einer Heftseite. Ich habe nicht nachgemessen, ob sie sich nach einem oder gar nach einer Milliarde und vier Kilometern vielleicht doch schneiden. Ich fand es unmittelbar einleuchtend. Später lernte ich, daß man seit gut hundert Jahren weiß, daß sich Parallelen sehr wohl schneiden, und zwar im Unendlichen.[3] Ich frage mich:

Wenn man es vor hundert Jahren so gesagt hat und heute so – wer weiß, was die Mathematik in weiteren hundert Jahren sagen wird?

Selbst bei einem scheinbar so simplen Satz wie »Zwei plus zwei ist vier« müßte man eigentlich korrekterweise sagen: »Unter der Voraussetzung folgender unbewiesener und vielleicht morgen schon überholter Axiome« – und jetzt müßten an dieser Stelle ein knappes Dutzend dieser Axiome eingefügt werden –, »sowie unter Zugrundelegung des Dezimalsystems ist zwei plus zwei gleich vier.«

Doch was ist, wenn ein Mensch sich nun weigert, diese Voraussetzungen anzuerkennen, und dafür auch gute Gründe anzuführen weiß? Durchaus nicht alle Menschen teilen die Axiome, auf denen unsere logisch-mathematischen Überlegungen fußen. Die fernöstliche Weisheit zum Beispiel ist völlig anders aufgebaut als unser abendländisches Denken. Ist sie deswegen weniger wahr? Stoßen wir heute nicht allerorten an die Grenzen unseres rationalen Welt- und Menschenbildes? Unsere technisierte Welt ist in hohem Maße unmenschlich geworden. Wir konzentrieren uns auf jene Faktoren, mit denen wir *rechnen* können, und was sich nicht berechnen und verrechnen läßt, lassen wir außen vor. Dies mag auch sehr sinnvoll sein, wenn es darum geht, etwa eine tragfähige Brücke zu bauen. Eine *schöne* Brücke werden wir allein mit diesen Kriterien allerdings schon nicht mehr bauen können.

Das Wahre, Schöne und Gute – diese Dinge sind nicht beweisbar, ebensowenig wie die Kategorien Gott, Seele oder Unsterblichkeit. Aber sind sie damit widerlegt? Können wir es uns leisten, sie *nicht* ins Kalkül zu ziehen, wenn wir über den Menschen nachdenken? Werden wir bei einer rein rationalen Betrachtungsweise nicht sehr schnell zu Zynikern? Gibt es nicht doch Faktoren des Menschlichen, die sich dem Zugriff unserer begrenzten Sinne und den Regeln der Logik zwar entziehen, aber nichtsdestoweniger wahr sind?[4]

Kriterien für die Wahrheit einer Religion

Wir stoßen heute zunehmend wieder auf diese Fragen. Darum werden so viele Menschen wieder religiös. Sie merken, daß die Aufklärung zwar unseren Blickwinkel erweitert hat, daß diese neue Sicht aber keineswegs die *ganze* Wirklichkeit freilegt.

> Wir sollten uns nicht wie jenes Schaf verhalten, das sagte: »Früher glaubte ich, die Welt gehe nur bis zu diesem Zaun hier. Doch mittlerweile bin ich ein aufgeklärtes Schaf. Ich weiß jetzt: Die Welt geht bis an den Waldrand da vorne.«

Kein Zweifel: Die Aufklärung hat uns einen großen Schritt weitergebracht, als sie uns lehrte, unseren Verstand zu gebrauchen. Aber was läßt uns glauben, daß wir mit unseren Sinnen und unserem Verstand die Wirklichkeit auch nur annähernd ausgeleuchtet hätten? Was läßt uns glauben, daß es zusätzlich beziehungsweise quer durch die drei oder vier Dimensionen hindurch, die unser Verstand erfassen kann, nicht eine oder gar Hunderttausende weiterer Dimensionen gibt, eine für unsere Sinne unsichtbare, aber deswegen nicht minder reale Welt beziehungsweise Fülle von Welten?

Wir gründen unser Leben und Denken nicht auf Beweise, sondern auf unsere *Interpretation* jener Hinweise auf die Wirklichkeit, die wir der Welt mittels unseres Denkens und unserer Sinne abringen. Und diese Hinweise sind naturgemäß immer nur vorläufig. Wir haben die Welt »jenseits des Zaunes« entdeckt – aber heißt das, daß es »jenseits des Waldrandes« nichts gibt, was für uns von Wichtigkeit sein könnte? Auf jeden Fall reicht die Wirklichkeit »diesseits des Waldrandes« nicht aus, um wirklich zu Menschen zu werden.

Ich möchte Ihnen in diesem Buch »Gott« nahebringen als jenen Faktor, mit dem man vielleicht nicht einfach »rechnen« kann, der aber wohl einbezogen werden muß, wenn wir nicht an der entscheidenden Wirklichkeit unseres Lebens vorbeileben wollen. »Du hast uns zu dir hin geschaffen, o Gott, und unruhig ist unser Herz, bis es Frieden findet in dir«, sagt der Kirchenvater Augustin. Wir brauchen *Gott*, um Mensch zu sein. Wir brauchen allerdings den *lebendigen* Gott.

Darum genügt es auch nicht, lediglich religiös zu sein. Es genügt nicht, das logische Denken durch Irrationalität und Phantasiegebilde zu ersetzen, wenn wir menschlich werden wollen. Wir müssen vielmehr nach Wahrheit fragen. Natürlich – auch der Gott des Christentums läßt sich nicht beweisen. Hier besteht kein Unterschied zu anderen religiösen Angeboten, ja, wie wir gesehen haben, zu allen wesentlichen Fragen des Lebens überhaupt. Aber gerade *weil* man hier nichts direkt beweisen kann, brauchen wir klare Kriterien, wie wir der Wahrheit des Christentums beikommen können. Für mich spielen in dieser Hinsicht vor allem *drei* Kriterien eine wichtige Rolle.

Das *erste* Kriterium drückt sich bereits in dem Augustin-Zitat aus. Der christliche Glaube muß dazu führen, daß ein Mensch in Gott Frieden findet. Daß er zu sich selbst kommt und im Leben aus diesem Gott heraus und auf diesen Gott hin Sinn und Erfüllung findet.

Daraus resultiert ein *zweites* Kriterium. Es kann keinen »Frieden mit Gott« auf Kosten unserer Mitmenschen und auf Kosten der übrigen Schöpfung Gottes geben. Alles Recht und Unrecht des Redens von Gott entscheidet sich einem Wort Heinz Zahrnts zufolge daran, was der Glaube an Gott für die Menschlichkeit des Menschen austrägt.

Und ein *drittes* Kriterium möchte ich nennen: daß nämlich der christliche Glaube, auch wenn er natürlich viele Fragen offenläßt, die Wirklichkeit dieser Welt *besser* erklären können muß als ein konkurrierendes System. Im Christentum darf die Religion keineswegs die Aufklärung ersetzen, ebenso wie es ein Irrweg war, die Religion durch Aufklärung ersetzen zu wollen. Als Christen müssen wir vielmehr *Aufklärung durch Religion* betreiben. Wenn das Christentum wahr sein will, dann muß es nicht *weniger*, sondern *mehr* an Weltdeutung anbieten als Aufklärung und Logik, und auch mehr als die anderen Religionen.

Drei Kriterien für religiöse Angebote:

1. Hilft die Religion mir, zu mir selbst zu finden?
2. Macht sie mich menschlicher?
3. Fördert sie oder hindert sie meine Wirklichkeitswahrnehmung?

Kein Zweifel, das Christentum selber ist diesen drei Kriterien bei weitem nicht immer gerecht geworden und wird es auch heute nicht. Aber meines Erachtens handelt es sich dabei in aller Regel um ein falsch verstandenes, von seinen eigentlichen Ursprüngen mehr oder weniger entfremdetes Christentum. Ich möchte mit diesem Buch versuchen, den Beweis anzutreten, daß es auch anders geht.

Dieses Buch versucht, Ihnen das Christentum noch einmal ganz neu nahezulegen. Es ist der Niederschlag eines Glaubenskurses, den ich seit einigen Jahren in unserer Gemeinde durchführe und der regelmäßig auf großes Interesse stößt. Kritische Rückmeldungen wurden jeweils aufgegriffen und fanden ihren Niederschlag in einer immer wieder neu überarbeiteten Fassung. In dieser Zeit haben mir viele Menschen gesagt, daß dieser Kurs ihr Leben grundlegend verändert habe und sie durch ihn ein neues Verhältnis zu Gott, Glaube und Gemeinde gefunden haben. Das hat mich ermutigt, ihn zu publizieren.[5]

Dem Buch ist der *Charakter* der Rede erhalten geblieben, was einige Formulierungen etwas salopp wirken läßt, Ihnen andererseits aber auch ein flüssiges Lesen ermöglicht. Die vielen *Anmerkungen* sind zumeist Niederschlag der aus den einzelnen Referaten erfolgenden Diskussion beziehungsweise sie verweisen auf meine Quellen. Sie gelten der Vertiefung, wenn Sie das betreffende Thema besonders interessiert. Sie können das Buch aber problemlos auch ohne diese Anmerkungen lesen. Sie sind für den Fortgang der Gedanken nicht unbedingt notwendig.

Am Ende eines jeden Kapitels finden Sie jeweils einige *Fragen oder meditative Übungen.* Diese sollen Sie dazu einladen, bei dem, was Sie gerade gelesen haben, ein wenig zu verweilen und es auf sich wirken zu lassen, bevor Sie weiterlesen. Ideal wäre es, wenn Sie dies nicht nur für sich allein, sondern mit einem oder mehreren anderen Menschen zusammen praktizierten. So bin ich überhaupt der Meinung, daß sich die volle Wirkung dieses Buches, bei allem Gewinn, den der einzelne bei seiner Lektüre davontragen mag, erst im Gespräch mit anderen entfaltet. Ich möchte Ihnen, so überzeugt ich von den Dingen auch bin, die ich hier schreibe, keine fertigen Wahrheiten an den Kopf werfen, sondern ein Gespräch in Gang setzen.

Ich will Ihnen in diesem Buch auch nicht nur *Informationen* vermitteln, obwohl Sie bei der Lektüre dieses Buches wahrscheinlich auch etliches lernen werden. Das Entscheidende spielt sich nicht auf der denkerischen Ebene ab. Der Verstand ist lediglich das Medium, das ich benutze, um Ihnen Dinge nahezubringen, die Sie im Tiefsten und Innersten Ihrer Existenz angehen. Die »Informationen«, die Sie hier bekommen, sind eigentlich erst dann wirklich angekommen, wenn sich bei Ihnen entsprechend etwas tut, wenn sich in Ihrem Leben mehr oder weniger tiefgehend etwas wandelt.

Nicht dann ist mein Buch zu seinem Ziel gekommen, wenn Sie sich sagen: »Aha, Gott ist vielleicht ein Faktor, den ich bislang noch nicht genügend in mein Denken einbezogen habe.« Damit wäre noch nicht viel gewonnen. *Gott bleibt ein bloßes gedankliches Konstrukt, solange wir ihm nicht die*

Möglichkeit einräumen, unser Leben zu verändern und zu gestalten. Auf der denkerischen Ebene bekommen wir nur *Hinweise* auf Gott, der *Beweis* wird in unserem Leben geführt oder er wird gar nicht geführt.

In Bertolt Brechts »Geschichten von Herrn Keuner« fragt einer den Herrn K., ob es einen Gott gibt: »Einer fragte Herrn K., ob es einen Gott gäbe. Herr K. sagte: ›Ich rate dir, nachzudenken, ob dein Verhalten je nach der Antwort auf diese Frage sich ändern würde. Würde es sich nicht ändern, dann können wir die Frage fallen lassen.‹«[6] Darum geht es, und das müssen Sie wissen, wenn sie sich auf dieses Buch einlassen.

Gott – durch Worte nicht zu greifen

In diesem Kapitel lesen Sie, warum es gut sein kann, wenn Sie von Gott enttäuscht sind. Sie erfahren, wie es überhaupt dazu kommt, daß Menschen von Gott reden, und warum sie genötigt sind, sich Bilder von Gott zu machen. Freilich: Diese Bilder verhüllen mindestens genausoviel, wie sie enthüllen. Gott ist mehr, als wir glauben. Die Frage nach Gott wird darum weder auf der Ebene des Denkens noch auf der Ebene der Bilder gelöst. Gott bleibt ein bloßes gedankliches Konstrukt, solange wir ihm nicht die Möglichkeit einräumen, unser Leben zu verändern und zu gestalten.

Gottesbilder – notwendig und gefährlich zugleich

Der katholische Theologe Karl Rahner hat einmal sinngemäß gesagt: »Gott sei Dank gibt es das nicht, was sich 90 % der Menschen unter Gott vorstellen.« In der Tat: Was mir in vielen Gesprächen an Gottesvorstellungen begegnet, macht mir manchmal Himmelangst. Es ist ja nicht so, daß die Menschen heute die Existenz eines Gottes mehrheitlich ablehnen. Sie haben durchaus ihre Gottesbilder.

Viele dieser Bilder lassen sich mehr oder minder direkt auf unsere Kindheit zurückführen. Da ist das Bild von jenem »guten alten Herrn«, der zwar sehr lieb, aber auch sehr harmlos auf einer Wolke sitzt, das heißt irgendwo, wo sich auf jeden Fall unser Leben *nicht* abspielt. Bei anderen fungiert Gott als letzte moralische Instanz, vielleicht auch als abstrakter »höchster Wert«, eine Art überdimensioniertes Eltern-Ich. Es ist bemerkenswert, wie sehr ein solcher »Gott« denen ähnelt, die an ihn glauben. Er hat – wenn auch gewaltig vergrößert und verabsolutiert – die gleichen sittlichen Eigenschaften und Werte wie sie und auch die gleichen toten Punkte.

Für viele, und auch das hat etwas mit seiner Eltern-Ich-Funktion zu tun, ist Gott einfach nur ein »Spielverderbergott«, der uns alles verbietet, was Spaß macht. Andererseits möchte man nicht ganz auf ihn verzichten – wer weiß, ob man ihn nicht doch eines Tages braucht. Es ist erstaunlich, wie viele Menschen in Notzeiten einen vorher kaum beanspruchten »Gottesglauben« aus der Tasche ziehen. »Gott«, so muß man vermuten, dient ihnen vor allem dazu, der Härte der Wirklichkeit besser zu entfliehen.

Vielleicht geht es Ihnen so, daß sich Ihr Bild von Gott im Laufe Ihres Lebens verändert hat. Früher war es Ihnen eher klar, wie Sie sich Gott vorzustellen haben. Heute ist Ihr Gottesbild vielleicht eher abstrakt: Ein Fragezeichen, ein weißer oder dunkler Nebel ist das Symbol, das sehr viele Menschen für ihr Gottesbild wählen.

Tolstoi sagt:

> »Wenn dir der Gedanke kommt, daß alles, was du über Gott gedacht hast, verkehrt ist, und daß es keinen Gott gibt, so gerate darüber nicht in Bestürzung. Es geht vielen so. Glaube aber nicht, daß dein Unglaube daher rühre, daß es keinen Gott gibt. Wenn du nicht mehr an den Gott glauben kannst, an den du früher geglaubt hast, so rührt das daher, daß in deinem Glauben etwas verkehrt war, und du mußt dich besser bemühen, zu begreifen, was du Gott nennst. Wenn ein Wilder an seinen hölzernen Gott zu glauben aufhört, heißt das nicht, daß es keinen Gott gibt, sondern nur, daß der wahre Gott nicht aus Holz ist.«

Wer von Gott enttäuscht ist, muß sich vor einem Denkfehler hüten, daß er nämlich damit etwas über *Gott* ausgesagt hätte. Ent-täuschung ist subjektiv immer eine bittere Erfahrung, das heißt von uns aus gesehen. Aber objektiv ist Ent- täuschung immer ein Schritt auf die Wahrheit zu. Man läßt sich in einer ganz bestimmten Hinsicht nicht mehr täuschen. Wenn ich also von Gott ent-täuscht bin, mache ich nicht so sehr eine Aussage über Gott als vielmehr über mich selbst: Ich habe mich getäuscht.

Wir alle haben uns im Laufe unseres Lebens Bilder von Gott gemacht. Und wir alle haben wahrscheinlich auch die Erfahrung gemacht, daß diese Bilder irgendwann einmal zerbrochen sind. Die Konsequenz daraus aber muß nicht heißen: »Es gibt also keinen Gott«; sie kann auch lauten: »Gott ist anders; Gott ist größer.«

Wenn es Gott gibt, dann *brauchen* wir Bilder von ihm, da wir uns ja irgend etwas vorstellen müssen. Aber wir müssen gleichzeitig immer im Auge behalten, daß Gott größer ist als unsere Bilder. Wir müssen Gott die Gelegenheit geben, unsere Bilder, die wir uns von ihm gemacht haben, zu sprengen. Wer sich von Gott ein Bild macht, der kann immer nur sagen: »So ist Gott *auch*« – aber ich darf ihn auf dieses Bild nicht ein für allemal festlegen. Ich darf dieses Bild, mit der Bibel zu sprechen, nicht *anbeten.*[1]

Auf die Frage nach Gott gibt es in der Religionsgeschichte vier klassische Antworten:

1. Gott ist eine Kraft beziehungsweise ein Prinzip beziehungsweise das Zusammenspiel mehrerer Kräfte,
2. Gott ist das All,
3. Gott ist eine beziehungsweise mehrere Personen,
4. Gott ist nicht.

Auch von diesen vier Aussagen gilt, daß dies alles *Bilder* sind, die jeweils einen wahren und wichtigen Aspekt Gottes zum Ausdruck bringen[2], aber Gott nicht fassen können. Augustin sagt: »Wenn du etwas begriffen zu haben meinst, dann war es nicht Gott.«

Die Bilder, die wir für Gott benutzen, beschreiben einen ganz bestimmten Aspekt der Erfahrung mit ihm und sind ihm nicht ohne Sinn beigelegt, aber sie reichen nicht an ihn heran. Sie offenbaren nur einen ganz bestimmten Aspekt, unter Ausblendung aller anderen. Ein Bild, das ich mir von Gott mache, *enthüllt* einen ganz bestimmten Aspekt Gottes, aber es *verhüllt* gleichzeitig auch etwas.

Wenn ich etwa sage: Es ist *ein* Gott – dann enthüllt diese »Eins« mir etwas über das Wesen Gottes, aber sie verhüllt auch etwas Entscheidendes, so viel, daß unsere Kirche eben mit dem monotheistischen Begriff des *einen* Gottes nicht auszukommen meinte und den Begriff der Dreieinigkeit prägte – was wiederum ein gleichzeitig enthüllender wie verhüllender Begriff ist, denn plötzlich bin ich genötigt, mir *drei* Götter vorzustellen.

Ob wir uns Gott nun als Prinzip oder Kraft oder Person oder als das All vorstellen, wir müssen uns immer sagen: »Ja, so ähnlich muß Gott sein. Gott ähnelt dieser Vorstellung – aber diese Vorstellung verhüllt mindestens genausoviel, wie sie enthüllt.« Alle Gottesbilder sind ohne diesen Vorbehalt unzulässig! Wir erliegen sonst der Gefahr, Gott zu verengen, ihn zu fixieren auf eine ganz bestimmte Vorstellung und ihn damit letztlich zu verfehlen beziehungsweise nicht mehr offen zu sein dafür, wenn er plötzlich ganz anders kommt und in unser Leben tritt.

Das ist das Dilemma: Wir müssen eine Erfahrung – auch eine Gotteserfahrung – in Worte kleiden, wenn wir sie irgendwie erfassen oder gar mit ihr umgehen wollen. Wir müssen sie in Worte und Bilder kleiden, wie sie uns eben zur Verfügung stehen. Wir müssen es tun, auch wenn unsere Sprache das nur sehr unzureichend leisten kann. Aber indem wir die feuerflüssige Erfahrung Gottes in feste Bilder oder Begriffe gießen, erkaltet sie und wird starr und verhindert vielleicht sogar, daß wir neue Erfahrungen machen. Rilke sagt:

> Wir bauen Bilder von dir auf wie Wände,
> so daß schon tausend Mauern um dich stehn,
> denn dich verhüllen unsre frommen Hände
> sooft dich unsre Herzen offen sehn.[3]

Doch wir haben keine Alternative. Selbst wenn wir uns Gott völlig bilderlos vorstellen wollen, wie dies etwa der Buddhismus versucht, müssen wir uns doch eingestehen, daß auch die These von der Nicht-Abbildbarkeit Gottes wiederum ein Gottesbild ist. Wir haben dann eben das Bild, daß Gott sich nicht abbilden läßt. Abgesehen davon, daß das paradox ist, schütten wir damit das Kind mit dem Bade aus. Die Erfahrung, daß Bilder nie völlig zutreffen, spricht ja nicht gegen Bilder an sich, sondern nur gegen eine falsche *Einschätzung* von Bildern. Wir dürfen nicht zuviel und nichts Falsches von ihnen erwarten.

Und wir dürfen es nicht so machen wie Herr Keuner: »›Was tun Sie‹, wurde Herr K. gefragt, ›wenn Sie einen Menschen lieben?‹ ›Ich mache einen Entwurf von ihm‹, sagte Herr K., ›und sorge, daß er ihm ähnlich wird.‹ ›Wer? Der Entwurf?‹ ›Nein‹, sagte Herr K., ›der Mensch.‹«[4]

Bilder sind notwendig. Egal, ob wir einen Menschen, einen Gegenstand oder auch Gott erkennen wollen, wir machen uns Bilder und Entwürfe. Die Forderung Max Frischs: »Du sollst dir (von deinem Mitmenschen) kein Bildnis machen«, halte ich erkenntnistheoretisch für uneinlösbar. Wir *müssen* uns Bilder machen, aber – und darin hat Frisch recht – wir dürfen unsere Mitmenschen nicht auf diese Bilder *festlegen.* Das gilt auch für unser Verhältnis zu Gott: *Wir brauchen Gottesbilder, aber wir müssen Gott auch Gott sein lassen über unseren Bildern.* Wir müssen uns immer im Bewußtsein halten: Gott ist mehr, als wir glauben.

Das ist unser Problem. Wir haben unsere menschlichen Bilder von Gott, und wir brauchen diese Bilder, sonst hätten wir mit dem Wort »Gott« einen Begriff ohne jegliche Anschauung, das heißt letztlich einen leeren, nichtssagenden Begriff. Aber bei aller Notwendigkeit dieser Bilder: Sie müssen offen bleiben. Sie müssen mit jeder neuen Erfahrung korrigiert und nachgebessert werden. Wir dürfen Gott nicht auf unsere Bilder von ihm festlegen. Wir müssen aufpassen, daß sich nicht – wie bei Herrn K. – die Bilder dem Erkenntnisgegenstand gegenüber durchsetzen, sondern daß sich der Erkenntnisgegenstand gegenüber den Bildern durchsetzt. Gott ist jenseits unserer Bilder. Gott muß Herr bleiben über unsere Bilder und nicht umgekehrt. Was ich damit allerdings noch nicht beantwortet habe, ist die Frage:

Wieso reden Menschen überhaupt von Gott?

Mir fällt dazu eine Geschichte ein, die ich vor vielen Jahren einmal in einer Predigt gehört habe und die mich sehr beeindruckt hat:

Ein junger Mann macht eine Reise nach Arabien. Er mietet sich dort einen Jeep, nimmt einen kleinen Vorrat an Wasser mit sich und fährt mitten in die Wüste Sahara hinein. Als er so rund 100, 150 Kilometer weit gefahren ist, stottert plötzlich der Motor, hustet, spuckt und bleibt dann stehen und ist nicht wieder zum Laufen zu bewegen. Der junge Mann ist technisch begabt, aber hier ist er doch überfordert, also macht er sich auf die ziemlich hoffnungslose Suche nach einer Oase, nach Leben, nach Menschen, nach Rettung. Er nimmt seinen Wasservorrat mit und läuft los. Um ihn herum ist nichts als Sand, Sand und nochmals Sand, ein paar Kakteen noch und die pralle Sonne.

Der Vorrat geht mit den Stunden zur Neige, die erste Nacht kommt, es wird lausig kalt. Am nächsten Morgen ist das Wasser alle, die Sonne kommt hoch. Der junge Mann läuft unermüdlich weiter, in seinem Gehirn fängt es schon an zu kreisen, die Zunge klebt bereits am Gaumen, er sucht und findet nichts. Die Sonne macht ihm zu schaffen, und irgendwann mal kippt er um, kriecht weiter, in verzweifelter Suche. – Seine Lippen kleben aufeinander, als der Mann bewußtlos in sich zusammensinkt, ein paar Geier nähern sich, als der Mann regungslos daliegt – eine Stunde, zwei, drei.

Und plötzlich, von Ferne, sieht man nebelhaft, aber dann immer deutlicher, eine Karawane entlangkommen. Die Karawane besteht aus Leuten, die in der Wüste nach Öl suchen, ein Team von ausgebildeten Wissenschaftlern mit ihren Helfern, alles sehr gebildete Männer. Sie steuern direkt auf den bewußtlos daliegenden Man zu. Man entdeckt ihn, rennt auf ihn zu, schüttelt ihn, patscht ihm ins Gesicht und – siehe da, der halbtote Mann schlägt die Augen auf, versucht, die Lippen auseinanderzubekommen, stöhnt: *Wasser!*

Nun passiert etwas sehr Merkwürdiges. Nun geht irgendeiner dieser Wissenschaftler auf den jungen Mann zu und fragt: »Entschuldigen Sie bitte, aber: *Wie* meinen Sie?« – Der Mann stöhnt: »*Wasser!!*« – »Wie meinen Sie das – ›Wasser‹?« – Der Mann flüstert: »*Wasser!!!*« – »Entschuldigen Sie mal, es kann ja sein, daß ich Sie nun schwer enttäusche, aber Wasser? Wasser gibt's nicht.« – »So!« sagt der. – »Ja«, sagt der andere wieder, »Sie müssen nämlich wissen, ich bin Wissenschaftler.« Die anderen stehen drum herum und tuscheln leise miteinander, man hört sie sagen:

»Noch so einer aus dem Mittelalter, der glaubt, es gäbe so etwas wie Wasser!« Und sie amüsieren sich leise darüber, daß hier einer im 20. Jahrhundert tatsächlich noch an so etwas wie Wasser glaubt.

Sie erklären dem jungen Mann, daß auch sie Wissenschaftler seien, und sie seien aufgeklärte Menschen, selbständig, und sie versichern, daß es wirklich kein Wasser gibt. Und er müsse sich endlich einmal vom Gedanken an Wasser lösen und emanzipieren und nicht immer so angewiesen sein, ein moderner Mensch würde sein Leben auch ohne diese dumme, unwissenschaftliche Idee vom Wasser in die Hand nehmen können. Wer ihm das denn eingeredet hätte mit dem Wasser, das wäre doch bestimmt schon wieder Angstmacherei von der Kirche.

Nun guckt der Mann aber noch ein bißchen skeptisch, noch ein bißchen zweifelnd. Und da diese Wissenschaftler Menschenfreunde sind, lächeln sie ein wenig nachsichtig, und der eine nimmt ein Stöckchen in die Hand und beginnt, den Mann in aller Geduld aufzuklären. Er schreibt eine Menge Formeln in den Sand, die der arme Mann, halbtot vor Durst, sowieso nicht versteht, murmelt dazu etwas von Freiheit, Selbstfindung, Aufklärung, Wissenschaft, Astronauten, Psychologie, Aberglaube und Mittelalter, kritzelt dabei unentwegt Zeugs in den Sand, dann zieht er einen Strich drunter, und unter diesem Strich steht: »H_2O = nicht.«

»Aha«, sagt der junge Mann.

»Sehen Sie, junger Mann, jetzt sind Sie aufgeklärt.« Der Mann – er hat überhaupt nichts verstanden, ist zwischendurch mal wieder vor Durst ohnmächtig gewesen –, nickt. Aber er scheint immer noch nicht *ganz* überzeugt. Das merken auch die Wissenschaftler, und so macht der Freundliche unter ihnen einen letzten Versuch: Er hebt ihn hoch und sagt: »Ich will Ihnen mal was zeigen: *Sehen* Sie hier irgendwo so was wie Wasser?« –

und er dreht ihn einmal um die eigene Achse. – »Nein«, flüstert der. »Gut, und sehen Sie irgendwas, auch nur das geringste, was hier auf Wasser hinweisen könnte?« Und noch mal dreht er ihn um sich selbst. – »Nein«, haucht der.

»Wissen Sie, ich weiß gar nicht, was Sie noch wollen: Die *Wissenschaft* spricht dagegen, der *Augenschein* spricht dagegen, und die *Mehrheit* glaubt es laut Spiegel-Umfrage von 1992 auch nicht mehr so recht. Was *wollen* Sie denn noch?« – Nun weiß der junge Mann auch nicht mehr, was er überhaupt noch will.

Die Wissenschaftler reiben sich die Hände, freuen sich, weil sie jetzt wieder einen aufgeklärt haben, man ist zufrieden, der Menschheit gedient zu haben. Die Karawane setzt sich wieder in Bewegung, der junge Mann bleibt liegen und denkt über die neugewonnenen Erkenntnisse nach. Die Karawane entfernt sich, ist schließlich nur noch ein kleiner Punkt am Horizont.

Der junge Mann aber liegt weiterhin in der Wüste und ruft: »Wasser . . .«

Es ist wirklich seltsam: Der *Augenschein* spricht dagegen, die *Wissenschaft* hat ihn bis heute nicht beweisen können, und die *Mehrheit* glaubt auch nicht mehr so recht daran – und trotzdem bekommt man die Frage nach Gott nicht zum Schweigen. Irgendwie werden wir die Frage nach Gott nicht los. Alle Aufklärung, aller Rationalismus, aller Materialismus in Ost und West haben es nicht geschafft, diese Frage zum Schweigen zu bringen. Im Gegenteil: Die Religion feiert, wie wir gesehen haben, heute fröhliche Urständ. Wie kommt das? Im folgenden möchte ich vier Gründe nennen, wieso die Menschen von Gott reden. Es handelt sich dabei, so möchte ich ausdrücklich betonen, um keine *Beweise* für die Existenz Gottes. Ich versuche auf den nächsten Seiten lediglich der Tatsache nachzuspüren, wie es überhaupt dazu kommt, daß Menschen überall in der Welt die Vokabel »Gott« in den Mund nehmen. Ich sehe da vor allem vier Hauptstränge der Argumentation.

1. Die Ableitung Gottes durch ein Rückschlußverfahren

Schon immer haben die Menschen von der Schönheit und Komplexität der Schöpfung zurückgeschlossen auf einen Schöpfergott. Dieser Weg wurde geradezu klassisch in den sogenannten »Gottesbeweisen« beschritten. Das Argument besagt: »Ebenso, wie die Existenz einer Uhr auf einen Uhrmacher schließen läßt, läßt die Existenz der Schöpfung auf einen Schöpfer schließen.« Dieses Argument ist keineswegs naiv. Ich kenne nicht wenige Naturwissenschaftler, die sagen: Es kann kein Zufall sein. Die Vögel singen mehr, als die Evolution ihnen zu singen aufgibt, die Ausdifferenzierung der Arten ist so schön und so komplex – dahinter *muß* eine positive schöpferische Energie stehen, etwas, was größer und intelligenter ist als alles Geschaffene und auch größer und intelligenter ist als der Mensch.

Dazu kommt: Die Möglichkeit der Existenz des Menschen ist statistisch so unwahrscheinlich, daß dahinter eine steuernde Energie stehen muß. Wenn ich zum Beispiel ein Kartenspiel lange und intensiv mische, kann es natürlich sein, daß die Karten am Ende dieses Mischvorgangs alle fein säuberlich in richtiger Reihenfolge geordnet nach den vier Farben getrennt in dem Stapel liegen. Das ist tatsächlich möglich, allerdings nicht sehr wahrscheinlich. Aber, so lautet das Argument, immer noch abermillionenmal wahrscheinlicher als die Evolution des Menschen oder überhaupt von Intelligenz mit dem Zufall als einzig steuerndem Prinzip.[5]

Diese Art von Argumentation ist bestechend, aber sie hat auch ihre Grenze. Zum einen handelt es sich hierbei natürlich nicht um einen *Beweis*, sondern lediglich um einen *Hin-*

weis. Es ist ein Staunen, ein Ahnen, nicht jedoch ein Wissen. Zum anderen wird man Gott auf diesem Denkweg nicht *kennenlernen.* Man sieht Gott sozusagen auf die *Hände* – aber man kennt dadurch noch nicht sein Herz.

2. *Die Ableitung Gottes aus einer menschlichen Defizit- beziehungsweise Vorläufigkeitserfahrung heraus*

Es ist eine Grunderfahrung des Menschen, daß es keine Sehnsucht gibt, die in unserem Leben jemals endgültig gestillt wird. Es bleibt immer ein Rest. Wir finden hier auf Erden nie ein letztes Zuhause. Wir bleiben unterwegs. Und selbst im tiefsten Glück ist es so, als würde uns dieser Moment eher an etwas erinnern, daß wir »es« aber noch nicht haben. Gerade die Momente des tiefen Glücks lassen uns gleichzeitig eine tiefe Sehnsucht empfinden. Sehnsucht und auch so etwas wie Dankbarkeit: Wir verdanken uns, unser Leben ist Geschenk. Doch wer ist es, dem wir uns da verdanken? Was ist es, was noch aussteht? Da muß doch noch ewas sein!

Das gilt nicht nur im Hinblick auf uns persönlich, sondern auch, was das Weltgeschehen als Ganzes anbetrifft. Die schreiende Ungerechtigkeit *muß* doch irgendwann einmal gesühnt werden; Menschen, die immer nur auf der Schattenseite des Lebens gelebt haben, *müssen* doch einmal das Licht kennenlernen! Das Gute, von dem alle reden, obwohl keiner so richtig weiß, worin es besteht, *muß* doch einmal Wirklichkeit werden! Und so kommt man zu Konzeptionen wie der von einem Leben nach dem Tode oder von einem Richtergott, der das Gute letztendlich durchsetzt. Und das ist kein bloßer Denkweg, sondern tief empfundene Sehnsucht. Während die erstgenannte Ableitung Gott sozusagen nach hinten verlagert, an den Anfang alles Geschehens, wird hier Gott plötzlich als von vorne kommend gedacht, präziser ausgedrückt: Er wird erhofft.

Der zweite Weg ist also der Weg der *Hoffnung*. Und auch diesen Weg sollten wir nicht geringschätzen; aber hier legen sich Vorwürfe nahe: Ist deine Gottesvorstellung nicht eben doch nur Wunschdenken? Der Schluß von dem leidenschaftlichen »Da muß doch irgendwo . . .« zur tatsächlichen *Existenz* dieses Gottes ist eben kein logisch zwingender.

Allerdings auch nicht der umgekehrte Schluß, es handele sich beim Wort »Gott« um eine bloße Projektion. Wenn ein Verdurstender in der Wüste in einer Fata Morgana Wasser »sieht«, ist das zweifellos eine Täuschung, aber noch lange kein Beweis dafür, daß es kein Wasser gibt. Ganz im Gegenteil: Sowohl sein Durst als auch die Fata Morgana, seine Innenwelt wie die Außenwelt, spiegeln auf ihre Weise jene Realität »Wasser« wider, auf die er dringend angewiesen ist.

Denken Sie an die Geschichte vom jungen Mann in der Wüste. Der Durst des Menschen nach Gott ist sicherlich kein Gottesbeweis. Und dieser »Durst« hat den Menschen sicherlich auf viele falsche Fährten geschickt, und manch einer ist vor einer trügerischen Fata Morgana verdurstet. Dennoch: Können wir es uns leisten, *nicht* nach Gott zu fragen? Gibt es nicht zu denken, daß alle Völker der Erde so etwas wie Religion ausgebildet haben und der Mensch bei allen offensichtlichen Fehlschlägen, was die *Antworten* anbetrifft, die religiöse *Frage* nie hat fallenlassen können? Könnte dieser Durst nicht doch ein *Hinweis* darauf sein, daß wir angelegt sind auf einen Gott, ohne den unser Menschsein nur höchst vorläufig und unvollkommen bleibt?

3. Glaube aus Tradition

Tradition heißt Überlieferung. Aus Tradition glauben heißt: Man glaubt an Gott, wie es einem die Eltern, eine Lehrerin oder ein Pfarrer nahegelegt haben. Und das ist, wenn man es differenziert betrachtet, auf jeden Fall ein legitimer Weg, vielleicht sogar der wichtigste. Natürlich hat Gott keine Enkel.

Es gibt keine abgeleitete Gottesbeziehung. Wir alle müssen unser eigenes Verhältnis zu Gott finden. Keiner kann für mich, an meiner Stelle glauben. Und doch können andere mir dazu *Anstöße* geben, und sie können meinen Glauben korrigieren und ergänzen. Und dafür ist Tradition gut.

Die Bibel ist ein ganzes Stück *tradierter* Glaube, das heißt, um uns etwas von der Lebendigkeit Gottes zu vermitteln, erzählt sie uns eine Geschichte. Und das ist etwas zutiefst Erfrischendes: Auf die Frage nach Gott bekommen wir kein System, kein Gedankengebäude präsentiert, sondern wir bekommen eine Geschichte erzählt, von Adam und Eva angefangen über Abraham und Mose und die Propheten bis hin zu Jesus, Paulus und Johannes. Wir bekommen gesagt: So haben diese Leute Gott erlebt. So hat sich Gott diesen Menschen gezeigt. So hat man geglaubt, und diese Erfahrungen hat man mit diesem Glauben gemacht.

Diese Wege, die andere vor uns gegangen sind, sind für uns ausgesprochen hilfreich. Die Bibel, und das sage ich nun allerdings als Christ, das heißt als jemand, der glaubt, beschreibt für mich *verbindliche Geschichte*, das heißt Geschichte, hinter die wir nicht zurückdürfen und Gott sei Dank auch nicht zurück brauchen. Das heißt: An diesen Geschichten der Bibel muß sich für den Christen bis heute jede religiöse Erfahrung messen lassen. – Wie meine ich das?

Wenn jemand zum Beispiel behauptet, Gott gebiete ihm, zu töten oder die Ehe zu brechen, dann fällt das hinter die biblische Geschichte zurück. Oder wenn jemand sagt, Gott garantiere dem Glaubenden Wohlergehen, so kann man genau zeigen, wie das Volk Israel diesen Glauben über Jahrhunderte auch hatte und schließlich damit gescheitert ist.[6] Denn nicht nur richtige Wege werden uns in der Bibel berichtet, sondern auch falsche. In der Bibel finden sich auch Gottesvorstellungen, die sich *nicht* bewährten, und Gottesbilder, die von Gott selbst gesprengt wurden.

Wir müssen unseren Glauben nicht immer wieder von Anfang an durchbuchstabieren. Das Glauben kann uns keiner abnehmen, aber wir müssen ganz bestimmte Erfahrungen nicht mehr alle selbst machen, wir leben in einer Tradition. Das gilt übrigens nicht nur für den Glauben: Wir müssen alle nicht neu die Sprache oder das Feuer oder das Rad erfinden, Gott sei Dank gibt es Tradition! Wir müssen, auch was *Gott* anbetrifft, das »Rad« nicht noch einmal neu erfinden und Steine und Hölzer anbeten.

Natürlich müssen wir uns ganz bestimmte Grundaussagen des christlichen Glaubens selbst zu eigen machen, aber wir alle wissen, wie ungeheuer aufwendig das ist und daß man das immer nur punktuell und gezielt machen kann. In den Rest muß man sich erst einmal hineinbetten. Es gibt Dinge, die mache ich zunächst, weil andere, die an dasselbe glauben, das auch machen, und irgendwann einmal entscheide ich mich, ob ich das auch so sehen kann und will. Man muß die Dinge nicht alle verstehen, um sie zu benutzen oder davon zu leben. Ich weiß zum Beispiel nicht, wie ein Fernseher funktioniert oder wie Marmelade gemacht wird. Man muß auch nicht alles im Glauben verstehen, ja manche Dinge muß man erst eine lange Zeit lang ausprobieren, um ihren wahren Wert zu entdecken.

Die Schattenseite eines solchen tradierten Glaubens an Gott liegt allerdings auf der Hand. Dieser Glaube ist ein *geliehener* Glaube, man glaubt gar nicht selbst, sondern tut, was alle tun, oder denkt, was alle denken. Tradition kann den eigenen Glauben wohl inspirieren und ergänzen, nicht aber ersetzen. Wenn jemand beispielsweise nur an die Auferstehung Jesu glaubt, weil das eben dazugehört zum Christsein, er selbst ist aber noch nicht überwältigt worden von dem, was damit eigentlich ausgesagt ist, dann ist das noch kein christlicher Glaube. Christlicher Glaube setzt, bei aller Rückbindung an die Tradition, immer ein persönliches Überwältigtsein von Gott voraus. Es gibt keinen christlichen Glauben ohne Tradition. Aber es gibt auch keinen christlichen Glauben ohne eigene Erfahrungen mit Gott.

4. *Erfahrungen mit Gott*

Glaube kann immer nur *mein* Glaube sein. Ich kann nicht von den Gotteserfahrungen anderer leben. Ich muß meine eigenen Erfahrungen mit Gott machen. Tradition darf darum nicht *bloße* Tradition, also Sache der Vergangenheit, bleiben. Wenn ich die Bibel lese, geht es nicht lediglich darum, zur Kenntnis zu nehmen: »Aha, so haben die Menschen damals Gott erfahren«, sondern es geht darum, daß ich diese Erfahrung *nachvollziehe.* Ohne diesen existentiellen Nachvollzug ist die ganze biblische und auch kirchliche Tradition wertlos.

Aber gleichzeitig steckt die Bibel auch den Rahmen fest, innerhalb dessen wir religiöse Erfahrungen wirklich als *Gotteserfahrungen* ausweisen können und dürfen. Wenn man sieht, was manchmal alles als »religiöses Erlebnis« ausgegeben wird und wie schrecklich die Dinge sind, die zum Teil von Gott behauptet werden, wird man die Notwendigkeit einer solchen Reglementierung einsehen.[7] Die Bibel verbietet uns, unseren religiösen Phantasien einfach freien Lauf zu lassen. Denn das, was wir »religiöse Erfahrung« nennen, zielt oft gar nicht auf Gott, sondern auf uns selber.[8] Weder das Gottesbild noch das Menschenbild dieser Art von Religiosität haben vor den Kriterien der Bibel Bestand.

Ein Überwältigtsein von Natur oder Musik ist etwas anderes als die Begegnung mit dem lebendigen Gott. Großartige Gefühlserlebnisse sind etwas Schönes, aber sie sind nicht Gott. Hier muß unterschieden werden. Der Gott der Bibel ist *mehr,* als wir glauben. Ihm genügt es nicht, nur *dann* Gott zu sein, wenn wir gerade einer Bachkantate lauschen, einen Sonnenuntergang beobachten oder an Weihnachten in die Kirche gehen. Gott möchte unser *ganzes* Leben durchdringen, und er möchte, daß sich in unserem Leben etwas ändert.

Darum bindet das Christentum unsere religiöse Erfahrung zurück an das Korrektiv der biblischen Tradition. Ein bloß traditioneller Glaube ohne eigene Erfahrung ist ebensowenig ausreichend wie ein unverbindliches religiöses Erlebnis, das alles beim alten beläßt. Zur Tradition muß die lebendige Erfahrung kommen und zur Erfahrung die Tradition. Hier beißt sich die Katze in den Schwanz. In diesen Zirkel müssen wir irgendwie hineinkommen, und dazu möchte ich Ihnen einen etwas ungewöhnlichen Weg vorschlagen.

Wie man Gott erfahren kann – Pascals Argument der Wette[9]

Vor rund 350 Jahren klopft es an das Portal des Klosters Port Royal bei Versailles. Ein Ritter steht vor der Tür und begehrt Einlaß. Er möchte mit einem Bewohner dieses Klosters sprechen, einem Mann namens Blaise Pascal. Mit diesem Mönch hat es etwas Besonderes auf sich. Pascal war bereits mit jungen Jahren ein weltberühmter Wissenschaftler. Er hatte unter anderem die Strukturen der Differential- und Integralrechnung entdeckt und die Wahrscheinlichkeitsrechnung begründet. Und »Wahrscheinlichkeitsrechnung« ist das Zauberwort, weswegen sich der Ritter so viel von diesem Mann erhofft. Er verspricht sich von ihm endlich eine gesicherte Antwort auf die Frage, ob es einen Gott gibt.

Doch Pascal macht es ihm mit der Antwort nicht so einfach. Er antwortet, die Wahrscheinlichkeit liege bei etwa fünfzig zu fünfzig. »Die Frage bringt also nichts für unser Problem. Die Frage nach Gott wird durch den Verstand nicht gelöst. Aber gestatte mir eine Gegenfrage: Warum willst du das überhaupt wissen?«

»Nun«, sagt der Ritter, »die Sache ist die: Wir Ritter führen ein ziemlich leichtes Leben, mit Frauen und Saufen und Prügeln und so. Aber mir geht es so – ich werde dabei meines Lebens nicht so recht froh. Ich wurde nämlich christlich erzogen, und immer, wenn ich gerade dabei bin, mein Leben mal so richtig zu genießen, fällt mir doch dieser Gott ein, und plötzlich ist die ganze Freude dahin! Also, ich möchte jetzt *entweder* richtig sündigen und mich um Gott nicht mehr kümmern, *oder* ich will richtig fromm werden. Aber dieses ständige Lavieren dazwischen, das reicht mir jetzt. Ich wäre bereit, meinen Lebensstil total umzukrempeln, wenn ich nur eine Garantie hätte, wenn mir nur jemand zeigen könnte, daß es einen Gott gibt.«

Nicht wahr – das verstehen wir? Wenn wir *theoretische* Klarheit hätten, dann wären wir bereit, auch *praktische* Folgerungen zu ziehen! Aber der Spatz in der Hand ist uns lieber als die Taube auf dem Dach. Daß es mit uns und unserem Lebensstil nicht so weit her ist, daß wir immer wieder an Grenzen geraten und manchmal ganz schön durchhängen, das muß man uns nicht erst sagen. Aber hat das Christentum wirklich eine Alternative dazu? Jagen wir da nicht einem Phantom hinterher, wenn wir uns auf die Suche nach Gott machen? Und dann hätten wir unter Umständen unseren Lebenstil völlig umsonst geändert.[10]

»Weißt du«, sagt Pascal, »ich habe eine ähnliche Biographie wie du. Ich war zwar kein Schläger und Ritter, aber bevor ich ins Kloster ging, war ich ein Spieler. Ich bin nun wahrlich nicht stolz auf meine Vergangenheit, aber in *einem* hat mir das den Zugang zum christlichen Glauben wahrscheinlich erleichtert. Ich stand irgendwann einmal in meinem Leben vor dem Punkt, wo ich merkte: Du mußt auf Gott setzen! Du mußt wetten – wie beim Roulette!«

Der Ritter ist schockiert. So etwas ist ihm selbst in durchzechtester Nacht noch nicht untergekommen, daß jemand so von Gott spricht. Und das ausgerechnet im Kloster! Aber Pascal redet bereits weiter: »Komm, wir schließen miteinander eine Wette ab, die Wette, ob es Gott gibt.« Das Gespräch nimmt plötzlich eine Wendung, die dem Ritter ganz und gar nicht behagt. Nur zögernd läßt er sich darauf ein. »Ja«, fragt er, »was bekomme ich denn, wenn ich gewinne?« – »Dann bekommst du nichts.« – »*Nichts?*« – »Nichts! Wenn du ge winnst, hast du zwar recht, zugegeben. Es gibt dann keinen Gott. Aber im Grunde hast du verloren. Und ich habe auch verloren. Wenn es keinen Gott gibt, ist unser Leben sinnlos und leer.«

»Und wenn *du* gewinnst?« – »Dann habe ich doppelten Gewinn. Ich habe einmal recht behalten: es gibt dann einen Gott. Und damit gibt es zugleich Glück und Zukunft für den Menschen – für mich und für dich auch. Du hast dann also mit mir gewonnen.« – »Du meinst also, ich muß eigentlich an Gott glauben?« – »Nein, du mußt nicht. Aber es ist deine einzige Chance.«

Dem Ritter platzt der Kragen: »Ich verstehe überhaupt nicht, worauf du hinaus willst! Überhaupt finde ich diese ganze Konstruktion einer Wette unanständig! So kann man mit Gott doch nicht umgehen!« – »So, kann man nicht?« fragt Pascal. »Du glaubst doch gar nicht an ihn, warum plötzlich diese Pietät?«

»Mir ist das einfach nicht konkret genug«, sagt der Ritter. »Um welchen Einsatz geht es zum Beispiel?« – »Ja – genau *das* ist der springende Punkt«, sagt Pascal. »Ich benutze diesen in deinen Ohren so anstößigen Vergleich, um dir deutlich zu machen: Man kriegt diese Frage nach Gott nicht heraus, ohne etwas einzusetzen! Du sagst, du würdest deinen Lebensstil total ändern, wenn Gott sich dir zeigte. Ich sage dir: Mach's umgekehrt! Investier etwas, investier *dich selbst* – und du wirst überrascht sein, wie lebendig die Realität Gottes in deinem Leben zutage treten wird. Du sagst, du würdest dich völlig ändern? Tu nur einmal so, als ob es wahr wäre – und du wirst merken: Es ist wahr!«

Der Ritter ist erstaunt und gleichzeitig seltsam berührt. Er merkt, es geht ihm ans Eingemachte. Er kann doch nicht einfach ins Blaue hinein etwas oder gar sich selbst riskieren. Und so weicht er aus: »Warum soll *ich* eigentlich den ersten Schritt tun? Warum kommt Gott mir nicht entgegen?«

Pascal schüttelt den Kopf. »Wie kommst du darauf, daß *du* den ersten Schritt tun mußt? Ich will dir was sagen: Der

Gott, an den ich glaube, ist einen weiten Weg gegangen, damit wir beide, du und ich, heute abend dieses Gespräch führen können. Die ganze Bibel berichtet uns von einer einzigen Suche – allerdings nicht von der Suche des Menschen nach Gott, sondern von der leidenschaftlichen Suche Gottes nach uns Menschen, nach dir und nach mir.

Nimm mich zum Beispiel: Bevor ich Christ wurde, war ich ein Spieler. Ich habe Gott nicht gefunden – er hat *mich* gefunden. Nach einem langen, langen Weg. Er schuf diese Welt, er begleitete die Menschen, er gab ihnen Gebote, er sandte seine Boten, er sandte seinen Sohn – und hatte mich immer noch nicht gefunden. Erst als er starb, in tiefster Einsamkeit, verlassen, auf Golgatha, als Jesus sprach: Es ist vollbracht, *da* erst hatte er mich gefunden! *Wir* Menschen sollen den ersten Schritt machen? Verzeih, aber bei all deiner christlichen Erziehung scheinst du nicht zu ahnen, wie weit dir Gott in Jesus Christus entgegengekommen ist. Mehr *kann* er nicht für dich tun, es sei denn, er wollte dich zwingen. Jetzt bist *du* dran, praktisch zu werden. Gott ist einen unglaublich weiten Weg gekommen. Jetzt bist *du* dran, wenigstens einen Schritt zu tun.«

»Aber ich *weiß* doch gar nicht, ob das alles wahr ist, ich weiß doch noch nicht einmal, ob es diesen Gott überhaupt gibt!«

»Ja, *willst* du es denn überhaupt wissen? Wenn Gott wirklich Gott ist, dann müßte sich eine Menge ändern in deinem Leben. Nicht nur deine groben Rittersünden, ja – wenn's so leicht wäre mit der Sünde, daß sie nur aus Prügeln, Saufen und Rumhuren besteht. Die Sünde ist aber *mehr*, sie sitzt tiefer. Die Sünde stellt die *Herrschaftsfrage*: Wer hat in meinem Leben das Sagen? Wer bestimmt meine Grundeinstellungen dem Leben gegenüber, durch welche Brille schaue ich mir die Dinge an, wie gehe ich auf sie zu und wovon lasse ich mich leiten?

Du weißt nicht, ob es Gott gibt, aber du könntest es herausbekommen. Jesus hat einmal gesagt, wer sich auf sein

Wort einläßt und anfängt, danach zu leben, der wird sehr bald entdecken, daß das, was er sagt, von *Gott* herkommt. Er wird entdecken, daß es nicht bloß Menschenworte und Menschenweisheiten sind, die er zu bieten hat.[11] Nimm ihn beim Wort: Tue das, von dem du jetzt schon weißt, daß Gott es von dir fordern würde. Und wenn du nicht weißt, was das sein könnte, dann lies in der Bibel nach. Nimm dir ein Evangelium zur Hand und lies die Worte Jesu und nimm ihn beim Wort! Lebe von nun an nicht mehr für dich selbst, sondern für Gott! Tu so, als ob, und du wirst *erfahren*, daß die Sache wahr ist!«

»Und wenn es nicht wahr ist?« fragt der Ritter.

»Was hättest du schon groß zu verlieren?« sagt Pascal. »Du würdest deinen Lebensstil aufgeben müssen, von dem du bislang ohnehin nicht voll überzeugt warst. Du würdest mit vollzogener Wette, selbst wenn es keinen Gott gibt, schlimmstenfalls treu, liebevoll, rechtschaffen, zuverlässig, dankbar, vertrauenswürdig, bescheiden, aufrichtig, wahr werden. Das ist kein schlechter Tausch, wie ich finde.«

»Aber das *kann* ich nicht!« schreit der Ritter auf.

»Ich sage ja gar nicht, daß du das alles mit einem Schlag perfekt machen sollst, aber fang wenigstens damit an, mach mit dem Gottesgedanken Ernst, indem du ihn nicht mehr einen bloßen *Gedanken* sein läßt. Mach es nach außen deutlich, daß nicht mehr du, sondern Gott das Sagen in deinem Leben haben soll – Schritt für Schritt. Ich verspreche dir: Du wirst Gott erleben – in dem Maße, wie du ihm Raum gibst.«

»Nein«, sagt der Ritter, »ich glaube, das will ich nicht.«

»Ja, das kann ich gut nachfühlen«, sagt Pascal. »Ich habe den Eindruck, dich beunruhigen weniger die Dinge, die du in der Bibel *nicht* verstehst, als vielmehr die Dinge, die du nur allzugut verstehst! Aber bitte sag' das in Zukunft auch so ehrlich. Erzähle in Zukunft niemandem mehr, du wärest an *theoretischen* Glaubensproblemen gescheitert. Dein Glaube ist vielmehr an der höchst *praktischen* Frage gescheitert, wer das Sagen in deinem Leben hat. Nicht die *Gottesfrage*, sondern die Frage der *Lebensänderung* ist dir zum Stolperstein geworden! Bitte sage nie mehr, daß Gott sich dir nicht gezeigt hätte. Sei in Zukunft so ehrlich, es richtig zu sagen: ›Ich hätte Gott erfahren können, aber das wäre meinen Interessen zuwidergelaufen. Ich wollte nicht, daß Gott in meinem Leben wirklich *Gott* ist, deshalb habe ich abgelehnt.‹«

Ich schließe die kleine Episode ab, indem ich versuche, ein erstes Ergebnis unserer Frage nach Gott zu formulieren: An Gott glauben heißt nicht, *für wahr halten*, daß es einen Gott gibt, sondern glauben bedeutet, sich *einzulassen* auf diesen Gott. Es gibt wirklich gute Gründe, die *für* den christlichen Glauben sprechen; es gibt aber auch eine Menge Gründe dagegen. Die Wahrheit des christlichen Glaubens erschließt sich nicht auf denkerischem Weg. Klares Denken kann viele unnötige Hindernisse aus dem Weg räumen, aber wir werden nie Erfahrungen mit Gott machen, solange wir nicht bereit sind, uns auf sein Wort wirklich einzulassen. Wenn Gott nicht ein bloßes gedankliches Konstrukt bleiben soll, müssen wir ihm die Möglichkeit einräumen, unser Leben zu verändern und zu gestalten. Die Frage ist, ob wir gewillt sind, diesen Preis zu bezahlen.

Praktische Übung:

Bitte beantworten Sie, bevor Sie weiterlesen, für sich die folgenden Fragen:

1. Was habe ich früher von Gott gedacht? Was denke ich heute? Wie ist es zu diesem Bilderwechsel gekommen? Welche Menschen haben mich in dieser Frage besonders geprägt – positiv wie negativ?

2. Karl Rahner sagt: »Gott sei Dank gibt es das nicht, was sich 90 % der Menschen unter Gott vorstellen.« Wieso? Gilt das vielleicht auch für *mein* derzeitiges Bild von Gott?

3. Habe ich in meinem Leben Erfahrungen mit Gott gemacht? Wann zum letztenmal?

4. Wer oder was bestimmt mein Leben? Welche Prioritäten sind erkennbar? Wofür investiere ich Zeit, Kraft und Geld?

5. Ist »Gott« eine Größe, die mein Leben irgendwie bestimmt? Und wenn ja: Wie sieht das konkret aus?

6. Was würde sich in meinem Leben ändern, wenn Gott wirklich *Gott* wäre? Und was müßte geschehen, damit ich bereit wäre, diesen Preis zu bezahlen?

Die Bibel – kann Gottes Wort ein Buch sein?

In diesem Kapitel lesen Sie, wieso es nach christlichem Verständnis keine gesicherten Aussagen über Gott an der Bibel vorbei gibt. Die Bibel ist ein durch und durch menschliches Buch, und doch haben wir kein anderes Medium in der Weltgeschichte, in dem Gott uns vergleichbar nahekommt. Ich werde Ihnen vier Verstehensschritte und einen roten Faden an die Hand geben, mit deren Hilfe Sie die »Mitte« der Bibel freilegen können. Es geht beim Lesen der Bibel nicht um das bloße Verstehen eines Textes, sondern um die Begegnung mit einer Person. Wir werden die Bibel nicht verstehen, wenn wir sie nicht von dieser Mitte her lesen. Die Bibel von der Mitte her zu lesen aber bedeutet, sie kritisch zu lesen.

Die Behauptung: Gott hat geredet

Fast jeder Mensch hat seine Vorstellungen von Gott. Die Religionskritik der letzten Jahrhunderte hat uns allerdings darüber belehrt, daß die meisten religiösen Erfahrungen und Vorstellungen gar nicht von *Gott* herkommen, sondern sie kommen aus unserem Kopf beziehungsweise aus dem Bauch: Sie sind Projektionen, Wunschvorstellungen, Bilder, die uns irgendwie ins Konzept passen. Diese Kritik hätte man freilich auch schon der Bibel entnehmen können[1]: Nur, weil die Menschen religiös sind, haben sie noch lange keine Ahnung von Gott, oder sie haben vielleicht eine *Ahnung*, aber sie *wissen* nichts über ihn.

Unsere ganze Religiosität steht auf völlig unsicherem, spekulativem Boden. Wir wissen von Gott *nichts* und können auch nichts von ihm wissen. Woher denn auch? Etwas wie die Ewigkeit ist wohl ein *Grenzbegriff* unseres Denkens, sie selber *denken* können wir jedoch nicht. Woher wollen wir auch nur halbwegs gesicherte Aussagen über Gott nehmen? Uns fehlt jegliches Sensorium, uns fehlt jegliche Anschauung und jeglicher Begriff dafür.[2]

Unsere Worte und Bilder reichen nicht an Gott heran. Unser Reden von Gott und Religion ist ein einziges Stochern im Nebel. Wenn unsere Religion nicht jeglicher Grundlage entbehren will, muß sie sagen, woher sie das Recht nimmt, das Undenkbare zu denken beziehungsweise das für uns Menschen Unerreichbare zu berühren. Denn ein Jenseits, in das wir so ohne weiteres hinübergreifen können, wäre ja kein Jenseits mehr.

Karl Rahner sagt: »Wer immer versucht, Gott zu betasten, wird ins Leere greifen. Nicht weil er fern und unwirklich, sondern weil er die Unendlichkeit selbst ist, die nicht begriffen werden kann. Er ist alles, darum scheint er nichts.« Wir reichen nicht an Gott heran, wir reichen nicht zu ihm hinüber. Wir können das Unsagbare nicht aussagen, denn das hieße, mit Begriffen über die Grenze unserer Begriffe hinausgreifen zu wollen. Hier sollte man es lieber mit dem berühmten Wort Wittgensteins halten: »Worüber man nicht reden kann, darüber soll man schweigen.«

Manche haben daraus den Schluß ziehen wollen, in Sachen Religion den Verstand für inkompetent zu erklären, und haben das *Gefühl* zum eigentlichen Medium des Religiösen erhoben. Damit gerät man aber vom Regen in die Traufe. Wieso sollte unser Gefühl eher in der Lage sein, Gott zu erfassen, als unser Verstand? Es ist in gleicher Weise menschlich-begrenzt. Unsere Gefühle sind Gott nicht näher als unser Verstand. Ihnen fehlen lediglich die präzisen Kriterien, die unser Verstand hat, darum können wir uns auf der Ebene des Gefühls leichter einer Selbsttäuschung hingeben.

Wer immer auszieht, um Gott zu erfahren oder gar über Gott zu sprechen, endet zwangsläufig, wo er angefangen hat: beim Menschen, bei menschlichen Erfahrungen, bei menschlichen Gedanken, bei menschlichen Wünschen. Darin hat die Religionskritik recht.

Mit dieser Grenze unserer Sprach- und Begriffsfähigkeit ist allerdings noch überhaupt nichts über die Existenz oder Nichtexistenz Gottes ausgesagt. Nur weil das Kind mit seinem Eimerchen das Meer weder ausschöpfen noch begreifen kann, heißt das ja noch lange nicht, daß es kein Meer gibt. Doch richtig ist: Unsere Religion steht auf völlig ungesicherter Grundlage – es sei denn, Gott *selbst* zerreißt den Vorhang zwischen uns und ihm und spricht ein Wort. Dann wäre dieses Wort allerdings auch das einzige, was wir von ihm wissen können, dann müßte sich jede unserer religiösen Vorstellungen an diesem Wort messen lassen.

Genau dies ist christliche Vorstellung: Gott hat geredet. Nicht wir, sondern *er* durchbricht den Nebel und spricht das lösende Wort. Nicht auf Spekulation und nicht auf Wünschen oder Angstvorstellungen basiert der christliche Glaube, sondern auf der Behauptung, daß Gott geredet hat. Die Bibel *ist* nicht dieses Wort, wohl aber *zeugt* sie von diesem Wort, das Gott geredet hat, und zwar in einzigartiger Weise. Darum gibt es nach christlichem Verständnis keine Begegnung mit dem lebendigen Gott am Wort der Bibel vorbei. Das Christentum *ist Offenbarungsreligion.*

Das ist die Behauptung: Gott hat geredet, und zwar in einer uns Menschen verständlichen Sprache. Damit habe ich allerdings zwei recht spektakuläre Dinge über Gott ausgesagt, die Sie vielleicht nicht so ohne weiteres nachvollziehen wollen.

Zum einen: Gott ist sprachfähig. Die Bibel geht davon aus, daß Gott gesprochen hat und auch heute noch spricht. Das ist für viele eine zu personale Aussage über Gott. Einen Gott, der spricht, muß ich mir als *Person* vorstellen. Rede ich damit nicht zu menschlich von Gott?

Ich hatte Ihnen im vorigen Kapitel verschiedene Denkmodelle von Gott vorgestellt: Gott ist eine Kraft, Gott ist das All, Gott ist Person und Gott ist nicht. Von diesen vieren ist es der Begriff der *Person*, der für christliches Denken besonders wichtig, ja unersetzbar ist.

Richtig ist, daß ich, wenn ich von Gott als einer Person rede, wieder ein Bild benutze, das ich – wie sollte es auch anders sein? – unserer menschlichen Erfahrungswelt entnommen habe. Wenn ich also von Gott als einer Person spreche, dann lassen Sie mich sagen, wie ich »Person« definiere und warum ich dieses Bild benutze: Person ist für mich ein Wesen, das sich seiner selbst bewußt ist, das Selbstbewußtsein hat, das »Ich« sagen und darum kommunizieren kann.

Die Religionen des Ostens vermeiden das ja gerade, zu sagen: Gott ist Person. Sie sagen lieber: Gott ist eine Kraft, Gott ist eine Macht, die alles durchwaltet. In der Bibel hingegen hängt eine Menge an dem Personsein Gottes. Ich werde das später noch ausführen: zum Beispiel daß wir Menschen ihm nicht egal sind, daß man zu diesem Gott eine persönliche Beziehung aufbauen kann, daß man mit ihm reden kann und Antwort bekommt, daß eine Beziehung des Vertrauens und der Liebe zwischen einem Menschen und Gott möglich ist.

All dies ist damit ausgesagt, wenn ich sage: Gott ist eine Person. All dies werfe ich damit über Bord, wenn ich sage: Gott ist nur eine Kraft, eine Macht, ein Prinzip. Doch ich greife vor. Zunächst begnüge ich mich mit dem Satz: Gott ist für christliches Denken Person.

Die andere Schwierigkeit, die ich bekomme, wenn ich behaupte, Gott habe – in der Bibel oder wo auch immer – gesprochen, hängt wieder mit dem Kind und dem Eimerchen zusammen. Selbst, wenn nicht *wir* versuchen, das Meer auszuschöpfen, sondern das Meer selbst kommt, haben wir doch nicht mehr als dieses Eimerchen, um es zu begreifen. Was wir dann in dem Eimer haben – ist das wirklich das Meer? Ohne Bild ausgedrückt: Selbst wenn nicht *wir* versuchen, sinnloserweise mit unseren Begriffen über die Grenze des Begreifbaren hinauszutasten, selbst wenn Gott selbst das lösende Wort spricht – in welcher Sprache läßt sich das Unaussagbare aussprechen? Wie will man ihn begreifen, der jenseits alles Begreifbaren und aller Begriffe steht? Wir bekommen ein »Übersetzungsproblem«.

Schon wenn wir etwas von einer Sprache in die andere übersetzen wollen, stehen wir ja vor der Schwierigkeit, daß sich ganz bestimmte Vorstellungen, die sich mit einem Begriff verbinden, nicht so ohne weiteres in eine andere Lebenswelt übertragen lassen. Wie wollen Sie zum Beispiel das englische Wort »cool« – auf einen Menschen angewandt – übersetzen? Darum läßt man es lieber unübersetzt und deutscht es ein. Wie schwierig gestaltet sich da erst die Übersetzung von Bibeltexten, die ja nun auch noch in einer heute nicht mehr gesprochenen Sprache überliefert sind!

Da geht oft unendlich viel verloren, weil man wohl *Begriffe*, nicht aber *Vorstellungswelten* und *Lebensgefühle* übertragen kann. Man kann zum Beispiel den Begriff »Opfer« übersetzen und hat dabei auch ein Bild vor Augen, aber wer von uns versteht denn wirklich, was damit gemeint ist? Je ferner die Kulturkreise auseinander liegen, desto schwieriger wird es mit der Übersetzung. Wir haben ja schon Verstehensprobleme, wenn wir *deutsch* miteinander reden.

Es ist ungemein schwierig, ja im Grunde unmöglich, eine Sprache in eine andere Sprache, eine Kultur in eine andere Kultur, eine Epoche in eine andere Epoche hineinzuübersetzen. Und doch versuchen wir es immer wieder und müssen es auch versuchen, auch wenn Irrtümer und Widersprüche, Verstehensstreitereien und Fehlinterpretationen damit schon vorprogrammiert sind.

Wie sehr wird das dann erst der Fall sein, wenn Gott menschlich redet! Welch eine »Übersetzungsarbeit« muß da erst geleistet werden, und wie sehr ist das Göttliche in Gefahr, im Menschlichen unterzugehen, mißverstanden, fehlinterpretiert oder gar mißbraucht zu werden! Und doch versuchen wir es immer wieder und müssen es versuchen, diese Übersetzungsarbeit zu leisten.

Das ist das Problem: Wie anders soll sich Gott uns verständlich machen, wenn nicht menschlich? Doch wenn er menschlich redet und menschlich kommt, wie kann man dann erkennen, daß es sich dabei um *Gott* beziehungsweise *Gottes Wort* handelt? Wenn das Unaussagbare sich selbst in ein Wort hüllt – ist es dann noch das Unaussagbare? Kann das, was ein Mensch begreifen kann, auch wenn *Gott selbst* es ihm an die Hand gibt, wirklich noch Gott sein? Wird es nicht im gleichen Moment, wo es der Mensch berührt, befleckt und seines göttlichen Charakters entkleidet? »Dich verhüllen unsre frommen Hände, sooft dich unsre Herzen offen sehn.« Hört das Göttliche nicht in dem Moment, in dem es sich in das Menschliche hinein »übersetzt«, auf, göttlich zu sein? Anders gefragt: Selbst *wenn* Gott geredet hat und sich das irgendwie in der Bibel niedergeschlagen hat –

Inwiefern ist die Bibel »wahr«?

Die Bibel ist ein durchaus menschliches Dokument: Wir finden darin eine Fülle von Irrtümern, Widersprüchen, Geschichtsklitterungen, ja sogar Bosheiten. Selbst wenn wir den Satz festhalten, daß Gott in der Geschichte Israels und in der Person Jesu gesprochen hat, müssen wir gleichzeitig feststellen: Menschen haben diese Botschaft teils verstanden, teils aber auch mißverstanden, sie haben diese Botschaft fehlinterpretiert und mißbraucht, und alles das hat Einlaß in die Bibel gefunden. Die Bibel ist alles andere als ein vom Himmel gefallenes Buch; schon bei etwas näherer Ansicht merken wir: Sie ist durch und durch *Menschenwort.*

Die Bibel ist zudem kein einheitliches Werk: Wir finden darin neben der weithin vorherrschenden Geschichtsschreibung Briefe, Gebete, Gesetze und Mythen, Heilsprophetien stehen oft direkt neben der Ankündigung großen Unheils, wir finden erotische Lieder, Rachepsalmen, Namensregister, Bekenntnisse, Träume, Sagen, Sprichwörter, Predigten, Gleichnisse und Rätselworte – und das alles in 66 Büchern, in drei Sprachen und über einen Zeitraum von knapp 2000 Jahren verteilt. Dabei haben die Worte bereits *innerhalb* der Bibel selbst einen teilweise erheblichen Bedeutungswandel erfahren.

Seit damals sind abermals 2000 Jahre vergangen. Wir verstehen heute Begriffe wie Seele, Geist oder Gerechtigkeit nochmals anders als damals. Viele Bilder der biblischen Welt sind uns fremd geworden. Wer hat heute noch eine lebendige Anschauung davon, was ein *König* oder ein *Hirte* ist? Das kulturelle Umfeld ist nicht übertragbar, man denke nur an die moderne Medizin oder das analytische Denken oder damals die Sklaverei. Werte haben sich gewandelt: Demokratie und psychologische Einsichten spielen in der Bibel keine Rolle, Sühnevorstellungen oder Gehorsam, die in der Bibel eine wichtige Funktion haben, sind uns heute fragwürdig geworden.

Inwiefern können wir also davon reden, daß die Bibel »wahr« sei? Sie ist es ganz bestimmt nicht in *dem* Sinne, daß jeder Abschnitt an sich tadellose Wissenschaft, Historie oder Moral darstellte. Das »Wort Gottes« wird uns nicht in einer fixfertigen, narrensicheren, systematischen Weise beschert, wie wir es vielleicht erwarten oder wünschen. Wenn wir hier dennoch vom »Wort Gottes« reden, dann, um einem Wunder Ausdruck zu verleihen: *In der Bibel redet – trotz alledem – Gott.*

Aber wie das? Ich möchte das an einem Bild verdeutlichen[3]: Drei Menschen diskutieren über die Liebe. Der eine hat gerade ein philosophisch-theologisches Werk darüber geschrieben und baut große Gedanken-Systeme darauf auf, daß die Liebe das Prinzip ist, das alles zusammenhält. Der zweite hat gerade ein neueres Buch über die Hirnforschung gelesen und versucht, zu beweisen, inwiefern das alles, was der erste für Liebe hält, nur chemische Prozesse sind.[4] Der dritte hingegen ist selbst verliebt. Er steckt sozusagen mittendrin. Was er sagt, klingt in den Ohren der beiden anderen nicht sehr seriös. Das ist etwa das einzige, worin sich die beiden anderen einig sind: daß man es *so* wie der auf jeden Fall nicht sagen kann und nicht sagen darf. Und es ist auch wirklich nicht seriös. Er redet von Bauchflattern und Sternen und widerspricht sich im Grunde laufend.

Und doch ist es so, daß der, der wirklich verliebt ist, in seiner ganzen Stammelei wesentlicher von der Liebe zu reden weiß als die beiden andern. Die *Form*, in der der dritte seine Erfahrung äußert, ist ganz und gar unzulänglich, und wahrscheinlich wäre er der erste, der das zugeben würde. Aber das, was ihn überwältigt hat, die Erfahrung der Liebe, ist echt, ist tief, ist real.

Genau dies ist das Geheimnis der Schreiber der biblischen Bücher: Sie sind dem ewigen Gott begegnet. Und das, was sie in dieser Begegnung erfahren haben, das haben sie in ihrer Geschichte, in ihrem Kulturraum und ihrer Vorstellungswelt niedergeschrieben. Die Form ist ganz und gar menschlich, der *Inhalt* aber ist vom Geist Gottes und seiner Wahrheit geprägt. Sie wären die ersten, die die Unzulänglichkeit ihrer Worte zugeben würden. Aber die dahinterstehende Erfahrung ist nichtsdestoweniger echt, tief und real.

Zugespitzt ausgedrückt: *Das Wahre an der Bibel ist nicht unbedingt das, was Menschen in sie hineingeschrieben haben, sondern die Erfahrung, die dahintersteht.* Nicht alles, was die biblischen Schreiber von sich geben, hält den heutigen logischen, historischen oder naturwissenschaftlichen Wahrheitskriterien stand. Ja vieles, was wir in der Bibel finden, ist sogar *moralisch* relativ fragwürdig. Aber eins ist gewiß: Diese Leute haben Erfahrungen mit Gott gemacht, und wer dieser Erfahrung nachspürt und sich auf sie einläßt, macht selber Erfahrungen mit Gott. Insofern ist die Bibel wahr, und es gibt kein wahreres Buch als die Bibel.

Vier Schritte des Verstehens

Das alles bedeutet aber, daß wir, wenn wir die Bibel verstehen wollen, uns einer gewissen Mühe unterziehen müssen.[5] Wir können die Bibel nicht verwenden wie etwa ein Kochbuch. Es geht darum, *in den Wörtern das Wort* zu finden durch wiederholte, sich Zeit lassende Lektüre, so wie ich, wenn ich einen Menschen verstehen will, mir Zeit lassen und oft *hinter* seine Worte schauen, mich in ihn hineinversetzen muß. Das, was er sagt, steht oft in Spannung zu dem, was er eigentlich sagen will, und ist oft nur zu verstehen aus seiner persönlichen, individuellen Erfahrung heraus.

Was schon für jedes zwischenmenschliche Verstehen gilt, gilt erst recht für das Verstehen von Gottes Wort. Wenn die Bibel Gott zum Beispiel als »Vater« bezeichnet, merken wir auch hier die Spannung zwischen dem, was der Schreiber solcher Worte sagt, und dem, was er eigentlich sagen will – ganz zu schweigen von der Spannung zwischen dem, was er sagt, und dem, was wir faktisch *hören.* Denn das Wort »Vater« ist für viele heute ja ein Reizwort.[6]

Auch hier zugespitzt formuliert: *Die Bibel ist nicht, sondern durch sie kommt das Wort Gottes.* Wir haben kein Medium, von dem man das in ähnlicher Weise aussagen könnte, wie von der Bibel, daß Gott dort spricht. Gottes Anspruch und Zuspruch erreichen uns weder in der Natur noch in der Geschichte, weder im Menschengeist noch in der Musik oder einer anderen Religion und auch nicht in der Kirche derartig elementar wie in der Bibel. Aber eben nicht fixfertig, auf Flaschen gezogen, widerspruchsfrei, sondern als gebrochenes Licht.

Die Bibel macht Lust, sich auf Gott einzulassen. Aber die Bibel zu lesen kostet auch Mühe. Wenn ich einen Bibeltext verstehen will, muß ich gewissermaßen vier Phasen durchlaufen, und von Stufe zu Stufe nähere ich mich dem Zentrum, wird das Menschenwort mir zum Gotteswort. Ich nenne dies die »vier Schritte des Verstehens«.

Der *erste* Schritt des Verstehens ist die Beantwortung der ganz simplen Frage: Was steht da? Es ist etwas Großes, wenn Menschen sich nicht mehr auf ihre Vorurteile über das, was angeblich in der Bibel steht, verlassen, sondern sich die Bibel wieder vornehmen und wirklich wissen wollen, was da steht. Das ist ein guter Anfang.

Doch auf Dauer stoßen wir hierbei an eine Grenze. Ein Hauptproblem beim Bibellesen ist der vermeintliche »Bekanntheitseffekt«. Dieses »selektive Hören« ist ja ein allgemeines Kommunikationsproblem: Man hört nur das, was man hören *will*, beziehungsweise man hört sehr schnell in ganz bestimmte Schubladen hinein und bekommt deshalb oft gar nicht mit, was wirklich gesagt wurde. Man meint schon nach wenigen Sekunden zu wissen, was der andere meint, und hat die Antwort bereits parat, obwohl der andere noch minutenlang weiterspricht. Nicht anders ergeht es uns beim Bibellesen, deshalb müssen wir uns die *zweite* Frage stellen, nämlich: Was steht da eigentlich *wirklich*?[7]

Man muß sich auch im zwischenmenschlichen Gespräch oft Zügel anlegen, um über den ersten Eindruck und die erste eigene Einschätzung hinwegzukommen und jemand anderen zu verstehen. Wir sollten uns auch und erst recht beim Bibellesen nicht mit dem zufriedengeben, was wir ohnehin schon immer wußten. Ich erlebe das häufig, wenn Menschen in einem Bibelkreis – oder auch Pfarrer auf der Kanzel – die Bibel auslegen und das, was sie da sagen, im Grunde schon gewußt haben, *bevor* sie die Bibel aufschlugen. Als ob Gott nicht auch sie überraschen könnte! Das, was sie sagen, klingt kein bißchen frisch und kein bißchen erstaunt – und es bewegt auch entsprechend wenig. Gerade Menschen, die meinen, schon ein bißchen mehr zu wissen, müssen sich in besonderer Weise die Frage stellen: »Was steht da *wirklich*?[8]

Die *dritte* Frage lautet: *Wie sind die Verfasser darauf gekommen?* Es ist die gleiche Frage, die ich oben bereits genannt hatte: Was haben die Menschen eigentlich erlebt, welche Erfahrung haben sie gemacht, daß sie das *so* niedergeschrieben haben? Gott hat nicht den Weg gewählt, daß er die Schreiber der Bibel ihrer Persönlichkeit enthob und zu willenlosen Werkzeugen machte, denen er wörtlich einflößte, was sie zu schreiben hatten. Vielmehr schrieben sie ihre Erfahrungen mit Gott in ihren eigenen, höchst menschlichen und vor allem zeitgebundenen Kategorien nieder. Darum müssen wir uns immer wieder die Frage stellen: In welchen historischen und sozialen Kontext sind diese Texte eingebettet, und ist das auf uns so ohne weiteres übertragbar? Der Satz »Gottes Wort sagt ganz klar und deutlich . . .« – und dann folgt ein Bibelvers – ist nicht mehr als eine fromme Killerphrase, wenn ich mich der Mühe dieser dritten Frage nicht unterzogen habe.

Nicht alles, was in der Bibel steht, ist unbedingt weise und nachahmenswert. Die Bibel beschreibt nicht einen Idealzustand, sondern einen Prozeß. Was vor 3000 Jahren in einem ganz bestimmten gesellschaftlichen Umfeld angebracht und klug war, muß heute keineswegs mehr sinnvoll sein, beziehungsweise der dahinterstehende *Impuls* mag gut sein, aber er muß heute anders umgesetzt werden als damals.

Die Bibel liefert uns kein widerspruchsfrei philosophisch-naturwissenschaftliches System, auch keine praktische Anleitung: »erstens, zweitens, drittens . . .«, sondern sie beschreibt einen Weg, sie erzählt eine *Geschichte.* Und wir müssen uns die Mühe machen, hinter die Worte der Bibel zurückzufragen nach den Erfahrungen, die hinter den Worten stehen. Gott hat geredet – das ist das Geheimnis der Bibel. Menschen haben etwas erfahren, haben Erfahrungen mit diesem Gott gemacht. Und die Bibel wurde geschrieben, damit ich mich auf diese Erfahrung einlasse.

Darum zielt all das Gesagte auf den *vierten*, entscheidenden Schritt des Verstehens eines Bibeltextes, nämlich auf die Frage: *Was kann ich tun, daß ich diese Erfahrung auch machen kann?* Oder, wenn es sich um eine *negative* Erfahrung handelt: *Was kann ich tun, um diese Erfahrung zu vermeiden?* Gott sei Dank muß ich auch in meinem Verhältnis zu Gott nicht alle *schlechten* Erfahrungen selbst machen. Ich kann von den »Fehlversuchen« etwa eines Jona, Petrus oder Jakob lernen. Nicht nur im Positiven, auch im Negativen kann ich mir die in der Bibel berichteten Erfahrungen nutzbar machen.

Die ersten beiden Fragen dienen dem *Verständnis* eines Bibeltextes. Diese Fragen sind wichtig, denn die Bibel kann man zwar nicht nur mit dem Kopf lesen, aber auch nicht ohne. Die dritte Frage hingegen ist eine Frage der *Einfühlung.* Sie erfordert historisches Wissen, vor allem aber auch Meditation und Empathie. Die vierte Frage schließlich zielt auf unser *Einverständnis.* Ein Bibeltext ist erst dann wirklich verstanden, wenn aus dem intellektuellen Verständnis auf dem Weg über die Einfühlung ein existentielles, persönliches Einverständnis geworden ist, wenn ich mir die dort berichteten Erfahrungen zu eigen mache und mein Leben zur Antwort darauf wird. Das Verstehen der biblischen Texte ist erst zu seinem Ziel gekommen, wenn es in mein Einverständnis mündet. Wenn das Wort vom Kopf in das Herz rutscht und von dort aus in Hände, Mund und Füße übergeht.

Die vier Schritte des Verstehens:

1. Was steht da?
2. Was steht da wirklich?
3. Welche Erfahrung steckt hinter dem Text?
4. Was kann ich tun, um diese Erfahrung nachzuvollziehen?/Was muß ich unterlassen, wenn ich diese Erfahrung vermeiden will?

Die Wahrheit der Bibel erfordert die Antwort des *ganzen* Menschen. Es geht nicht darum, lediglich eine Information aufzunehmen, sondern darum, sich durchtränken zu lassen vom Geist Gottes beziehungsweise der Person Jesu. Dazu aber muß ich unterscheiden zwischen dem inspirierenden Geist und der menschlichen Ausdrucksform, in die er sich hüllt.

Das mag den einen oder anderen erschüttern. Mir wird oft die Frage gestellt, ob es nicht Unglaube sei oder doch zumindest Kleinglaube, das so zu sehen. Der wahre Glaube, so hält man mir dann entgegen, lasse am Wort der Bibel nicht rütteln, da gelte jedes Wort als direkt inspiriert und als unfehlbare Wahrheit.

Doch so einfach ist das nicht. Die »biblizistische« oder »fundamentalistische« Art, an einen Bibeltext heranzugehen, muß keineswegs von einem großen Glauben zeugen. Sie kann durchaus auch Ausdruck einer großen *Angst* oder auch einer gewissen geistigen Trägheit sein, für die uns Gott alles andere als loben wird. Vielmehr wird er vielleicht sagen: »Du hast dich der Mühe nicht unterzogen, der Übersetzung von Gottes Wort in Menschensprache einmal nachzuspüren, und du hast dir auch nicht die Mühe gemacht, diese Botschaft für dich selbst und andere noch einmal ganz neu zu übersetzen. Was du für Glauben gehalten hast, war in Wirklichkeit Bequemlichkeit und Lieblosigkeit, mit der du anderen das Glauben schwergemacht hast.«

Schon Paulus mußte sich offensichtlich mit ähnlichen Einwänden auseinandersetzen, als er schrieb: »Der Buchstabe tötet, aber der Geist macht lebendig« (2. Korinther 3,6). Das Bibelwort ist lediglich die *Spur*, die der Geist Gottes hinterlassen hat. Seine Wichtigkeit sollte man nicht unterschätzen: Nirgends hat der Geist Gottes einen deutlicheren und wichtigeren Niederschlag hinterlassen. Wenn wir Gott »auf die Spur« kommen wollen, kommen wir am Wort der Bibel nicht vorbei. Aber wir müssen differenzieren zwischen dem Wort Gottes und der menschlichen Form, in die sich dieses Wort kleidet.

Der rote Faden durch die Bibel

Die Wahrheit der Bibel ist nicht einfach vom Himmel gefallen, sondern im Laufe von Jahrhunderten gewachsen. Besser als am Neuen Testament, das ja in der vergleichsweise geringen Zeitspanne von nicht einmal 100 Jahren entstanden ist, kann man diesen Sachverhalt am Alten Testament verdeutlichen. Für Abraham zum Beispiel, der aus dem babylonischen Kulturkreis kam, war das *Menschenopfer* seines Sohnes Isaak eine, wenn auch harte, so doch völlig »normale« religiöse Äußerung. Daß Gott sein Opfer eben *nicht* wollte, sondern sich mit einem Tieropfer begnügte, war religionsgeschichtlich gesehen ein gewaltiger Schritt vorwärts. Jahrhunderte später predigten die Propheten Israels allerdings auch die Abkehr vom Tieropfer hin zu einem ethischen Opfer: Die Menschen sollten lieber Gerechtigkeit üben und barmherzig mit den Armen sein (vgl. Hosea 6,6). Wahrheit hat ihre Zeit, Wahrheit wächst.

So wandeln sich bereits *in der Bibel selbst* die Vorstellungen: Über weite Teile des Alten Testaments gibt es zum Beispiel keine Jenseitshoffnung. Erst an jüngeren Stellen finden sich dazu einige Hinweise. Dafür herrschte über Jahrhunderte die Ansicht, daß dem *Wohlverhalten* eines Menschen auch ein irdisches *Wohlergehen* folgen müsse, beziehungsweise umgekehrt, daß ein unglückliches Schicksal von Sünde verursacht sei. Erst das jüngere Buch Hiob machte endgültig Schluß mit dieser Vorstellung, die das Alte Testament über weite Teile hin prägt. Oder: In den frühen Schichten des Alten Testaments versteht sich Israel als das alleinige auserwählte Volk Gottes. Erst gegen Ende des Alten Testaments wird deutlich: Israel ist lediglich das »Sprungbrett« für den universalen Heilswillen Gottes, der Katalysator für einen weltumfassenden Prozeß. Gott will die *ganze* Welt erreichen, und er nimmt den Glauben Israels dazu als Ausgangspunkt.

Vielleicht kann man das gesamte Alte Testament als den Versuch Gottes verstehen, eine Sprache auszubilden, mittels derer er sich aussagen kann. Gott erwählt sich ein Volk, er rettet es aus der Hand seiner Feinde und begleitet es in großer Geduld durch die Jahrhunderte. Sein Volk macht alle Höhen und Tiefen der menschlichen Existenz durch. In einem nahezu 2000 Jahre währenden Prozeß entwickelt das Volk Israel dabei in einer Art von Gott begleitetem und behutsam gelenktem »Versuchs- und Irrtumsverfahren« jene Kategorien, in denen sich Gott immer besser und dann schließlich endgültig aussagen kann.

Es gehört mit zum Großartigsten der biblischen Religion, daß und wie sich Gott innerhalb dieses Prozesses auf die menschliche Geschichte einläßt. Der biblische Gott ist nicht unwandelbar, sondern flexibel. Aber dabei ist er eben auch nicht wetterwendisch, sondern treu und zuverlässig. In einer knapp zweitausendjährigen Geschichte entwickelt das Volk Israel die nötigen Begriffe und Vorstellungen, um Gott immer tiefer zu verstehen. Eine letzte, unüberholbare Selbstaussage Gottes erfolgt dann in Jesus Christus. »Als die Zeit erfüllt war«, sagt das Neue Testament, »sandte Gott seinen Sohn« (Galater 4,4). Das heißt, das Alte Testament stellt die Kategorien bereit, mittels derer das Neue Testament überhaupt erst verstanden werden kann. Es ist eine Art »Sprachschule des Glaubens«.

So kann auch der Christ auf das Alte Testament keinesfalls verzichten. Das Neue Testament bleibt in sich ein unverständliches Werk, wenn wir es nicht aus dem Alten Testament beziehungsweise aus dem Judentum heraus verstehen. Das fängt an bei dem Glauben an *einen* Gott, von dem wir herkommen und dem wir Rechenschaft über unser Leben schuldig sind, und führt über das *Menschenbild*, das ich im nächsten Kapitel ausführen möchte, bis hin zu der *Sehnsucht*, die aus dem Alten Testament herauswächst, daß Gott noch einmal ganz neu Herr über diese Erde sein wird – eine Erwartung, auf die sich Jesus sehr dezidiert bezogen hat.

Im Endeffekt sind es *vier* Fragen, die sich im Alten Testament entwickeln und teilweise bereits dort, teilweise dann in Jesus Christus eine umfassende Antwort finden. Diese vier Fragen bilden so etwas wie einen roten Faden, der durch die Bibel führt.[9] Sie lauten:

1. Wer ist Gott? Die ganze Bibel hat – durch alle Zeiten und literarischen Formen hindurch – ein durchgängiges Thema, nämlich die Selbstvorstellung des lebendigen Gottes. So haben Menschen ihn erlebt, so hat Jesus ihn uns gezeigt, so ist Gott!

2. Wie sieht Gott uns Menschen? Die Bibel schildert uns Gottes Absicht mit dem Menschen, seine Liebe und sein Bemühen um uns. Die Sicht Gottes stimmt nicht unbedingt mit unserer eigenen Sicht von uns überein. Doch gerade darin liegt die Chance zur Korrektur. Die Bibel sagt uns, daß unser aller Leben noch ein großes Potential birgt, wenn wir uns Gott zur Verfügung stellen.

3. Wie kann ich zu Gott kommen? Es geht in der Bibel um eine lebendige Beziehung, eine Einladung zur Gemeinschaft mit Gott. Die Bibel schildert uns den Weg, wie Menschen diesen Gott erfahren haben, und leitet uns an, diese Erfahrung zu unserer eigenen zu machen.

4. Wie kann ich mit Gott leben? Wie sieht das praktisch aus: ein persönliches Verhältnis zu Gott haben? Wie kommunizieren wir miteinander und was will er von uns?

Die Bibel beantwortet vier Fragen:

1. Wer ist Gott?
2. Wie sieht Gott uns Menschen?
3. Wie kann ich zu Gott kommen?
4. Wie kann ich mit Gott leben?

Die Mitte der Bibel: Jesus Christus

Durchaus nicht *alle* Fragen werden uns beim Lesen der Bibel beantwortet. Naturwissenschaftliche, historische oder auch moralische Fragen finden in ihr nur bedingt Antwort, ja sogar manche *religiöse* Frage beantwortet die Bibel nicht, zum Beispiel, woher das Böse kommt. Die Bibel beantwortet die oben genannten vier Fragen, ansonsten stellt sie selbst Fragen, stellt *uns* in Frage und fordert uns zur Antwort heraus.

Alles in allem geht es in der Bibel um ein persönliches Verhältnis, um meine Beziehung zu Gott beziehungsweise Gottes Beziehung zu mir. Das heißt aber zugespitzt: *Ich begegne im Bibelwort nicht einem Text, auch nicht irgendwelchen Lebensweisheiten, sondern letztlich einer Person.* Ähnlich, wie wenn ich einen Liebesbrief lese, werde ich beim Aufschlagen der Bibel konfrontiert mit einem pulsierenden Herzen. Die Bibel berichtet von der leidenschaftlichen Suche Gottes nach uns Menschen. Diese Suche findet ihren Höhepunkt in der Person Jesu Christi. Um diese Leidenschaft Gottes geht es in der Bibel. Sie ist die Mitte dieses Buches. Sie ist die Achse, um die sich alles dreht; wenn man sie herausnimmt, bricht das ganze Gefüge zusammen.

Es hat keinen Sinn, die Bibel lediglich als Fundus zu benutzen für irgendwelche Lebensweisheiten oder ethischen Regeln. Damit nimmt man ihr die Mitte. Ich werde im achten Kapitel zeigen, daß es weder seriös noch immer sinnvoll möglich ist, die *Glaubensrichtlinien* von jener *Glaubensbeziehung* zu isolieren, die sie allererst hervorgebracht hat. Ähnlich zum Scheitern verurteilt scheint mir der Versuch, in Notzeiten isolierte Trostworte aus der Bibel zu ziehen. Worte, die einen im bisherigen Leben nicht interessiert haben, sollen jetzt plötzlich die Kraft entfalten, einen durchs Sterben zu tragen![10]

Verstehen Sie mich nicht falsch: Ich glaube sowohl, daß die Bibel uns in puncto Ethik etwas zu sagen hat, als auch, daß das Wort Gottes uns in Notzeiten stärken und trösten kann. Aber die Gefahr, wenn man die Bibel nicht von ihrer Mitte her liest, ist die, daß man sie vor einen ideologischen Karren spannt oder sich selbst in die Tasche lügt, indem man sich nur die Sachen herauspickt, die man gerade hören möchte.

Darum ist es wichtig zu wissen: Die Schrift hat eine Mitte. Diese Mitte ist der Versuch der Kontaktaufnahme Gottes mit uns Menschen. Nirgends wird dies so deutlich wie im Leben und in der Lehre Jesu Christi. In Jesus kulminiert dieser Versuch, hier spitzt sich die Suche Gottes nach dem Menschen zu. Auf den Punkt gebracht heißt das: Nicht die Bibel, sondern *Jesus Christus* ist das eigentliche Wort Gottes. Nirgends hat Gott sich eindeutiger und unmißverständlicher zur Sprache gebracht. Jesus selbst allerdings hat kein Buch geschrieben. Das Zeugnis der Bibel ist darum der unmittelbarste Reflex dieses Wortes Gottes, den wir haben.

Im *Alten Testament* sehen wir, wie das Volk Gottes auf das Ereignis des Kommens Jesu vorbereitet wird und ihn erwartet. Im *Neuen Testament* hingegen lesen wir, wie die Menschen, die ihn erlebt haben, versucht haben, ihn zu verstehen beziehungsweise das Ereignis seines Kommens zu reflektieren und auf seine Folgen hin zu befragen. Wie bei einem Stein, den ich ins Wasser werfe und der auf der Wasseroberfläche immer weitere Kreise zieht, so gruppiert sich das Bibelwort um das Christusereignis: In der Mitte stehen die direkten Zeugnisse, darum gruppieren sich die Texte, die sich erwartend oder reflektierend auf dieses Ereignis beziehen, bis hin an den Anfang beziehungsweise an das Ende der Zeit.

Doch nicht nur *zeitlich* gruppiert sich das Bibelwort um die Christusmitte, sondern auch qualitativ. Es gibt von der Aussage her Texte, die sich ganz nahe um diese Mitte legen, es gibt aber auch Texte, die sich weiter davon entfernen, und es gibt einen verschwimmenden Rand.[11] Viele dieser Kreise sind überdies auch von anderen Einschlägen beeinträchtigt, zum Beispiel durch die griechische Philosophie. Sie legen sich nicht mehr sauber um die Mitte. Ich behaupte also: Man muß die Bibel differenziert lesen. Man muß die Texte verschieden gewichten, man kann sie nicht alle auf eine Linie stellen. Darum sagt Martin Luther, Heilige Schrift – im engeren Sinn – sei für ihn, was auf diese Mitte, was auf Christus hinausläuft, in Luthers Worten: »was Christum treibet«.

Damit wollte er sagen: Nicht die Tatsache, ob etwas in der Bibel steht, sondern ob das, was da steht, sich *konzentrisch* zu ihrer Mitte verhält, ist das Kriterium dafür, ob und inwiefern man es als Wort Gottes anzusehen hat. Von dieser »Mitte der Schrift« her konnte Luther sehr massiv Bibelkritik betreiben.[12]

Spätestens an dieser Stelle ernte ich regelmäßig Proteste. »Das ist doch reine Willkür«, sagt man mir, »*wenn* ich die Bibel als Wort Gottes ansehe, dann muß ich doch die *ganze* Bibel zugrunde legen!« Doch Sie können Rache-Psalmen[13], um einmal ein extremes Beispiel zu nehmen, nicht in gleicher Weise als Gottes Wort betrachten wie die Evangelien. Es gibt Texte in der Bibel – auch im Alten Testament! –, die stehen dem Christus-Zentrum ganz nahe, und es gibt welche – auch im Neuen Testament! –, die sind sehr weit davon entfernt. Wir müssen die Bibel *kritisch* lesen.[14]

Die Kritik, zu der ich Sie ermutige, liegt nicht in unserer gegenwärtigen historischen oder naturwissenschaftlichen Erkenntnis begründet, denn diese kann und wird wahrscheinlich bereits morgen schon wieder überholt sein.[15] Schon gar nicht, das müßte aus dem vorher Gesagten deutlich geworden sein, meine ich, wir könnten uns aus der Bibel das herauspicken, was uns gerade ins Konzept paßt. Den Ansatzpunkt zur Kritik der Bibel entnehme ich vielmehr der Bibel selber.

Ich hatte gesagt: Die Bibel beschreibt nicht einen Idealzustand, sondern einen Weg, einen Prozeß. Was auf diesem Weg wie einzuordnen ist, erschließt sich einem erst vom Ziel her. Wenn ich einen Text aus irgendeiner Phase dieses Weges herausnehme und isoliere, weiß ich noch nicht: Ist es ein

Irrweg, der hier beschrieben wird, ein Umweg, oder führt er direkt zum Ziel? Ist es ein Weg, der nur für *andere* in einer ganz bestimmten Situation wichtig war, oder ist es ein Weg, der auch für mich wichtig werden kann?

All diese Fragen sind ungeklärt, solange ich einen nackten Bibeltext oder gar nur einen Vers vor mir habe. Sie erschließen sich nur von der Mitte der Schrift, das heißt von Christus her. Er ist es, auf den die ganze Bibel zielt.[16] Von diesem Ende her, von diesem Ziel her lese ich die anderen Texte der Heiligen Schrift, und sie erschließen sich mir. So haben die Verfasser des Neuen Testamentes das Alte Testament gelesen, und ich wüßte kein einleuchtenderes Verfahren.

Die Schrift selber nötigt uns zu einem kritischen Umgang mit ihr. Nicht die Bibel, sondern *Jesus Christus* ist das eigentliche Wort Gottes. *Ich muß darum das Wort in den Wörtern entdecken.* So kann ich mich auf dieses Wort einlassen und trotzdem intellektuell redlich bleiben: Ich muß Widersprüche und Fehler nicht wegdiskutieren. Ich muß auch nicht Lebensformen und Lebensregeln übernehmen, die in einer nomadischen Kultur oder in einem Stammesbund ihren guten Sinn hatten, uns aber heute wirklich nichts mehr zu sagen haben. Ich kann im guten Sinne *kritisch* mit den Worten der Bibel umgehen und mich trotzdem dem Wort in einer Haltung der ehrfürchtigen Anbetung und des Gehorsams nähern: Immerhin will mir Gott durch dieses Wort begegnen.

Anbetung und Gehorsam – diese beiden Begriffe sind mir wichtig. Martin Luther hat einmal das Geheimnis der Bibel verglichen mit dem Geheimnis Jesu in der Krippe zu Bethlehem. Was haben denn die Hirten gesehen, als sie zur Krippe kamen? Sie haben ein Kind gesehen, das aussah wie alle anderen Kinder dieser Welt. Es war in Windeln gewickelt, es war alles überaus menschlich. Wie konnte man dann aber erkennen, daß es sich dabei um Gottes Sohn handelte? Wie nimmt man das Gotteskind in diesem Menschenkind wahr, beziehungsweise, auf unsere Frage gewendet: Wie entdeckt man Gottes Wort im Menschenwort?

Antwort: Indem man – wie damals die Hirten – dem Wort anbetend und gehorsam gegenübertritt. *Anbetend*, denn immerhin geht es um die Begegnung mit dem lebendigen Gott, wenn wir die Bibel aufschlagen. Wer dieses Wort ohne die angemessene Ehrfurcht und ohne Gebet aufschlägt, darf sich nicht wundern, wenn er das Entscheidende bereits im Ansatz verpaßt, wenn er nur das nackte Menschenwort vorfindet, in welches das Gotteswort eingepackt ist. Die vier von mir genannten Verstehensschritte sind zumindest ab der dritten Stufe ohne Gebet nicht mehr sinnvoll möglich.

Und *gehorsam* sollen wir dem Wort gegenübertreten, das heißt in der Bereitschaft, dem Folge zu leisten, was mir dieses Wort sagt. Wie soll das Wort seine Wirkmächtigkeit entfalten, wenn ich es nicht *auf mich* und *in mir* wirken lasse, wenn es mich nicht verändern und in Bewegung setzen darf? Nur so kann ich Erfahrungen mit Gott und dem Wort Gottes machen, daß ich mich darauf einlasse. Mich riskiere, so tue, als ob es wahr wäre, und ich habe dabei – ich erinnere an die Pascalsche Wette! – die Verheißung, daß ich dann die Erfahrung machen werde, daß es wirklich wahr ist, daß es wirklich Gott ist, der dahintersteckt!

Darum geht es: Gott hat geredet, und dieses Reden schlägt sich nieder in der Bibel. Die Bibel ist das im zerbrechlichen Gefäß von Menschenworten eingefangene Gotteswort, es ist daher ein Buch zwischen zwei Welten. Im Wort der Bibel greift Gott durch den Nebel unserer Religiosität hindurch und versucht, uns anzusprechen, Kontakt aufzunehmen. In erster Linie geht es in der Bibel daher um eine persönliche Begegnung. Das sollten wir nicht vergessen, und mit weniger sollten wir uns nicht zufriedengeben[17], wenn immer wir die Bibel aufschlagen.

Im nächsten Kapitel werden wir das einmal ganz praktisch angehen und die ersten Seiten der Bibel aufschlagen. Doch zuvor wieder eine praktische Übung zum Verweilen:

Praktische Übung

Was steht eigentlich in der Bibel? Bitte nehmen Sie sich ein wenig Zeit und listen Sie zunächst die Geschichten und Texte auf, die Ihnen noch in Erinnerung sind.

Sollten es zu viele Geschichten sein, weil Sie sich eher zu den »Insidern« zählen, dann gehen Sie gleich über zum zweiten Schritt: Versuchen Sie einmal, in rund 300 Worten zu formulieren, worum es in der Bibel überhaupt geht, was also Ihrer Meinung nach die Hauptaussagen der Bibel sind.

Ich werde Ihnen im Laufe des Buches meinen eigenen Versuch dazu vorstellen. Vielleicht wollen Sie aber, neugierig geworden, Ihre Zusammenfassung doch noch einmal vergleichen mit dem, was in der Bibel selbst steht. Ich habe Ihnen dazu auf der folgenden Seite einige Kerntexte der Bibel zusammengestellt. Wie wäre es, wenn Sie sich für jeden Tag einen der folgenden Texte vornähmen? Ich rate Ihnen, sich dabei einer eingängigen Übersetzung zu bedienen, etwa derjenigen von Hans Bruns oder der von Jörg Zink.

Zentraltexte der Bibel zum persönlichen Studium:

1. Mose 1 (Schöpfung)
1. Mose 3 (Sündenfall)
Römer 1,18 ff. (Zorn Gottes über die Sünde)
Lukas 2,1–20 (Weihnachten)
Jesaja 52,13–53,12 (Der leidende Gottesknecht)
1. Korinther 1,18 ff. (Die Kreuzesbotschaft)
Philipper 2,5–11 (Der Weg des Christus)
Johannes 20 + 21 (Ostern)
Apostelgeschichte 1 + 2 (Himmelfahrt und Pfingsten)
Römer 3,9 ff. (Die Bedeutung des Glaubens)
1. Korinther 15 (Auferstehung)
2. Mose 20 (10 Gebote)
Matthäus 5–7 (Bergpredigt mit Vaterunser)
Psalm 8 (Gebet: Was ist der Mensch?)
Psalm 23 (Gebet: Der Herr ist mein Hirte)
Psalm 51 (Gebet: Bitte um Vergebung)
Psalm 103 (Hoheslied der Barmherzigkeit Gottes)
Psalm 121 (Gebet: Bitte um Segen)
Psalm 130 (Gebet: Aus der Tiefe rufe ich zu dir)
Psalm 139 (Gebet: Du erforschest mich)
Lukas 10, 27–37 (Gleichnis: Barmherziger Samariter)
Lukas 15, 11–32 (Gleichnis: Verlorener Sohn)
1. Korinther 13 (Das Hohelied der Liebe)
Matthäus 24 + 25 (Das Ende der Zeit)
Offenbarung 21,1–22,5 (Gottes zukünftige Welt)

3. Der Mensch – das Risiko Gottes

In diesem Kapitel lesen Sie, daß sich die Aussagen der Bibel über Gott anhand ihrer Aussagen über den Menschen überprüfen lassen. Wenn die Bibel vom Menschen redet, macht sie zwei gegensätzlich erscheinende Hauptaussagen: Zum einen kommt der Mensch ganz von Gott her, zum andern ist er völlig von Gott entfremdet. Gott holte tief Luft, als er uns schuf. Und tatsächlich löste der Mensch das nicht ein, was Gott sich von ihm versprochen hatte. Wir werden sehen, wie es dazu kommen konnte und welche Folgen das hatte. Außerdem lesen Sie in diesem Kapitel, daß Sünde keine moralische Kategorie ist und daß der Tod nicht erst am Ende unseres Lebens steht.

Der Mensch partizipiert am Geheimnis Gottes

Die Wahrheit der Bibel erweist sich nicht in ihren Aussagen über Gott – denn wer könnte die schon nachprüfen? Sie erweist sich vielmehr in ihren Aussagen über den Menschen. Denn diese Aussagen *sind* für uns nachprüfbar, wir können sie an unserer Erfahrung messen, und wir können, soweit wir uns auf das Bibelwort einlassen, selbst jene Erfahrungen machen, von denen dort die Rede ist.

In der Bibel sind die Aussagen über Gott und die Aussagen über den Menschen unauflöslich miteinander verbunden. Theologie und Anthropologie fallen in der Bibel in eins. Sie sind nicht dasselbe, aber sie sind zwei Seiten der gleichen Medaille. Die Bibel kann den Menschen nur von Gott her sehen. Und sie kann Gott tatsächlich auch nur vom Menschen her sehen, weil sie davon überzeugt ist, daß Gott sein »Schicksal« an das Schicksal der Menschen geknüpft hat. Gerade dort, wo die biblischen Texte von *Gott* reden, helfen sie uns, *uns selbst* und unsere Mitmenschen besser zu verstehen. Wenn sie uns aber wirklich helfen, uns selber besser zu verstehen, spricht einiges dafür, daß sie auch auf der »Rückseite« stimmen, also dort, wo von Gott die Rede ist.[1]

Gott nehmen wir nicht direkt wahr. Kein Mensch hat Gott jemals gesehen, das weiß auch die Bibel.[2] Der Mensch kann, sei es auf der Verstandes-, der Willens- oder der Gefühlsebene, immer nur *Menschliches* erfassen. Die Wahrheit des christlichen Glaubens an Gott wird nicht direkt erfaßt. Ähnlich, wie wir das Licht nicht direkt wahrnehmen, sondern immer nur indirekt, indem *die Dinge um uns herum* hell werden, nehmen wir auch Gott nie pur und für sich, sondern immer nur gebrochen, reflektiert und gleichsam »abgedunkelt« wahr.

Die Wahrheit der Bibel bewährt sich dadurch, daß die Dinge um einen herum heller werden und in einem neuen Glanz erscheinen[3], daß man die Welt, seinen Mitmenschen und sich selbst besser erkennt. Ich gestehe, ich habe bis heute keine Sicht des Menschen gefunden, in der ich mich besser verstanden gefühlt hätte, als die biblische. Die Bibel ist absolut realistisch und doch von einer tiefen Menschlichkeit gekennzeichnet, weil sie um das Geheimnis des Menschen weiß.

Die entscheidenden Texte der Bibel, was das Verständnis des Menschen anbetrifft, finden sich gleich am Anfang in der sogenannten Urgeschichte. Wir als neuzeitliche Menschen fragen, wenn wir solche Texte lesen, gerne: Ist das wirklich so passiert? Sind diese Texte also *historisch* aufzufassen, sind da wirklich zwei Menschen namens Adam und Eva herumgelaufen und haben diese ganzen Dinge erlebt? Oder muß man solche Texte »mythologisch« verstehen, das heißt als

Bilder nehmen, in denen sich ganz bestimmte Ur-Erlebnisse der Völker niederschlagen, hier eben vor allem die des Volkes Israel und seiner benachbarten Staaten?

Historie oder Mythos, das ist hier die Frage. Und dabei kann man derzeit einen interessanten Umdenkungsprozeß beobachten. Noch vor wenigen Jahren war für viele Menschen die Ur-Geschichte, also die Geschichten von Adam und Eva, Kain und Abel, Noah und so weiter, völlig »out«, und zwar mit dem Argument, daß das ja wohl so nicht passiert sein könne. Und weil es so nicht passiert ist, so folgerte man messerscharf, sind diese Geschichten auch nicht wahr, und wenn sie nicht wahr sind, dann haben sie uns auch nichts zu sagen.

Heute indes kann man beobachten, wie die Menschen sich zunehmend wieder solchen alten Geschichten zuwenden. Bis hin zu den Märchen werden sie reihenweise wiederentdeckt. Die Psychologie wendet sich überdies unseren Träumen zu, Sterne und Symbole sind wieder ganz groß »in«. Es wird wieder gedeutet. Von daher liegt, wenn Sie es so wollen, die Urgeschichte voll im Trend.

Man hat gemerkt, daß die rein rationale Betrachtungsweise in einer Sackgasse endet, wenn man das Geheimnis des Menschen beschreiben will. Wenn ich zum Beispiel mit der Naturwissenschaft sage: »Der Mensch ist die Summe ganz bestimmter chemischer Prozesse«, dann stimmt das in gewisser Weise natürlich, aber das *Wesen* des Menschen wird damit doch eher verborgen als enthüllt. Und wer sein Handeln konsequent auf ein solches den Menschen vermeintlich erklärendes Weltbild aufbauen wollte, würde nicht an Menschlichkeit gewinnen, sondern verlieren.[4]

Der Mensch partizipiert an einem Geheimnis, das größer ist als er selbst. Der Mensch ist mehr als bloße Chemie, und er ist mehr als bloße Materie. Wir alle ahnen es, obwohl keiner von uns es beweisen kann. Für biblisches Denken partizipiert der Mensch an dem Geheimnis Gottes. Nennen Sie es *Seele* oder wie auch immer – die Bibel sagt: Gott hauchte dem Menschen seinen Odem, das heißt seinen Atem, seinen Geist ein, »und so ward der Mensch ein lebendiges Wesen«[5].

Im Menschen ist etwas, was aus der dem Menschen zugänglichen Welt heraus nicht erklärbar ist, sondern nur von Gott her. Im Menschen ist ein Geheimnis, das sich jeder rationalen Erklärung entzieht.[6] *Gott* ist das Geheimnis des Menschen.

Ein Geheimnis jedoch kann man nicht aufklären, man kann es nur umschreiben und beschreiben. Es entzieht sich unserer historischen oder auch naturwissenschaftlichen Betrachtungsweise. Darum erzählt die Bibel einen Mythos, eine *Geschichte*, um das Geheimnis des Menschen zu beschreiben. In den ersten drei Kapiteln der Bibel finden wir zwei scheinbar völlig gegensätzliche Aussagen über den Menschen. Im Spannungsfeld dieser beiden Aussagen vollzieht sich unser Leben.

Die beiden Sätze lauten erstens: *Der Mensch kommt ganz von Gott her;* und zweitens: *Er ist gleichzeitig Gott völlig entfremdet.* Der Mensch ist auf Gemeinschaft mit Gott angelegt, und gleichzeitig verfehlt er sie. Schöpfung und Sünde, das sind die zwei Ur-Daten, von denen wir herkommen und die uns bestimmen.

»Adam« ist das hebräische Wort für »Mensch«. Gemeint ist also nicht eine Person namens Adam, sondern gemeint sind in diesen Texten Sie und ich, beschrieben ist hier der Ursprung, das, wovon wir herkommen und was unsere innere Bestimmung ist; das, was wir wissen müssen, wenn wir uns selbst und andere verstehen wollen.

Und ich bitte Sie, diese Texte zu prüfen: Nicht mit der historischen oder gar naturwissenschaftlichen Meßlatte, sondern anhand Ihrer eigenen Existenz, ob Sie hier nicht tiefe Wahrheiten über sich selbst entdecken. Es gibt zu viele unsinnige Diskussionen über diese Texte nach dem Motto: Wo nahm Kain seine Frau her? Nicht dann, wenn wir über Adam und Eva reden, sondern nur, wenn wir über diese Texte dazu kommen, *über uns selbst* zu reden, werden wir ihnen gerecht.

Die Bestimmung des Menschen
(1. Mose 1, 26–28)

Und Gott sprach: Lasset uns Menschen machen, ein Bild, das uns gleich sei, die da herrschen über die Fische im Meer und über die Vögel unter dem Himmel und über das Vieh und über alle Tiere des Feldes und über alles Gewürm, das auf Erden kriecht. Und Gott schuf den Menschen zu seinem Bilde, zum Bilde Gottes schuf er ihn; und schuf sie als Mann und Weib. Und Gott segnete sie und sprach zu ihnen: Seid fruchtbar und mehret euch und füllet die Erde und machet sie euch untertan und herrschet über die Fische im Meer und über die Vögel unter dem Himmel und über das Vieh und über alles Getier, das auf Erden kriecht.

Diese Verse stehen im Zusammenhang des sogenannten Schöpfungsberichtes. Innerhalb dieses Textes setzen sie sich jedoch in besonderer Weise von allem Vorhergehenden ab. Es ist so, als ob Gott inmitten seiner Welterschaffung auf einmal so etwas wie Skrupel bekäme. Vorher hieß es in monumentaler Eintönigkeit: »Gott sprach – Gott schuf – Gott machte.« Aber hier, wo das Wort »Mensch« zum erstenmal auftaucht, gibt es so etwas wie ein Stocken in der Erzählung. Jetzt hält Gott plötzlich inne und führt eine Art Selbstgespräch.

Und das hat einen guten Grund. Der Mensch ist, wie Helmut Thielicke[7] es einmal ausgedrückt hat, das Risiko Gottes. Gott geht ein *Wagnis* mit dem Menschen ein, und das läßt ihn erst einmal innehalten. Das Risiko, das Gott mit der Erschaffung des Menschen eingeht, ist dasjenige der *Freiheit* eines seiner Geschöpfe. Denn jede Freiheit, die Gott einem Wesen einräumt, ist die Kehrseite einer Selbstbegrenzung Gottes.

Wenn Gott ein Wesen schafft, das frei ist, muß er auch in Kauf nehmen, daß dieses Wesen etwas tut, was er, Gott, nicht so will.[8] Es ist tatsächlich so, daß Gott sein Schicksal an das Schicksal der Menschen knüpft. Er holt also erst einmal tief Luft. »Lasset uns Menschen machen, ein Bild, das uns gleich sei«, heißt es dann.

Lasset *uns* Menschen machen. Ist Ihnen das aufgefallen? Wer ist eigentlich mit diesem »uns« gemeint? Der Schreiber selbst hat dabei wahrscheinlich an einen himmlischen Hofstaat gedacht, Gott inmitten seiner Engel thronend. Das Christentum hingegen hat ein rundes Jahrtausend später diesen Satz auf die sogenannte Trinität, die Dreieinigkeit – Vater, Sohn und Heiliger Geist – bezogen. Das lag zweifellos nicht in der Absicht des Schreibers, doch so ganz von der Hand weisen möchte ich diese vom Christentum nachträglich in den Text hineingetragene Deutung nicht.

Das hebräische Wort für »Gott«, *Elohim,* ist ein Pluralwort, müßte eigentlich mit »Götter« übersetzt werden, aber es sind eben nicht *viele* Götter, sondern nur *einer.* Das Subjekt mag ein Pluralwort sein, das Prädikat steht immer im Singular: Im Anfang schuf »Götter« Himmel und Erde.[9] Das biblische Gottesbild ist kompliziert. Gott ist einer, aber diese Einheit ist in sich differenziert, so daß das biblische Gottesbild zwischen Singular und Plural hin- und herschwingt.[10]

Im Christentum hat sich dies, wie gesagt, zu einer eigenen Lehre verdichtet, der Lehre von der sogenannten Dreieinigkeit. Diese Lehre versucht, die in sich differenzierte Einheit Gottes auf eine Formel zu bringen. Was für viele heute zum Fallstrick geworden ist, war einmal als *Verstehenshilfe* gedacht. Die Lehre von der Dreieinigkeit ist der Versuch, einen ganz bestimmten Satz denkerisch auf den Begriff zu bringen. Dieser Satz lautet: *Gottes Wesen ist Liebe.*

Wenn Gott *dem Wesen nach* Liebe ist – wie war das dann aber *vor* der Erschaffung der Welt? Da muß Gott *auch* schon Liebe gewesen sein, auch *vor* der Erschaffung der Engel. Sonst wäre die Liebe nicht sein *Wesen.* Sonst hätte es ja eine Zeit oder einen Zustand gegeben, in dem Gott nicht die Liebe, sondern irgend etwas anderes gewesen wäre. Etwas, was man wesentlich ist, ist man aber von Anfang an.[11]

Wie aber soll Gott seinem Wesen nach Liebe sein, wenn er noch gar nichts erschaffen hat, was er lieben kann? Entweder muß man sagen, die Liebe sei Gott nicht wesentlich, oder man muß mehrere Götter annehmen, und dazu hat sich das Christentum im Anschluß an das Judentum mit gutem Grunde nicht durchringen wollen, oder man behauptet, daß Gott von Anfang an *in sich selber ein Gegenüber* gehabt hat.

Das hat das Christentum in dem Bild von Vater, Sohn und Heiligem Geist zu erfassen versucht: Gott hat in sich selbst ein Gegenüber. Und doch handelt es sich nicht um mehrere Götter, sondern um *einen* Gott. Um den einen Gott, dessen Wesen Liebe ist.[12]

Wie kam es zur Dreieinigkeitslehre?

1. Satz: Gottes Wesen ist (von Anfang an) Liebe.
2. Satz: Es gibt nur einen Gott.

Folgesatz: Gott hat in sich selbst ein Gegenüber.

Die Bibel sagt: Gott ist die Liebe.[13] Liebe aber ist eine kreative Macht. Eine Haupteigenart der Liebe ist Grenzüberschreitung, Schöpfertum. Liebe ist kreativ, fließt über – und so kommt es zur Schöpfung der Welt. Wir, die Schöpfung, sind das Ergebnis der Tatsache, daß Gottes Liebe nicht bei sich selbst geblieben ist, daß seine Liebe überfließt.

Der Mensch wurde geschaffen, weil Gott nicht *absolut* geblieben ist, weil Gottes Liebe nicht bei sich selbst bleibt, sondern ausstrahlt und schafft und »anstecken« und schließlich wiederum Liebe hervorrufen will. So wie die Kraft des Magneten auch nicht bei sich selbst bleibt, sondern den Eisenstaub in seinem Kraftfeld ebenfalls magnetisch macht, so baut die Liebe Gottes ein Kraftfeld auf, in das wir Menschen einbezogen werden.

Wir sind dazu geschaffen, Liebe zu erfahren, zu empfangen und, weil Liebe überfließen will, weiterzugeben. Gott schuf den Menschen zu seinem Bilde, das heißt, er schuf ihn nicht als Individuum, sondern er schuf ihn als Mann und Frau, als Mensch und Mitmensch. Nicht daß Gott in sich geschlechtlich wäre, ist damit ausgesagt, wohl aber, daß in unserer Geschlechtlichkeit etwas von diesem Wesen Gottes – Freude, überfließende, schöpferische, beglückende Liebe – wohnt. All das verdichtet sich im Verhältnis von Mann und Frau, ist aber keineswegs darauf beschränkt.[14]

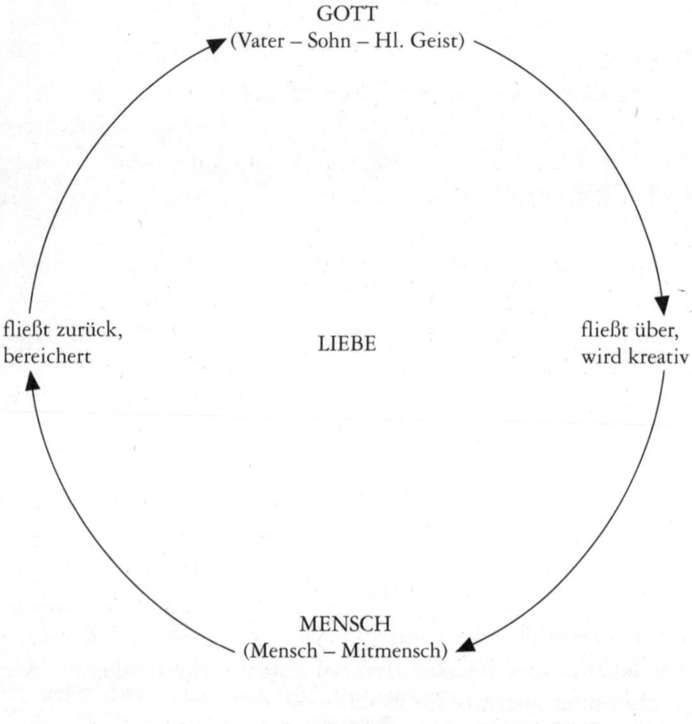

Sie sehen an diesem Schaubild: Gott ist in sich Liebe, diese Liebe fließt über, wird schöpferisch, schafft die Kreatur samt dem Menschen als Abbild, als Mann und Frau, Mensch und

Mitmensch. Im Zusammenspiel von Mensch und Mitmensch entsteht wiederum Liebe, die ihrerseits schöpferisch und fruchtbar wird. In gegenseitiger Liebe ziehen die Menschen sich und die Schöpfung empor, wieder zurück zu Gott *und bereichern dessen Liebe.* Darauf zielt unsere ganze Existenz, daß wir samt der Natur einbezogen werden in den ewigen, liebenden Dialog Gottes. So zumindest sollte es sein, das war die ursprüngliche Bestimmung des Menschen.

Darum ist der Mensch auch von Anfang an zu zweit geschaffen worden. Der Mensch ist kein Solist, sondern im Miteinander und Zueinander entworfen. So wie Gott wesentlich »Mit-Gott« ist, ist der Mensch wesentlich Mit-Mensch. Es gibt kein zulässiges Menschenbild, das diesen Aspekt ausblendet. Der Mensch ist nicht der »einsame Denker« oder das »höhere Tier«, er ist vielmehr, wie Aristoteles es ausdrückte, ein *zoon politikon*, ein Gemeinschaftswesen. Er wird in das Leben hineingeliebt und lernt – beziehungsweise sollte es zusehends lernen – diese Liebe dann selbst weiterzugeben.[15]

Der Mensch ist wesentlich Mit-Mensch, so wie Gott wesentlich Liebe ist. Das verdichtet sich in der Beziehung zwischen Mann und Frau, ist aber, wie gesagt, keineswegs darauf beschränkt.[16] Das geht über die Eltern-Kind-Beziehung, über Freundschaften und Berufsleben bis hin zur Notwendigkeit der Gemeinde.[17] Der Mensch ist in keinerlei Hinsicht nur für sich selbst da. Er ist aus sich selbst heraus nicht lebensfähig, und wenn er nur für sich selbst lebt, verfehlt er seinen Sinn. Das ist ein ganz wesentlicher Aspekt seiner Gottesebenbildlichkeit.

Man hat oft gesagt, die Gottesebenbildlichkeit des Menschen bestehe nicht nur in der *Liebe*, sondern auch in seiner *Freiheit*, seiner *Vernunft*, seiner *Sprachlichkeit*, im *Lachen* sowie in seiner *schöpferischen Kraft*.[18]

Aspekte der Gottesebenbildlichkeit:

Liebe
Freiheit
Vernunft
Sprachlichkeit
Lachen
schöpferische Kraft

Tatsächlich spiegelt sich in all diesen Aspekten ein Stück des Wesens Gottes wider. Diese Bausteine unserer Personalität sind nicht so sehr typisch für den *Menschen*, obwohl wir es wohl so sagen würden, sie sind vielmehr typisch für *Gott.* Sie sind nur in abgeleiteter Weise typisch für uns Menschen, weil wir eben zum Bilde Gottes geschaffen wurden. Damit ergibt sich auch eine wichtige Ergänzung zu dem, was wir früher über die Personalität Gottes gesagt haben. Wir reden nicht menschlich von Gott, wenn wir ihn als Person bezeichnen. Die Personalität ist vielmehr eine Eigenschaft *Gottes*, an der der Mensch nur deswegen partizipiert, weil er zu seinem Bilde geschaffen wurde.

Doch wenn wir die sechs Punkte, die ich eben genannt habe, ein wenig unter die Lupe nehmen, dann merken wir, daß es mit unserer Gottähnlichkeit nicht sehr weit her ist. Unsere *Vernunft* hat uns so weit gebracht, daß wir im Begriffe sind, die Erde mit ihrer Hilfe zu zerstören. Unsere *Freiheit* mißbrauchen wir, indem wir andere Menschen knechten, unsere *Sprache* ist manipulativ und verlogen, sie verhüllt oft mehr, als sie enthüllt. Unsere *schöpferische Kraft* hat uns die Atombombe ins Haus gebracht. Das *Lachen* kann einem vergehen, wenn man Freuds scharfe Analyse des menschlichen Witzes liest. Und selbst die *Liebe*, der wohl authentischste Widerhall Gottes in einem Menschenleben – was haben wir daraus gemacht? Wir schwören uns ewige Liebe, und nach fünf Jahren ist die Luft 'raus. Ich brauche nur bei meinem Friseur in ein paar Illustrierten zu blättern und die Überschriften zu lesen – von der »Liebe auf der Reeperbahn« angefangen bis hin zu dem Geständnis einer Mörderin: »Das habe ich aus Liebe getan«, um das starke Bedürfnis zu haben, das Wort »Liebe« für die nächsten Monate nicht mehr in den Mund zu nehmen.

Wir sind geschaffen zum Bild Gottes, wir sollten etwas vom Wesen Gottes in diese Welt hinein abbilden, aber wir haben aus dem *Abbild* Gottes ein *Zerrbild* gemacht! Ganz zweifellos: Auch im Zerrbild lebt noch etwas vom Urbild. Aber das ursprüngliche Bild Gottes ist in uns Menschen in erschreckender, ja manchmal dämonischer Weise entstellt.

Ein Abbild lebt von seiner engen Anlehnung an das Original. Der Mensch kann seiner Bestimmung nur nachkommen, wenn er sich möglichst eng an das Original anlehnt. Gottebenbildlichkeit bedeutet, sein Leben so zu führen, daß Gottes Liebe für andere darin sichtbar wird. Wenn mein Leben die Liebe Gottes nicht widerspiegelt, wird alles, was eigentlich einmal meine Bestimmung war, zur bloßen Karikatur.

Am deutlichsten wird das vielleicht bei dem Auftrag, den Gott dem Menschen gibt, nämlich über die Natur zu herrschen. Es war und ist tatsächlich die Bestimmung des Menschen, sich in gewisser Weise von der Natur abzuheben. Das ist insofern erstaunlich, als er ja selbst ein Stück Natur ist. Doch wir sind eben nicht *nur* Natur. Wir haben ein Geheimnis. Wir Menschen sind aus den bloßen Zusammenhängen der Natur heraus, denen wir *biologisch* zweifellos entstammen, nicht zu verstehen und nicht herzuleiten.

Der Soziologe Arnold Gehlen sagte: »Der Mensch ist von Natur auf Kultur gewiesen.« Des Menschen Natur ist es, daß er über seine Natur hinausschwingt. Man kann den Menschen nicht nur aus seiner Natur heraus, man muß ihn auch in seinem *Gegenüber* zur Natur verstehen. »Natürlich« ist in sich noch keine positive Kategorie. Es ist auch natürlich, sich die Zähne nicht zu putzen oder in die Hose zu machen. Wenn der Mensch *nur* natürlich sein will, ist er zum einen nicht überlebensfähig, zum anderen wird er ins Untermenschliche beziehungsweise Unmenschliche zurückfallen. Auf die »Natürlichkeit« seiner Philosophie hat sich nicht nur Rousseau bezogen, sondern auch de Sade.

Solange der Mensch seiner Bestimmung nachkommt, die Liebe Gottes in diese Welt hinein abzubilden, solange er in dieser engen Beziehung zu Gott lebt, bedeutet »Herrschaft« ganz simpel: Die Menschen sollen jenen Vorsprung, den sie anderen Wesen der Schöpfung voraus haben – Freiheit, Verstand, Sprache, Lachen, Liebe und schöpferische Kraft –, dazu benutzen, die ganze Schöpfung in eine Bewegung auf Gott hin »mitzunehmen«. Dem Menschen war auf diesem Weg der ganzen irdischen Schöpfung eine Führungsrolle zugedacht.

Diese »Herrschaft« des Menschen über die Natur aber gerät in dem Moment aus den Fugen, in dem der Mensch sich aus seiner Ur-Beziehung zu Gott herauslöst, sich überhaupt nicht mehr auf Gott zubewegt und nur noch die eine – die naturzugewandte – Hälfte seines Auftrags wahrnimmt. Wir wissen heute, daß wir uns bei dieser Aufgabe übernommen haben. Wir haben so sehr über die Natur geherrscht, daß wir uns unserer eigenen Lebensgrundlage beraubt haben. Aus dem Abbild ist ein Zerrbild geworden.

Es stellt sich die Frage: Wie konnte es eigentlich dazu kommen, daß sich der Mensch so weit aus dem Kraftfeld der Liebe Gottes herausbewegt hat? Wieso hat Gott das nicht verhindert? Die Antwort muß lauten: Er *konnte* es nicht. Wenn wir wirklich ein Bild Gottes sein sollten, konnte er es nicht. Gott hat den Menschen zur *Liebe* bestimmt. Die Liebe aber hat zur Grundvoraussetzung die *Freiheit.* Die Freiheit wiederum hat zur Voraussetzung, daß man zwischen zwei Alternativen wählen kann. Ein Wesen, das nicht die Wahl hätte, wäre nicht frei. Es *könnte* nicht lieben – denn zur Liebe gehört, daß man *aus freien Stücken* liebt –, und darum könnte es auch nicht Gott abbilden. Gott muß also dem Menschen eine *Alternative* zu seinem göttlichen Willen eröffnen. Davon redet der folgende Text.

Die Grenze der Freiheit
(1. Mose 2,15–17)

Und Gott der Herr nahm den Menschen und setzte ihn in den Garten Eden, daß er ihn bebaute und bewahrte. Und Gott der Herr gebot dem Menschen und sprach: Du darfst essen von allen Bäumen im Garten, aber von dem Baum der Erkenntnis des Guten und Bösen sollst du nicht essen; denn an dem Tage, da du von ihm issest, mußt du des Todes sterben.

Bevor wir uns vorschnell gedanklich auf diesen einen Baum stürzen – sehen wir doch bitte auch das andere, überaus Erstaunliche: Der ganze restliche Garten war dem Menschen von Gott freigegeben! Gott gab dem Menschen *carte blanche*, nahezu unbeschränkte Vollmacht.

Warum auch nicht: Der Mensch, der im Kraftfeld der Liebe Gottes steht, kann ja gar nicht anders, als das Wesen Gottes widerzuspiegeln. Er wird den Garten bebauen und bewahren und seine Früchte genießen, und es wird immer im Sinne Gottes sein: gut und voller Liebe.

Doch ein Wesen, das derart im Kraftfeld eines anderen steht, ist nicht frei. Es ist willenloses Objekt einer von außen kommenden und ihn durchdringenden Kraft. Gesetzt den Fall, Sie könnten einen Menschen mittels einer Sonde im Gehirn und gezielten Schwachstromstößen dazu bringen, immer nur Gutes zu tun: Er würde zwar Gutes *tun*, aber er *wäre* nicht gut. Ein Wesen, das Gutes nur deshalb tut, weil es das tun *muß*, ist nicht gut. Wir können erst recht nicht sagen, daß dieses Wesen *liebt*. Denn es fehlt ihm die grundlegende Voraussetzung zur Liebe und zum Gutsein, nämlich die Freiheit. Auf den Punkt gebracht: Nur wer böse sein kann, kann auch gut sein. Nur der kann lieben, der die Wahl hat, gegebenenfalls auch *nicht* zu lieben.[19] Es muß also innerhalb des von Gott aufgebauten

Kraftfeldes der Liebe einen »Freiraum« geben, in dem sich der Mensch gegen Gottes Willen entscheiden kann.[20]

Gott will nicht, daß der Mensch sich aus seinem Kraftfeld herausbegibt, und tut alles, um ihn davon abzuhalten. Der Mensch darf leben wie Gottes Kronprinz, Gott gibt ihm freie Hand[21]; aber er muß, wenn der Mensch wirklich gut sein soll, wenn er wirklich lieben soll, eine versuchliche Alternative schaffen.

Wie der Mensch mit dieser Alternative umgegangen ist, erfahren wir im 3. Kapitel des ersten Buches Mose:

Die Entfremdung des Menschen von Gott
(1. Mose 3,1–24)

Aber die Schlange war listiger als alle Tiere auf dem Felde, die Gott der HERR gemacht hatte, und sprach zu dem Weibe: Ja, sollte Gott gesagt haben: Ihr sollt nicht essen von allen Bäumen im Garten? Da sprach das Weib zu der Schlange: Wir essen von den Früchten der Bäume im Garten; aber von den Früchten des Baumes mitten im Garten hat Gott gesagt: Esset nicht davon, rühret sie auch nicht an, daß ihr nicht sterbet! Da sprach die Schlange zum Weibe: Ihr werdet keineswegs des Todes sterben, sondern Gott weiß: An dem Tage, da ihr davon esset, werden eure Augen aufgetan, und ihr werdet sein wie Gott und wissen, was gut und böse ist.

Und das Weib sah, daß von dem Baum gut zu essen wäre und daß er eine Lust für die Augen wäre und verlockend, weil er klug machte. Und sie nahm von der Frucht und aß und gab ihrem Mann, der bei ihr war, auch davon, und er aß. Da wurden ihnen beiden die Augen aufgetan, und sie wurden gewahr, daß sie nackt waren, und flochten Feigenblätter zusammen und machten sich Schurze. Und sie hörten Gott den HERRN, wie er im Garten ging, als der Tag kühl geworden war. Und Adam versteckte sich mit seinem Weibe vor dem Angesicht Gottes des HERRN unter den Bäumen im Garten. Und Gott der HERR rief Adam und sprach zu ihm: Wo bist du? Und er sprach: Ich hörte dich im Garten und fürchtete mich; denn ich bin nackt, darum versteckte ich mich. Und er sprach: Wer hat dir gesagt, daß du nackt bist? Hast du nicht gegessen von dem Baum, von dem ich dir gebot, du solltest nicht davon essen? Da sprach Adam: Das Weib, das du mir zugesellt hast, gab mir von dem Baum, und ich aß. Da sprach Gott der HERR zum Weibe: Warum hast du das getan? Das Weib sprach: Die Schlange betrog mich, so daß ich aß.

Da sprach Gott der HERR zu der Schlange: Weil du das getan hast, seist du verflucht, verstoßen aus allem Vieh und allen Tieren auf dem Felde. Auf deinem Bauche sollst du kriechen und Erde fressen dein Leben lang. Und ich will Feindschaft setzen zwischen dir und dem Weibe und zwischen deinem Nachkommen und ihrem Nachkommen; der soll dir den Kopf zertreten, und du wirst ihn in die Ferse stechen. Und zum Weibe sprach er: Ich will dir viel Mühsal schaffen, wenn du schwanger wirst; unter Mühen sollst du Kinder gebären. Und dein Verlangen soll nach deinem Manne sein, aber er soll dein Herr sein. Und zum Manne sprach er: Weil du gehorcht hast der Stimme deines Weibes und gegessen von dem Baum, von dem ich dir gebot und sprach: Du sollst nicht davon essen –, verflucht sei der Acker um deinetwillen! Mit Mühsal sollst du dich von ihm nähren dein Leben lang. Dornen und Disteln soll er dir tragen, und du sollst das Kraut auf dem Felde essen. Im Schweiße deines Angesichts sollst du dein Brot essen, bis du wieder zu Erde werdest, davon du genommen bist. Denn du bist Erde und sollst zu Erde werden.

Und Adam nannte sein Weib Eva; denn sie wurde die Mutter aller, die da leben. Und Gott der HERR machte Adam und seinem Weibe Röcke von Fellen und zog sie ihnen an. Und Gott der HERR sprach: Siehe, der Mensch ist geworden wie unsereiner und weiß, was gut und böse ist. Nun aber, daß er nur nicht ausstrecke seine Hand und breche auch von dem

Baum des Lebens und esse und lebe ewiglich! Da wies ihn Gott der HERR aus dem Garten Eden, daß er die Erde bebaute, von der er genommen war. Und er trieb den Menschen hinaus und ließ lagern vor dem Garten Eden die Cherubim mit dem flammenden, blitzenden Schwert, zu bewachen den Weg zu dem Baum des Lebens.

Es gibt wahrscheinlich kaum einen Begriff, der im Bereich des Christentums so notorisch falsch verstanden wird wie der der Sünde. Früher war dieser Begriff durchtränkt mit moralischem Pathos. Wer hingegen heute im Ernst von Sünde reden will, wirkt oft nur noch unfreiwillig komisch. Man benutzt diesen Begriff eigentlich nur noch augenzwinkernd[22]: Natürlich haben wir unsere Fehler, aber im Grunde halten wir uns nicht für schlecht.

Es geht bei dem Wort »Sünde« aber nicht um irgendwelche Bagatellen. Es geht nicht einmal um Moral beziehungsweise moralische Verfehlungen. Es geht vielmehr darum, daß wir Menschen, wie Paulus einmal schreibt, »die Herrlichkeit Gottes« verloren haben (Römer 3,23), jene Herrlichkeit, die Gott uns einmal zugedacht hatte.

Gott hat, als er uns erschaffen hat, etwas ganz Bestimmtes im Sinn gehabt. Er hat uns zu seinem Bild geschaffen: Wir sollten ein Abglanz seiner Herrlichkeit sein. Dazu hat er uns in einem bis dahin in der Schöpfung nie gekannten Maße begabt mit Vernunft, mit Vollmacht und vor allem mit Freiheit. Wir sollten so gut und so gerecht sein wie er. Wir sollten über diese Erde herrschen, und zwar in seinem Sinne: die Schöpfung bewahrend, den Mitmenschen liebend, in bleibender Kommunikation mit Gott. Kein Gedanke daran, daß Menschen über Menschen herrschen und bestimmen sollten. Die Erde sollte vielmehr ein Platz der Liebe, der Freiheit und der Weisheit sein, und jedem von uns hat Gott in diesem Plan eine Schlüsselstellung zugedacht!

Wir haben diese Herrlichkeit verloren, die Gott uns zugedacht hatte. Wir haben uns von dem, was Gott sich ursprünglich einmal bei unserem Leben gedacht hat, meilenweit entfernt. Wir haben uns verfehlt. Wir haben den Maßstab des Menschlichen, wir haben den Sinn unseres Lebens verfehlt. *Darum* geht es bei dem Begriff der Sünde – *vor* allen Fragen der Moral und der Übereinstimmung mit bestimmten Regeln und Gesetzen!

Wir haben die Herrlichkeit Gottes verloren – *das* heißt: Wir sind Sünder. Vielleicht haben wir nie etwas Böses getan – aber auch nicht das Gute, zu dem wir geschaffen wurden. Wir haben uns in Belanglosigkeiten verheddert, uns mit unserer Mittelmäßigkeit zufriedengegeben, sind falschen Lebenszielen nachgefolgt. Als ob es nur um unsere mehr oder minder saubere Weste ginge! Nein – die Sache ist viel schlimmer, viel katastrophaler! Wir entsprechen nicht dem Entwurf Gottes, Abglanz seiner Herrlichkeit zu sein. Gott erkennt uns nicht wieder!

1. Mose 3 behandelt die Frage, wie es dazu kam, daß der Mensch aus dem Kraftfeld der Liebe Gottes herausfiel und in dieses neue Kraftfeld geriet, das in dieser Geschichte einerseits von dem Baum, andererseits von der Schlange symbolisiert wird.

Die Schlange wird oft mit dem Teufel identifiziert, das tut unser Bericht aber noch nicht. Die Schlange ist in der Bibel einfach das Bild der Versuchung. Woher diese Schlange kommt und welche Macht dahintersteht, wird mit keinem Wort gesagt. Der Erzähler hütet sich, das Versuchliche in irgendeiner Weise zu entschleiern; seine Herkunft bleibt im Dunkeln.[23] Es ist einfach da, und es soll überwunden werden. Es ist einfach da, *damit* es überwunden wird.

Die Schlange geht bei alledem äußerst subtil und geschickt vor. Ganz geschickt sät sie den Zweifel, ob Gott wirklich der liebende Vater aller Menschen ist, als der er sich ausgibt, indem sie sich zunächst bei einer plumpen Übertreibung ertappen läßt:

»Sag mal, Eva, hat Gott euch wirklich verboten, von allen Bäumen des Gartens zu essen? Dürft ihr wirklich von *keinem einzigen* Baum hier essen?« – Das ist natürlich völliger Unsinn, keiner weiß es besser als die Schlange, und so fällt es Eva auch nicht schwer, diesen Einwand zu entkräften: »Aber nein doch, liebe Schlange! Wir haben in diesem Garten absolut freie Hand. Gott liebt uns doch! Da ist nichts, was er uns vorenthielte. Das heißt . . . – dort in der Mitte des Gartens, da steht allerdings ein Baum, von dem Gott gesagt hat: Esset nicht davon, rühret auch nicht daran, sonst müßt ihr sterben.«

Man mag sich fragen: Was hätte Eva anderes antworten sollen? Und doch ist sie in ihrem treuherzigen Versuch, Gott in Schutz zu nehmen, der Schlange bereits auf den Leim gegangen. Ihr Blick verlagert sich von der freien Hand, die sie über den *ganzen* Garten hat, auf den *einen* Baum, der ihrer Verfügung entzogen ist. Auf einmal muß Eva geradezu zwanghaft an diesen *einen* Baum denken[24], und so gerät sie in die Situation, Gott verteidigen zu müssen, und je mehr sie ihn verteidigt, desto fragwürdiger erscheint ihr sein Verbot und vor allem seine Liebe.

Wie sehr sie dieser Baum bereits zu interessieren beginnt, merkt man an ihrer Antwort, die der wohlkalkulierten Übertreibung der Schlange nun eine eigene Übertreibung gegenüberstellt: Nur von diesem Baum sei es ihnen verboten, zu essen, ja *auch rühren dürften sie nicht daran.* Was Gott nie so befohlen hat.

»Es ist eine psychologische Grunderkenntnis, daß ein Gebot verschärft werden muß, wenn die Neigung sich vergrößert, es zu übertreten«[25], sagt Eugen Drewermann. Man spürt förmlich, wie sich das Mißtrauen in die Beziehung Evas zu Gott einnistet. Eva steht pro forma zwar noch auf der Seite Gottes, sie bemüht sich, so gut sie kann, diesem Gott die Stange zu halten und seinem Gebot treu zu sein, aber das Verhältnis ist nicht mehr unbelastet.

Plötzlich wird auch relevant, daß Gott für den Fall des Verstoßes gegen das Gebot schreckliche Konsequenzen angedroht hat. Natürlich hat er das, aber es ist symptomatisch, daß dies jetzt in den Mittelpunkt rückt. Es ist nicht mehr das Vertrauen zu Gott, sondern die Angst vor Strafe, die sie motiviert, das Gebot einzuhalten.[26]

Die Saat ist gesät. Jetzt kann die Schlange einen Schritt weiter gehen. Sie greift die Angst der Eva auf und beschwichtigt sie. »Aber keineswegs werdet ihr des Todes sterben«, sagt sie. »Vielmehr hat Gott dieses unsinnige Gebot nur erlassen, um sich selbst zu schützen. Hast du dir schon mal Gedanken gemacht, warum Gott für eine im Grunde genommen lächerlich kleine Tat eine so drastische Strafe verhängt?«

Auch wenn Eva sich bislang noch keine Gedanken darüber gemacht hat – *jetzt* macht sie sich welche. Hat die Schlange nicht recht? Die Härte der Strafe muß mit einer ureigenen Schwäche Gottes zu tun haben. Jemand, der andere so mit dem Tode bedroht, muß doch selber Todesängste ausstehen. Was aber könnte einem Gott Todesangst einjagen, wenn nicht dieses, daß er mit der Nichtbefolgung seines Gebotes seine Macht gefährdet sieht? Ja, das muß es sein: Gott zittert um seinen Thron. Er fürchtet Konkurrenz: »An dem Tag, da ihr davon essen werdet, werden euch die Augen aufgehen, und ihr werdet selbst sein wie Gott.« – Ja. Je länger Eva darüber nachdenkt, desto einleuchtender erscheint es ihr: Der einzig denkbare Grund, daß Gott dieses Verbot ausgesprochen hat, ist der, daß er dem Menschen etwas *vorenthalten* will.

Soviel hat die Schlange erreicht: Der vormals tabuisierte Baum ist mittlerweile zum Inbegriff des Erstrebenswerten geworden. Was jetzt folgt, ist geradezu zwangsläufig: *Und das Weib sah, daß von dem Baum gut zu essen wäre und daß er eine Lust für die Augen wäre und verlockend, weil er klug machte. Und sie nahm von der Frucht und aß und gab ihrem Mann, der bei ihr war, auch davon, und er aß.*[27] Mißtrauen steht am Anfang der Sünde, dem folgt eine wachsende Faszination, gepaart mit der Angst, etwas zu verpassen, und am Schluß steht blanker Aufruhr.

Im *Mißtrauen* gegenüber Gott liegt die *Quelle* aller Sünde. Statt einem grundlegenden Ur-Vertrauen hat der

Mensch Gott gegenüber plötzlich ein Ur-Mißtrauen: »Gott will mir etwas vorenthalten, ich könnte ohne ihn besser wegkommen als mit ihm.«

In der *Begierde*, in der Verlockung einer Daseinssteigerung liegt die *Triebkraft* aller Sünde. Die Menschen sündigen nicht, weil sie böse sein wollen, sondern weil sie mehr vom Leben haben wollen. Die Lüge, der man dabei auf den Leim geht, ist: »Wenn ich mich an sein Wort, sein Gebot, sein ›Korsett‹ halte, dann verpasse ich etwas, dann komme ich zu kurz!«

Erst dann entfaltet sich die Spitze beziehungsweise das Ziel der Sünde: der *Hochmut*, die Selbst-Herrlichkeit; das heißt, man will selbst Herr seines Lebens sein, man will sich nichts mehr sagen lassen müssen, sondern selbst entscheiden, was gut und was böse für einen ist.[28]

Kraftfeld der Liebe **Kraftfeld der Angst**

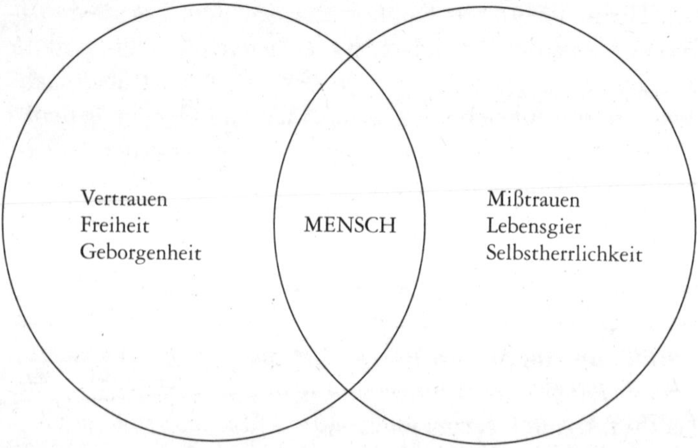

Das ist die klassische Dreigestalt der Sünde: Mißtrauen, Begierde, Hochmut. Und in all dem und über all dem regiert die Angst: die Angst vor Strafe, die Angst vor Gott, die Angst, etwas zu verpassen. Am Schluß dieses Prozesses äußert Eva das erschütternde Bekenntnis: »Die Schlange hat mich getäuscht, sie betrog mich.« Der Mensch ist Sünder, das heißt: der Mensch ist ein um sein Leben Betrogener. Er ist aus dem Kraftfeld der Liebe herausgefallen und in ein neues Kraftfeld hineingeraten: das *Kraftfeld der Angst.*

Die Menschen »emanzipieren« sich von Gott und werden erst recht zu Marionetten. Sie ergreifen ihre vermeintliche »Freiheit« und fallen aus der Geborgenheit ihrer vormaligen Gottesbeziehung heraus. Sie liefern sich in dem Moment, wo sie sich von Gott abwenden, an Kräfte aus, die sie nicht durchschauen und denen sie nicht gewachsen sind. Der Macht der Liebe sind sie jetzt nicht mehr untertan – dafür aber hält sie die Angst in ihrem Zwinggriff.

Was das für Konsequenzen hat, wird in den Versen 7–13 beschrieben. In gewisser, ja in schrecklicher Weise ist wahr geworden, was die Schlange versprochen hat: Der Mensch hat tatsächlich erkannt, was gut und böse ist. Und auf einmal *schämt* er sich. Es geht nicht nur darum, daß Mann und Frau sich jetzt voreinander genieren, sondern »daß jeder sich vor dem anderen bloßgestellt vorkommt und sich als etwas empfindet, das so, wie es ist, nicht mehr zu rechtfertigen, aber auch nicht zu ändern, sondern nur zu verstecken ist. Jeder braucht jetzt sein Feigenblatt vor dem anderen« (Drewermann).[29]

Der Mensch hat erkannt, was gut und böse ist. Der Mensch erkennt plötzlich seine *Schuld*, das heißt, er erkennt, daß er *Liebe* schuldig geblieben ist. Die Bibel versteht Liebe in einer Art Dreieck. Wir sollen Jesus zufolge Gott über alles lieben, dazu unseren Mitmenschen so wie (sowie!) uns selbst.[30] Von Schuld müssen wir überall dort reden, wo wir eine dieser »Dimensionen der Liebe« zuungunsten der jeweils anderen vereinseitigen und damit das Dreieck zerstören.

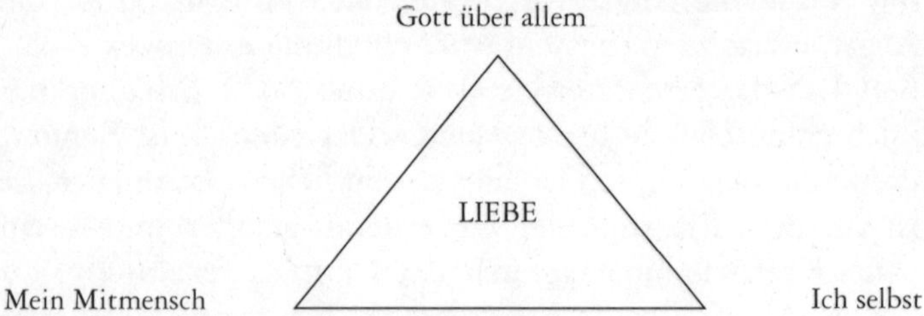

Die Folge von Schuld sind *Schuldgefühle*, die innere Erkenntnis: Ich habe das Ziel verfehlt, Böses getan, Gutes unterlassen, ich bin nicht das, was ich sein sollte, ich verfehle mein Wesen. Eine direkte Folge dieser Schuldgefühle ist das Bedürfnis nach Entlastung von dieser Schuld: Man verschiebt sie auf den anderen. Man verdrängt, verheimlicht, beschönigt sie, »erklärt« sie, generalisiert sie – »alle machen's ja schließlich so« –, sucht und findet Sündenböcke. Das Bedürfnis nach Entlastung von eigener Schuld äußert sich in tausend Spielarten. Es handelt sich hierbei nicht, wie Freud gemeint hat, nur um fehlgeleitete oder gar pathologische *Gefühle* – daß es diese natürlich auch gibt, sei völlig unbestritten! –, sondern Schuld ist eine handfeste Realität.

Der Mensch hat erkannt, was gut und böse ist! Aber wie sehr schlägt diese Erkenntnis auf ihn selbst zurück! Er bekommt *Angst*, hat auf einmal das dringende Bedürfnis, sich zu verstecken! Das deutsche Wort Angst kommt von »Enge«. Der angstvolle Mensch fühlt sich eingeengt, er ist der unfreie und flüchtende, der sehnsüchtige und getriebene Mensch. Angst ist überall da, wo Vertrautheit fehlt. Angst hat den ganzen Vorgang der Emanzipation des Menschen von Gott begleitet. Doch jetzt wächst sich die Angst zu einem grundlegenden Lebensgefühl aus, das den Menschen nicht mehr verlassen wird.

Es wird manchmal behauptet, der Mensch habe mit dem Sündenfall seine Gottesebenbildlichkeit verloren. Dies stimmt nicht. Gott nimmt nichts von dem zurück, was in 1. Mose 1,26–28 über die Gottesebenbildlichkeit des Menschen gesagt wurde. Die Herrschaft über die Natur sowie die Bestimmung zur Mitmenschlichkeit und zur schöpferischen Liebe bleiben des Menschen Auftrag, aber es fehlt das Vertraute und das Spielerisch-Leichte, das Ganze bekommt ein Gefälle zum Negativen: Das *Miteinander* von Mann und Frau gerät zu einem Konkurrenzkampf[31], die *Herrschaft* des Menschen über die Natur kostet Mühe und Schweiß, und die *Fortpflanzung* bringt Schmerzen mit sich. Mit dem Gottesverhältnis gerät auch die Herrschaft über die Natur und das Verhältnis der Menschen untereinander in eine Schieflage.

Die letzte Konsequenz der Abwendung des Menschen von Gott ist der Tod.[32] »Wenn ihr von dem Baum esset, werdet ihr des Todes sterben«, hatte Gott gesagt. Auch das verstehe ich nicht so sehr als Strafe, sondern als logische Konsequenz, ebenso wie die darauf folgende Vertreibung aus dem Paradies. Wer sich vom Licht abwendet, steht zwangsläufig im Dunkel. Die Abwendung von Gott führt unweigerlich in den Tod. Eine Welt, in der es Scham, Schuldgefühle, Rivalität, Leiden, Mühsal und Tod gibt, ist kein Paradies mehr.

Die Folgen der Trennung von Gott:

Vers 7:	Scham
Vers 8:	Angst und Schuldgefühle, Sich-Verstecken vor Gott
Vers 12:	Schuldverschiebung (Suche nach einem Sündenbock)
Vers 16:	Rivalität und Konkurrenz
Vers 17:	Mühsal
Vers 19:	Tod
Vers 23 f.:	Vertreibung aus dem Paradies

Natürlich hat es den Tod bereits vor der Erschaffung des Menschen gegeben.[33] Der Tod ist eine biologische Notwendigkeit. Es läßt sich auch philosophisch zeigen, wie wichtig es ist, daß die Zeit eines Menschen begrenzt ist.[34] Es hätte auch ohne Sündenfall zumindest etwas Analoges zum Tod geben müssen, aber das wäre, wie Karl Rahner einmal gesagt hat, ein »Tod ohne Tod« gewesen.

Denn der Tod bekommt dadurch, daß der Mensch sich von Gott abgewendet hat, eine neue, zerstörerische Qualität. Der Tod tritt jetzt an Gottes Stelle: Von *ihm* erwarten wir jetzt das letzte Wort – und das prägt unser ganzes Leben. Jede Krankheit, jedes Gebrechen, jedes Scheitern, jede Schuld, Erlebnisse wie Scheidung oder Pensionierung oder auch das Sterben eines lieben Mitmenschen sowie die meisten unserer Ängste zeigen uns die Wahrheit des alten Satzes: »Mitten im Leben sind wir vom Tode umfangen.«

Den Tod hat es schon vor dem Menschen gegeben. Aber der Tod ist jetzt, beim Menschen, eine Macht des Lebens geworden – und das ist neu.[35] Der Tod ist eine lebensbestimmende Macht geworden. Der Tod im Sinne des Sterbenmüssens am Ende des Lebens ist davon nur die letzte Konsequenz, sozusagen das Tüpfelchen auf dem »i«.[36]

So gesehen ist der Tod als Sterbenmüssen fast schon wieder eine Art gnädiger Begrenzung. Nicht auszudenken, wenn diesem Konglomerat von Mißtrauen, Begierde und Hochmut mitsamt seinen Folgen *Ewigkeit* beschieden wäre, wenn man diese Existenz unter der Signatur der Angst ins Unendliche verlängerte!

Am Ende unseres Textes vertreibt Gott die Menschen aus dem Paradies. Diese »Aussperrung« ist die logische Folge der Abwendung des Menschen von Gott. Gott hat keine Einflußmöglichkeit auf das Leben des Menschen, wenn dieser sie ihm nicht einräumt. Der Mensch ist – seinem Willen entsprechend – Gott losgeworden. Gott-los!

Aber doch nicht ganz. *Ganz* allein gelassen ist der Mensch doch nicht. Gott kümmert sich in geradezu rührender Weise um den Menschen, der sich selbst heimatlos gemacht hat, er macht Adam und Eva Fellröcke und zieht sie ihnen an und versucht sie auch draußen noch vor dem Schlimmsten zu schützen, er geht ihnen auch dort noch nach.[37] Der Gottlosigkeit des Menschen korrespondiert, wie Eberhard Jüngel einmal gesagt hat, keine Menschenlosigkeit Gottes!

Aber, und das ist für unsere Weltsicht ausgesprochen wichtig, *er kann nur noch in eingeschränktem Maße für sie sorgen.* Denn, wie gesagt, zwingen möchte er nicht. Das würde seiner Liebe und unserer Bestimmung widersprechen. Wo der Mensch Gott nicht in sein Leben einläßt, ihn nicht durch seine Weisungen ordnend in sein Leben eingreifen läßt, sondern sich abwendet, hat Gott nur sehr begrenzte Möglichkeit, Einfluß auf unser Leben oder gar das Weltgeschehen zu nehmen. Das erklärt einiges, warum diese Welt so ist, wie sie ist.

Das ist nicht das *letzte*, sondern das *erste* Wort der Bibel über den Menschen. Damit hören die Wege Gottes mit uns nicht auf. Aber es wird ein *langer* Weg werden, bis er uns erreicht.

Ich schließe mit einer Beobachtung, die man hier auf den ersten Seiten der Bibel machen kann. Die erste Frage der Weltgeschichte lautet nicht: »Wo ist Gott?«, sondern: »Adam – Mensch! –, wo bist du?« (3,9). Die Bibel stellt nicht den Menschen als Gottsucher, sondern Gott als den Menschensucher vor. Und die Frage des Folgekapitels wird lauten: »Wo ist dein Bruder Abel?« (4,9). Gott fragt leidenschaftlich: Wo stehen wir? Und wo haben wir unseren Bruder, unsere Schwester gelassen? Unser Text ist erst dann richtig verstanden, wenn unser Leben zur Antwort auf diese beiden Fragen Gottes wird.

Praktische Übung:

Wenn Sie zusammen mit anderen dieses Buch lesen, diskutieren Sie doch bitte über folgende Fragen:

1. Ist die Schöpfung gut oder schlecht?
2. Ist der Mensch Krone oder Kreuz der Schöpfung?
3. Inwiefern ist der Mensch das Risiko Gottes? Was riskiert Gott?
4. Braucht man Gott, um Mensch zu sein?
5. Was riskiert der Mensch, wenn er sich auf Gott einläßt?

Nun aber eine Übung für Sie persönlich: Haben sie den Mut, bevor wir weiter miteinander reden, Bilanz zu ziehen? Bitte nehmen Sie sich etwas Zeit und denken Sie über Ihr bisheriges Leben nach unter Berücksichtigung der folgenden Fragen, und schreiben Sie Ihre Erkenntnisse auf:

1. Schuld heißt: Ich bin Liebe schuldig geblieben. Wem gegenüber ist das bei mir der Fall? Wie bin ich bislang mit dieser Schuld umgegangen?
2. Wie viele Dinge tue ich letztlich, weil ich Angst habe?
3. Inwieweit ist der Tod eine bestimmende Macht in meinem Leben?
4. Habe ich Gott jemals Gelegenheit gegeben, Einfluß auf mein Leben zu nehmen?

Darf ich Ihnen außerdem vorschlagen, das Ganze vielleicht einmal als Gebet zu formulieren, etwa, indem Sie Gott einen Brief schreiben? Vielleicht glauben Sie noch nicht an Gott. Dann formulieren Sie den Brief so, als ob es Gott gäbe. Ich glaube, daß Ihnen das helfen könnte. Diese Übung ist allerdings nicht von der Briefform abhängig. Wesentlich ist es, daß Sie einmal Bilanz ziehen.

4. Jesus – ein heruntergekommener Gott?

In diesem Kapitel lesen Sie, warum Sünden nicht sinnvoll bekämpft werden können und daß alle unsere moralische Anstrengung lediglich eine Sünde gegen eine andere auswechselt. Darum gibt Jesus eine völlig andere Antwort auf das Problem der Sünde als die Moral. Jesus war kein bloßer Sittenlehrer. Er ging davon aus, etwas anderes zu sein als ein bloßer Mensch. Sein Anspruch nötigte die Menschen, ihn entweder als Gott anzuerkennen oder ihm aufs entschiedenste zu widersprechen. Sein gewaltsamer Tod war die logische Konsequenz dieses Anspruchs. Ich möchte zeigen, warum dieser Tod aber gleichzeitig den Anspruch Jesu bestätigte und daß es erstaunlich gute Argumente für die historische Zuverlässigkeit der Auferstehung gibt.

Das »Reich der Sünde«

Das Neue Testament versteht Jesus als Gottes definitive Antwort auf das Problem der Sünde. Man wird das, was Jesus wollte, bereits im Ansatz verfehlen, wenn man versucht, sein Schicksal und seine Botschaft losgelöst von dieser Frage zu verstehen.

Sünde hängt sprachlich-etymologisch zusammen mit dem Wort »absondern«, bedeutet also Absonderung, die Loslösung der Menschen von Gott. Sünde ist Entfremdung. Der Mensch ist seinem Ursprung fremd geworden. Die Sünde ist, ich betone es nochmals, keine moralische

Kategorie! Das, was wir gemeinhin als *Sünden* (im Plural) bezeichnen, also Neid, Lüge, Diebstahl usw., sind die moralischen *Folgen* dessen, was die Bibel als *Sünde* (im Singular) bezeichnet.

Sünde ist also kein *moralisches*, sondern zutiefst ein *religiöses* Problem. Dieses religiöse Problem wirft allerdings einen erheblichen Schatten auf unsere zwischenmenschlichen Beziehungen. Alles, was das Leben lebenswert macht, kommt von Gott, denn er ist die Quelle des Lebens. Sich von Gott zu lösen bedeutet, sich von der Quelle zu lösen. Der Mensch steht dann auf einmal vor der verzweifelten Frage, woher er jetzt das »Wasser des Lebens« nehmen soll. In der Regel sucht er es bei seinen Mitmenschen. Er vergißt dabei – oder nimmt sogar bewußt in Kauf –, daß sie selbst zuwenig haben. Damit aber *überfordert* er sie, wenn er sie nicht sogar bewußt übervorteilt.

Am Anfang hielten sich die Menschen in unmittelbarer Umgebung der Quelle auf. Natürlich machten sie kleinere Ausflüge, aber immer nur so weit, daß sie rechtzeitig zur Quelle zurückfinden konnten; denn sie wußten: Diese Quelle ist unser Leben. Sie wagten sich in keine Gebiete vor, von denen aus sie nicht mehr zur Quelle zurückfinden konnten.

Eines Tages fand jemand eine Möglichkeit, das Wasser der Quelle in eine Art Feldflasche beziehungsweise in größere Behälter abzufüllen. Das erweiterte ihren Aktionsradius ganz erheblich. Zugegeben – das Wasser aus den Feldflaschen schmeckte nicht mehr ganz frisch, aber sie konnten sich doch um einiges von der Quelle entfernen.

Immer schwerer wurde die Last, die die Menschen auf sich zu nehmen bereit waren, um sich von der Quelle unabhängig zu machen. Schließlich bauten sie gemeinsam riesige Behälter und legten sie auf Handkarren. Es wurde genau eingeteilt, wie oft jeder einzelne mit Ziehen dran war und wieviel jedem von dem Wasservorrat zustand. Es sollte die ganz große Reise werden.

Und so liefen sie los. Anfangs ging alles noch ganz gut. Jeder hatte genug zu trinken, und alle hielten sich an die Vereinbarungen. Doch mit der Zeit wurde das Wasser knapper, und einzelne begannen, sich Gedanken zu machen. Das Wasser schmeckte schal, die Vorräte in den großen Behältern neigten sich dem Ende zu. Die täglichen Zuteilungen wurden strenger rationiert. Nur wer oft die Handkarren zog, sollte noch die volle Tagesration bekommen. Die anderen mußten sich mit weniger begnügen. Was half es, daß die Schwächeren und Alten protestierten? Den anderen schien dieses System nur gerecht.

Die ersten fingen an, sich nachts heimlich etwas aus den Feldflaschen der anderen abzufüllen. Dieser Verlust wurde bemerkt und natürlich sofort geahndet. Aber irgendwie sah fast jeder zu, sich unbemerkt einen Vorteil zu verschaffen, wo er nur konnte. Nicht alle verhielten sich so unsozial. Einige riefen die anderen immer wieder zur Ordnung. Das Problem sei unmittelbar gelöst, wenn jeder nur anfinge, mit dem anderen zu teilen und von dem Seinen abzugeben. Sie appellierten an den guten Willen der anderen.

Doch das Problem löste sich nicht. Zum einen hörten nur wenige auf sie. Und auch wo einzelne sich daran hielten, ging die Rechnung nicht auf. Irgendwie wurde man das Gefühl nicht los, daß man nur an Symptomen herumkurierte. Doch was sollten sie sonst tun?

Zweifellos wird man diese Geschichte differenziert lesen müssen. Nicht jeder verhält sich gleichermaßen unsozial, und nicht jeder ist am Verdursten. Es gibt, oberflächlich gesehen, durchaus Menschen, die ohne Gott scheinbar sehr gut leben. Aber insgesamt gilt: Viel mehr als jene Harmonie, Freiheit und Freude, zu der wir geschaffen wurden, kennzeichnen Schuld, Leid, Angst und Tod unsere Existenz. Ohne Gott fehlt dem Menschen die »Quelle«, und dieses Fehlende versucht er sich bei seinen Mitmenschen zu verschaffen. Sein Mitmensch kann dies aber nicht leisten. Kein Mensch kann dem anderen das sein, was nur *Gott* für ihn sein kann: Quelle des Lebens. Wo aber sollen wir finden, was uns schlechterdings nur im Bezug zu Gott geschenkt ist?

So tritt der Mensch mit Erwartungen und Ansprüchen an andere heran, die nur Gott selbst einlösen könnte. Die »Sünden« im herkömmlichen Sinne sind jene gemeinschaftsschädigenden Taten, die wir aufbringen, um unsere verlorengegangene Gottesbeziehung zu kompensieren.[1] Aus dem »Mangel an Herrlichkeit«, wie wir das mit Paulus genannt haben, resultiert ein Mangel an Sinnerfüllung und innerem Frieden. Dieser Zustand der inneren Friedlosigkeit überträgt sich dann nach außen. Weil wir Gott verloren haben, verlieren wir unser inneres Gleichgewicht, und damit gerät unser Zusammenleben aus den Fugen.

Sünde (Singular):		**Sünden (Plural):**
Ursache	→	Folgen
Zustand	→	Taten
Verhältnis zu Gott	→	Verhältnis zu anderen und zu sich selbst
fehlende Geborgenheit	→	Suche nach »Ersatz«
Mangel an »Herrlichkeit«	→	Mangel an Erfüllung
religiöses Defizit	→	moralische Folgen
bittere Wurzel	→	bittere Frucht

Die Sünde ist ein sich selbst verstärkender Kreislauf: Aufgrund unserer Sünde reduzieren sich unsere Lebensgrundlagen, und aufgrund unserer reduzierten Lebensgrundlagen verstärkt sich unsere Sünde. Das heißt aber: Ab einem bestimmten Punkt in diesem Prozeß haben wir keine Wahl mehr. Das Kraftfeld der Liebe läßt dem Menschen wohl die Freiheit, zu sündigen. Das Kraftfeld der Angst hingegen läßt uns nicht die Freiheit, *nicht* zu sündigen. Jeder, der sich jemals vorgenommen hat, Gott oder seine Mitmenschen rückhaltlos zu lieben beziehungsweise wirklich gut zu sein, merkt, daß er diese Freiheit nicht mehr hat.[2] Wir *müssen* sündigen. Diese Erkenntnis steht im Hintergrund der sogenannten Erbsündenlehre.

Der Begriff »Erbsünde« ist allerdings unglücklich gewählt. Ausgedrückt werden soll damit, daß das Sündersein für den einzelnen keine individuelle Entscheidung mehr ist. Wir saugen es sozusagen bereits mit der Muttermilch oder sogar schon sehr viel früher auf. Jedoch vollzieht sich das nicht, wie der Begriff »Erbsünde« fälschlicherweise nahelegt, auf *biologischem* Wege durch Fortpflanzung. »Was«, so könnte man sonst mit Recht fragen, »kann ich denn dafür, daß irgendwo am Anfang der Zeit sich eine wie auch immer geartete Loslösung eines beziehungsweise zweier Menschen von Gott ereignete? Gott kann mich schlecht verantwortlich machen für einen genetischen Defekt, der von meinen Vorfahren her auf mich übergekommen ist!« – Doch wenn ich sage, daß wir gar keine Möglichkeit haben, uns auszusuchen, ob wir Sünder sein wollen oder nicht, dann liegt das nicht daran, daß wir alle durch *eine* Person – eben Adam beziehungsweise Eva – bestimmt sind, sondern es liegt daran, daß wir *alle durch alle* bestimmt sind.

Die Sünde ist ein Interaktionsphänomen, das heißt: Alle sind in ihrem Sünder-Sein durch alle bestimmt. Die im letzten Kapitel herausgearbeitete wesentliche Mit-Menschlichkeit des Menschen zeigt sich nicht zuletzt in seiner Sündhaftigkeit. Nachdem die Schlange, wie wir sahen, bei Eva eine gewaltige Überzeugungsarbeit leisten mußte, bis sie die Frucht des Baumes nahm und aß, war dies, so scheint es, bei Adam überhaupt kein Problem mehr.[3] Man kann nicht für sich alleine Sünder sein. Unsere Sünde wirkt sich im andern fort, sie hat Auswirkungen auf eine Unzahl anderer Menschen neben uns und nach uns.

Die Sünde des einzelnen wirkt wie automatisch auf die anderen ein: sei es durch das böse Beispiel, sei es dadurch, daß ich den anderen dazu provoziere, meinen groben Klotz mit einem groben Keil zu beantworten. Wir fällen jede Menge Vorentscheidungen über unsere Kinder[4]: Davon macht auch unser Sündersein keine Ausnahme. Unsere Kinder sind in den ersten Lebensjahren ein Spiegel ihrer Eltern. In der Regel gelingt es ihnen zwar, sich im Laufe der Jahre davon etwas zu lösen, aber das liegt vor allem daran, daß auch *andere* Menschen zunehmend Einfluß auf das nehmen, was wir das eigenständige Ich eines Menschen nennen: Freunde, Nachbarn, Lehrer/innen etc. und indirekt wieder *deren* Eltern, Freunde und Lehrer.

So entsteht ein enggeknüpftes Netz wechselseitiger Beeinflussung und Abhängigkeiten. Es entstehen gemeinsame Gewohnheiten, Grundsätze und Ideologien, feste Unsitten und böse Institutionen. Wir alle hängen in einem engmaschigen Netz, das wir von Anfang an vorgefunden haben, aber an dem wir selber auch kräftig mitstricken. Wir alle haben das Sündersein fraglos übernommen und geben es ebenso fraglos weiter. Wir leben, wie es ein Theologe des letzten Jahrhunderts genannt hat, in einem »Reich der Sünde«[5].

Das war nicht immer so, sagt die Adam-und-Eva-Geschichte. Am Anfang gab es mal wirklich so etwas wie eine freie Entscheidung. Das Kraftfeld der Angst ist tatsächlich auf eine freie Entscheidung des Menschen zurückzuführen. Aber seitdem die Menschen sich in diesem Kraftfeld der Angst befinden, sind sie zum Nicht-Sündigen nicht mehr frei. Darum können Sünden auch nicht sinnvoll bekämpft werden, solange man dem Problem nicht an die Wurzel geht, eben an die Absonderung von Gott. Und so geht es denn in der Heiligen Schrift auch nicht um eine moralische Aufrüstung, sondern um einen leidenschaftlichen Ruf zur Umkehr: zurück an die Quelle, zurück zu Gott-Vater!

Die moralischen Gebote der Heiligen Schrift sind eine Hilfestellung Gottes, der in seiner Liebe zu uns nicht will, daß wir uns in unserer Sünde, in unserer Absonderung, gegenseitig völlig fertigmachen. Aber eins ist sicher: Mit diesen Geboten kann man vielleicht halbwegs eine äußere Ordnung aufrechterhalten, damit nicht jeder über jeden herfällt, aber das *Grundproblem* lösen sie nicht. Denn die Moral, wenn man es genau sieht, wechselt nur eine Sünde gegen eine jeweils andere aus. Moralische Anstrengung kann uns zwar dahin bringen, daß wir negative Verhaltensweisen sein lassen und uns positive Verhaltensweisen andressieren. Damit schafft sie eine gewisse Entlastung vor den gröbsten Folgen der Sünde – sie verändert aber nichts an unserem *Herzen*, sie ändert nichts an dem religiösen Defizit, das uns zu Sündern macht und uns Sünder bleiben läßt.

Egal aber, was ich im Zustand der Sünde auch tue: Es wird immer Sünde sein. Es wird nie dem Entwurf entsprechen, den Gott sich von uns Menschen gemacht hat. Wir werden dem Maßstab des Menschlichen nicht gerecht.[6] Moralische Anstrengung ändert nichts an dem Reich der Sünde, an dem prinzipiellen und selbstverschuldeten Getrenntsein des Menschen von Gott. Und daß man aus dem Christentum so oft ausgerechnet die moralischen Regeln herausdestilliert und zum eigentlich »Christlichen« erhoben hat, ist eine völlige Verkennung dessen, was das Christentum eigentlich will. Das Christentum will, Jesus folgend, nicht die *Sünden* – also Symptome, Folgeerscheinungen – bekämpfen, sondern dem Übel an die Wurzel gehen. Wie aber wird die *Sünde*, wie wird der Graben zwischen Gott und dem Menschen überwunden?

Die Antwort des Menschen heißt üblicherweise: *Religion.* Religion ist der Versuch des Menschen, vom Tod zum Leben, von der Dunkelheit zum Licht, von dieser Seite des Grabens auf die andere zu gelangen. Er sehnt sich nach Liebe, Harmonie und Sinn. Und darum strebt er auf die andere Seite des Grabens. Es gibt wohl religionslose Menschen, aber kein religionsloses *Volk* auf Erden. Der Atheismus ist immer künstlich anerzogen und ein recht kurzlebiges Phänomen. Die Menschheit als solche ist nahezu unheilbar religiös! Das Problem ist aber: Auch in unserer Religion wiederholt sich lediglich jene Spirale von Angst, Mißtrauen, Lebensgier, Selbstherrlichkeit und Schuld[7], die wir bereits in der Sündenfallgeschichte beobachtet haben. Auch unsere Religion steht unter dem Vorzeichen der Sünde.

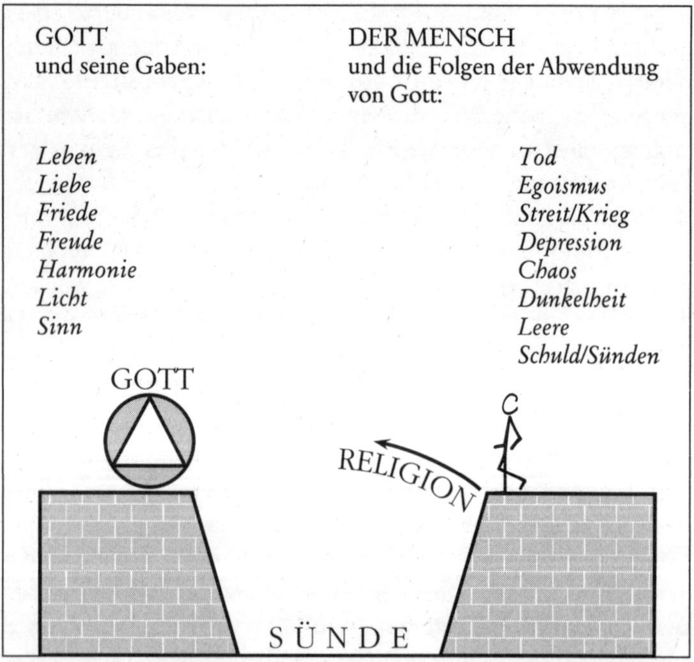

Wir sind auf Gott hin geschaffen und haben eine tiefe Sehnsucht nach Gott. Aber, und insofern wiederholt sich die

Entscheidung Evas in unserem Leben immer wieder: Wir wollen nicht, daß Gott wirklich *Gott* ist. Zweifellos: Wir hätten gerne seine Gaben. Wir sehnen uns nach Liebe, Frieden, Harmonie und Geborgenheit, aber Gott selbst wollen wir nicht. Wir wollen Gottes *Gaben*, aber den *Geber* verschmähen wir. Es ist, als wollten wir zwar so etwas wie Helligkeit, verschmähten aber das Licht, beziehungsweise, wie Meister Eckhart einmal gesagt hat: Die Menschen benutzen Gott wie eine Kerze. Sie zünden sie an, wenn es dunkel ist, um mit ihrer Hilfe etwas zu suchen; und wenn sie das Gesuchte gefunden haben, werfen sie die Kerze weg.

Und hier liegen die Dinge im argen. Das geht nämlich nicht. Hier liegt das Scheitern unserer religiösen Bemühungen begründet: Wir haben alle eine tiefe Sehnsucht nach Gott, aber doch wollen wir zutiefst nicht, daß Gott wirklich Gott ist. Wir wollen – aus Gründen der Angst oder der Lebensgier oder des Mißtrauens oder was auch immer – selbst das Sagen in unserem Leben behalten. Und so bleiben wir auf unserer Seite des Grabens.

Der Anspruch Jesu

Schauen wir uns jetzt die Person Jesu an. In Jesus, so lesen wir es in der Bibel, finden wir einen Menschen, wie ihn sich Gott eigentlich gedacht hat. Jesus, so wie die Bibel ihn uns vorstellt, ist ein Mensch ohne Sünde[8], ein Mensch in völligem Einvernehmen mit Gott, den er deshalb seinen Vater nennt.[9] Ein Mensch, der den Weg Adams nicht ging und der deshalb von Paulus als der »zweite Adam« bezeichnet wird.

Die Faszination, die von diesem Menschen Jesus ausgeht, rührt daher, daß dieser zweite Adam sozusagen unter den vom ersten Adam geschaffenen Bedingungen leben muß. Er ist wie der naive Eingeborene, der unversehens in die korrupte westliche Kultur hineingeworfen wird. Wenn Jesus redet, etwa in der Bergpredigt, scheint es, als käme er, etwa wie der »Kleine Prinz« Exupérys, von einem anderen Stern.

Die Faszination, die von Jesus ausgeht, reicht weit über die Grenzen des Christentums hinweg. Immer wieder begegnet man einem hohen Respekt, den die Menschen für die Gestalt Jesu aufbringen: für seine Freiheit und Souveränität, die nicht auf Kosten anderer ging, für sein ansteckendes Vertrauen und schließlich für sein Leiden, das er in tiefer Menschlichkeit ertrug. Dem gegenüber stehen die theologischen Aussagen Jesu in ihrer kaum zu fassenden Ungeheuerlichkeit, die sich wie ein roter Faden durch alle vier Evangelien ziehen.

In Johannes 14,6 sagt er: »Ich bin der Weg, die Wahrheit und das Leben, niemand kommt zum Vater denn durch mich.« Wohlgemerkt, es heißt nicht: Ich *zeige* euch den Weg, sondern: »Ich *bin* dieser Weg. Nicht: Ich bin *ein* Weg, sondern: Ich bin *der* Weg. Oder, deutlicher noch: »Wer mich sieht, sieht den Vater« (Johannes 14,9). Oder gar: »Ich und der Vater sind eins« (Johannes 10,30).

Meinen Sie bitte nicht, das alles habe Jesus so nicht gesagt, das seien nachträgliche Ausschmückungen – so einfach ist das nicht! Zu der Zeit, als die Texte geschrieben wurden, gab es noch viel zu viele Augenzeugen, die eine solche Lüge leicht hätten widerlegen können. Nicht der *Anspruch* Jesu ist aber seinerzeit in Zweifel gezogen worden, sondern dessen *Berechtigung*. Natürlich gibt es auch im Neuen Testament Ausschmückungen[10], aber der Anspruch Jesu zieht sich zu durchgängig durch alle Schichten des Neuen Testaments hindurch, um als reine Erfindung weg-erklärt werden zu können. Vor allem läßt sich nicht wegdiskutieren, daß Jesus wegen *Gotteslästerung* angeklagt und hingerichtet wurde.

Als ihm der Prozeß gemacht wird, wird er gefragt, ob er der Messias sei und ob er der Sohn Gottes sei. Er antwortet: »Ihr sagt es; ich bin es« (Lukas 22,70). Im ältesten, allgemein als besonders authentisch angesehenen Markusevangelium in gewisser Weise sogar noch stärker: »Ja, ich bin es, und ihr werdet mich am Ende der Zeiten wiederkommen sehen als Richter der Welt« (Markus 14,62).

Vielleicht stärker noch als diese direkten Selbstzeugnisse spiegeln eher *indirekte* Zeugnisse wider, daß Jesus völlig selbstverständlich davon ausgegangen sein muß, etwas anderes zu sein als ein normaler Mensch. So nahm sich Jesus beispielsweise die Freiheit heraus, anderen Menschen die Sünden zu vergeben (unter anderem Markus 2,5). C. S. Lewis schreibt dazu, es sei ja durchaus in Ordnung, wenn ein Mensch einem anderen ein Unrecht vergibt, das der *ihm* zugefügt hat. Wenn mich jemand um hundert Mark betrogen hat, ist es durchaus möglich und vernünftig, daß ich sage: »Lassen wir es gut sein; wir wollen nicht mehr darüber sprechen.« Aber wie in aller Welt würden Sie es finden, wenn *Ihnen* jemand Geld klaut, und *ich* würde sagen: »Schon gut, ich vergebe ihm!«[11]?

Oder nehmen wir Sätze wie: »Soundso steht es zwar bei Mose in eurem Katechismus, *ich* aber sage euch . . .« (Matthäus 5,21 ff.). Jesus behauptet tatsächlich, sein Wort setze sogar die Bibel, das heißt die damals gültige Gesellschaftsordnung, außer Kraft!

Jesus ging es nicht darum, daß wir *wie* er glauben, sondern daß wir *an* ihn glauben. Zu *ihm* sollen wir kommen, wenn wir mühselig und beladen sind (Matthäus 11,28). Unsere Bekenntnisse, Handlungen und unser ganzes Leben sollen auf *ihn* zielen: »Wer mich bekennt vor den Menschen, zu dem werde ich mich auch bekennen vor dem himmlischen Vater« (Matthäus 10,32 f.). »Wer ein Kind aufnimmt in meinem Namen, der nimmt mich auf« (Markus 9,37; vgl. Matthäus 25,40.45). »Wer sein Leben verliert um meinetwillen, der wird es finden« (Matthäus 10,39).

Dies paart sich mit einer ausgesprochen kritischen Sicht, die er von seinen Mitmenschen hatte: »Euer Vater ist der Teufel« (Johannes 8,44). »Sünder«, das sind für Jesus die andern. Sich selbst bezieht Jesus in diese Aussagen nicht mit ein:

»Wer von euch kann mich einer Sünde zeihen?«; »Ich bin von Gott ausgegangen und komme von ihm« (Johannes 8,46.42).

Das ist das Problem. Einerseits finden wir eine weitverbreitete hohe Wertschätzung Jesu, andererseits neigt Jesus zu Ansprüchen, die an Größenwahn grenzen. Es gibt hier einfach keine Übergänge vom Christentum zu anderen Religionen, und es gibt auch keine Parallelen. C. S. Lewis schreibt: »Wenn Sie zu Buddha gegangen wären und ihn gefragt hätten: ›Bist du der Sohn Brahmas?‹, dann hätte er geantwortet: ›Mein Sohn, du lebst noch im Tal der Illusion.‹ Wenn Sie zu Sokrates gegangen wären und hätten ihn gefragt: ›Bist zu Zeus?‹, so hätte er gefragt: ›Was meinst du mit ›Zeus‹?‹ Wenn Sie zu Mohammed gegangen wären und ihn gefragt hätten: ›Bist du Allah?‹, so hätte er zuerst seine Kleider zerrissen und Ihnen dann den Kopf abgeschlagen. Wenn Sie Konfuzius gefragt hätten: ›Bist du der Himmel?‹, so hätte er wahrscheinlich etwa geantwortet: ›Bemerkungen, die nicht mit der Natur in Einklang stehen, sind geschmacklos.‹«[12]

Keiner der großen Sittenlehrer dieser Welt hat sich auch nur annähernd ähnliche Dinge angemaßt wie Jesus. Eher ist man gewohnt, solche Worte aus dem Munde von Despoten wie Ceaucescu oder Idi Amin zu hören. Eigentlich kann nur ein *Geistesgestörter* solche Dinge sagen oder ein *Betrüger* – oder jemand, der tatsächlich anders ist als die anderen Menschen: Weil er nämlich tatsächlich nicht von den Menschen her, sondern nur *von Gott her* zu verstehen ist. Wenn wir Jesu Worte ernst nehmen, stehen wir vor einer schockierenden Alternative: Jesus war entweder ein Betrüger oder ein Geistesgestörter oder tatsächlich, wie von ihm selbst behauptet, ein »heruntergekommener Gott«.

Entsprechend war die Reaktion der Leute damals: Haß oder Begeisterung, Erschrecken oder Bewunderung, aber ein neutrales Wohlwollen gab es nicht – das wäre diesem Anspruch gegenüber einfach nicht angemessen gewesen! Neutrales Wohlwollen gegenüber Jesus ist völlig unangebracht.

Entweder man wird angesichts eines solchen Anspruchs zum Jünger, der ihm nachfolgt und ihn anbetet, oder man wird zu einem der Leute, die ihn kaltstellen wollen, weil ein solcher Anspruch unerträglich ist!

Wie beurteilen wir den Anspruch Jesu:

- ein Betrüger?
- ein Geistesgestörter?
- ein »heruntergekommener Gott«?

Ich halte es nicht für möglich, in Jesus lediglich einen guten, vorbildhaften Menschen und Sittenlehrer zu sehen. Ein solches Urteil zeugt lediglich davon, daß man sich nicht die Mühe gemacht hat, in die Bibel hineinzuschauen, was dieser Mensch von sich selbst behauptet hat. Bei allem, was man den Pharisäern entgegenhalten kann: *Sie* haben ihn wenigstens verstanden, sie haben ihn wenigstens ernst genommen in seinem Anspruch – und fanden ihn unerträglich! Jesus ist davon ausgegangen, etwas anderes zu sein als ein ganz normaler Mensch.[13]

Das ganze Neue Testament spiegelt etwas von dem Bemühen wider, diesen Jesus irgendwie begreifen, irgendwie einordnen zu wollen. Auch die Jünger standen unter dem ebenso massiven wie widersprüchlichen Eindruck, es hier mit einem Menschen zu tun zu haben, der dem Rest der Menschheit irgendwie gegenüberstand. Es war paradoxerweise vielleicht gerade seine Menschlichkeit, die ihn von anderen Menschen abhob.

So hat man ihm jede Menge Titel und Prädikate verliehen, um seinem Geheimnis auf die Spur zu kommen, einen davon habe ich bereits erwähnt: der »zweite Adam«, der »wahre Mensch«. Am Ende des Kapitels finden Sie eine kleine Übung hierzu. Man hat Jesus »Gottessohn« genannt, »Christus«, »Herr« – aber all diese Titel und Bilder fangen Jesus nicht ein, sie erklären ihn nicht, sie bleiben hinter seiner Person zurück. Sie werfen lediglich ein Schlaglicht auf ihn.[14]

Jesus entzieht sich allen Kategorien, die wir uns von ihm machen. Das gilt in gewisser Weise natürlich von *jedem* Menschen, aber bei Jesus kommt eben noch das hinzu, daß er sich inmitten all seiner Menschlichkeit von allen anderen Menschen irgendwie abhebt. Die Person Jesu sprengt alle Bilder, die wir uns von ihm machen, und zwar deshalb, weil er auf die Seite Gottes gerechnet werden muß. So jedenfalls sahen es die, die am engsten mit ihm zusammengelebt haben.

Tod und Auferstehung Jesu

Drei Jahre waren die Jünger mit Jesus umhergezogen und waren in dieser Zeit mehr und mehr zu der Überzeugung gekommen: Jesus ist mehr als ein bloßer Mensch. Was muß es für die Jünger bedeutet haben, diesen Jesus dann am Kreuz hängen zu sehen – und Gott half ihm nicht! Zum einen war das für sie eine ungeheure *persönliche Krise.* Sie hatten ja alles stehen- und liegengelassen, sie hatten alles aufgegeben für diesen Mann und waren ihm drei Jahre lang nachgefolgt. Sie hatten an seinen Sieg geglaubt – und nun standen sie vor den Trümmern ihrer ganzen bisherigen Existenz und waren entsprechend völlig ohne Perspektive.

Dazu kam die *religiöse Krise,* in die sie sich plötzlich gestürzt sahen, denn mit dem Tod Jesu schien ja auch dessen Anspruch ein für allemal widerlegt, ihnen Frieden mit Gott vermitteln zu können. Scheinbar war Gott doch nur für die Pharisäer und Schriftgelehrten da, für die religiösen Könner und die Wohlanständigen. Alle Hoffnung, die sich durch Jesus für die Zöllner und Sünder, für die Armen und Kranken aufgetan hatte, war mit einem Schlag zunichte gemacht.

Ein entsprechendes Bild des Jammers gaben die Jünger auch am Karfreitag ab: Alle waren sie geflohen, die ersten waren bereits auf dem Heimweg nach Galiläa, die anderen in einer Hütte außerhalb Jerusalems verbarrikadiert, ein verängstigtes Häuflein ohne jede Perspektive und Hoffnung.

Aber nun kommt es: Die *gleichen* Leute findet man nur wenige Tage darauf völlig verändert vor – freudestrahlend, hochmotiviert, mit all jenen Tugenden ausgestattet, die ihnen am Karfreitag noch gefehlt hatten: Bekennermut, Lebensfreude, Überzeugungskraft. Die Jünger, die eben noch geflohen waren, sind plötzlich bereit, für die Botschaft von Jesus in den Tod zu gehen.[15]

Man mag sich fragen: Woher kommt das? Es muß schon ein sehr massiver Eindruck gewesen sein, der die Jünger zu diesem plötzlichen und radikalen Stimmungsumschwung veranlaßte. Die Jünger müssen nur wenige Tage nach dem immensen und belastenden psychischen Eindruck, den die Kreuzigung Jesu auf sie hinterlassen hatte, etwas erfahren haben, was diesen Eindruck nicht nur aufhob, sondern sogar noch überbot und ein Leben lang anhielt, ja sie sogar den Tod in Kauf nehmen ließ: die Auferstehung Jesu!

Die Auferstehung. Das völlig Unerwartete, das schlechthin Unglaubliche – damals wie heute! Glauben wir nicht, daß nur wir modernen, naturwissenschaftlich geprägten Menschen Schwierigkeiten damit hätten, das zu glauben. Daß einer, der einmal tot daliegt, nicht wieder aufsteht, wußten die Leute damals auch schon so gut wie heute. Die Auferstehung war damals wie heute den Menschen gleichermaßen unglaublich.

Irgend etwas müssen die Jünger erlebt haben, das sie zu diesem radikalen Stimmungsumschwung aus tiefster Depression heraus befähigte. Das ist natürlich kein *Beweis* für die Auferstehung, aber das muß man erst mal erklären, wenn man die Auferstehung negiert.

Und auch Erklärungsversuche, daß Jesus vielleicht nur scheintot gewesen sein mag, unterschätzen nicht nur die

Professionalität der römischen Henker und Grabwachen, sondern lassen völlig außer Betracht, daß die Jünger später nahezu ausnahmslos für die Botschaft von der Auferstehung Jesu in den Tod gingen. Man fragt sich: Für eine Inszenierung? Eine selbsterfundene Lüge? Für eine Halluzination?

Für die geschichtliche Zuverlässigkeit der Auferstehung sprechen mehr Gründe, als man manchmal meint. Es sind nicht nur die über 500 Zeugen, die ihn gesehen haben wollen. Es sind die eben genannten Gründe, und es ist vor allem dieser, daß bis zum heutigen Tag immer wieder Menschen behaupten, sie hätten ihn, den Auferstandenen, erlebt. Man kann jedes einzelne dieser Argumente zweifellos in Frage stellen. In ihrer Gesamtheit aber geben sie ein beeindruckendes Bild. Etwas flapsig gesagt: Man muß, um die Auferstehung Jesu zu negieren, fast schon mehr Glauben aufbringen, als wenn man sie bejaht.

Einige Gründe für die Auferstehung Jesu:

- Das leere Grab (trotz Grabwachen!)
- Über 500 Zeugen des Auferstandenen (1. Korinther 15,6)
- Der radikale Stimmungsumschwung der Jünger
- Das spätere Martyrium der Jünger (für eine selbsterfundene Lüge?)
- Erfahrungsberichte, daß Jesus heute noch lebt.

Ich bin fest davon überzeugt: Ohne die Auferstehung hätte es niemals ein Christentum gegeben. Die Jünger hätten sich in alle Winde zerstreut. Sie hätten nicht die Kraft gefunden, sich noch einmal neu zu formieren. Von Jesus wären uns vielleicht ein paar moralische Lehren überliefert worden, aber auch er wäre über die Jahrhunderte in weitgehende Vergessenheit geraten, wie die meisten anderen Morallehrer auch. Ohne Auferstehung, sagt Paulus in 1. Korinther 15, wären wir Christen die törichtsten aller Menschen und die christliche Botschaft wäre nichtig.

Die Auferstehung war für die Jünger die Bestätigung des Anspruchs Jesu. Gott stellt sich zu dem, der behauptet hatte, auf einzigartige Weise zu ihm zu gehören, und bestätigt damit seine Botschaft und legitimiert seinen Anspruch, mehr zu sein als ein Mensch.

Warum aber mußte Jesus überhaupt sterben? Wenn Gott ihn am Ende ohnehin legitimiert, wieso dieses »Zwischenspiel«, wozu waren die Ereignisse von Golgatha nötig?

Der Tod Jesu auf Golgatha zeigt die ganze Breite unserer Ablehnung Gottes. Jesus brachte uns die Botschaft, daß Gott uns über den Graben unserer Schuld hinweg liebt, abgrundtief liebt. Diese frohe Botschaft aber geht davon aus, daß wir Sünder sind, daß wir Schuld auf uns geladen haben, daß wir in das Netz der Sünde verstrickt sind und eifrig daran mitstricken. Es gibt die heilende Therapie nicht ohne diese vorhergehende, schonungslose Diagnose.

Diesen Teil der frohen Botschaft hört der Mensch nicht gerne. Und darum haben Menschen, die das nicht glauben wollten, Jesus ermordet. Die Sünde, die in Adam ihren Anfang genommen hat, entfaltet hier, im gewaltsamen Tod des Sohnes Gottes, ihre höchste Spitze. Aber in gewisser Weise beteiligen wir uns an diesem Mord überall dort, wo wir das Versöhnungsangebot Gottes ablehnen, sei es in aktiver Auflehnung oder in passiver Gleichgültigkeit. Nicht genug, daß wir todkrank sind, wir bringen auch noch den Arzt um.

Die klassische Formulierung dieses Sachverhaltes lautet: Jesus starb für unsere Schuld. Dieser Gedanke darf nicht so verstanden werden, wie er leider immer wieder verstanden wurde: daß Gott nämlich als Preis für die Vergebung ein blutiges – zu alledem noch unschuldiges! – Menschenopfer verlangt. Diese Vorstellung reicht noch nicht einmal an das Niveau frühester Schichten des alttestamentlichen Gottesbildes heran[16], und unser Gerechtigkeitsempfinden erhebt hier mit vollem Recht Einspruch. Wenn in der Bibel von dem Opfertod Jesu die Rede ist, dürfen wir nicht verkennen: Es ist *Gott*, der hier das Opfer bringt. Im Gegensatz zu allen Religionen dieser Welt, in denen der Mensch den Göttern Opfer zu bringen hat, bringt im Christentum *Gott* ein Opfer. Das *entscheidende* Opfer.

Der Opfergedanke in den Religionen hat eine durchgängig ähnliche Grundstruktur: Der Mensch hat durch seine Schuld Gott irgendwie geschädigt. Darum wirft er sein Opfer sozusagen in die andere Waagschale, um den Schaden wiedergutzumachen und Gott zu besänftigen.[17] Etwa, wenn ich Ihnen sagen würde: »Ich habe Ihre Fensterscheibe zerschlagen. Hier haben Sie einen Scheck, um den Schaden zu beheben, und den Rest behalten Sie bitte, damit Sie mir nicht mehr böse sind.« Opfer dient der Wiedergutmachung oder doch zumindest der Besänftigung des Geschädigten. Im Christentum jedoch sagt Gott gleichsam: »Behalte deinen Scheck, du könntest den entstandenen Schaden ohnehin nicht wiedergutmachen. Ich bezahle den Schaden aus eigener Tasche.« Im Christentum bringt *Gott* das Opfer.

Denn einer muß Opfer bringen. *Einer* muß die Konsequenzen von Schuld tragen: Entweder der Schuldige oder der zu Schaden Gekommene. Wenn meine Fensterscheibe kaputt ist, muß entweder *ich* die hundert Mark hinlegen oder der Verursacher. *Einer* ist danach ärmer. Es gibt nur die Alternative: Sühne oder Vergebung. Gott wählt den Weg der Vergebung. Unser Opfer ist nicht mehr notwendig, weil er selbst das Opfer bringt.

Vergebung heißt: Du hast mir etwas angetan, aber ich bestrafe dich jetzt nicht dafür, sondern ich will, daß alles gut ist zwischen dir und mir, auch wenn *ich* den Schaden dabei habe, auch wenn mich das in einen vorübergehenden Nachteil versetzt. Dann bin ich zwar zunächst der Geschädigte. Ich will aber diesen Schaden geringer achten als den Zerbruch unseres beiderseitigen Verhältnisses, den die

Schuld nach sich zieht. Lieber will ich Schaden erleiden, als daß das Verhältnis zwischen dir und mir ernsthaft oder gar endgültig zerstört wird.

Lieber starb Jesus, als daß er die Kraft Gottes, die in ihm war, gegen seine Mörder wandte. Er starb für die Versöhnung, die Gott den Menschen anbietet. Gottes Liebe ist so groß, daß er lieber den größten Verlust, den Tod in sich selbst, erleidet, als uns zu verlieren. Und glauben Sie nicht, daß nur der *Sohn* am Kreuz gelitten hat, der *Vater* hat auch gelitten, er hat sein Liebstes auf schreckliche Weise hingeben müssen – Gott liebt uns so sehr, daß er lieber das hinnimmt, als uns zu verlieren. Darum ist das Blut Jesu tatsächlich der Preis für die Vergebung. Darum hängt die Versöhnung zwischen Gott und Mensch tatsächlich an der Person Jesu. Nicht nur an seiner Lehre, sondern vor allem an seinem Schicksal, an seinem Kreuzestod. »Jesus starb für unsere Schuld«, das heißt: Er trägt die Konsequenzen, er trägt die böse Wirklichkeit, die durch uns angerichtet ist, am eigenen Leibe aus, damit wir nicht an den Folgen unserer Schuld zugrunde gehen müssen, damit wir Gott nicht verlorengehen.

Darum ist Jesus Gottes definitive Antwort auf unsere Sünde. Weil wir Menschen uns aus dem Netz, von dem ich oben geredet habe, nicht befreien konnten, warf er sich selbst in dieses Netz. Weil der Mensch nicht zu Gott kommen konnte, kam Gott zu den Menschen – bis in die letzte Konsequenz, bis in Tod und Sterben hinein.

Jesus mußte sterben, weil er, der Sohn Gottes, angetreten war, den Graben der Sünde zu überwinden.[18] Er mußte es, weil in ihm Gott wirklich und in letzter Konsequenz Mensch wurde. Er mußte so leiden, denn das Gute hat keine Chance, wenn es auf uns Menschen trifft. Das Leiden beziehungsweise der Tod Jesu dokumentieren uns, daß die Sünde eben kein Kavaliersdelikt ist, sondern daß andere Menschen, ja daß Gott selbst dabei auf der Strecke bleibt. Unsere Sünde ist nicht der *Tod Gottes*, aber sie verursacht einen *Tod in Gott*. Gott leidet an unserer Sünde, in ihm zerbricht etwas.

Aber damit passiert gleichzeitig etwas Wunderbares: Der Tod, der noch im Alten Testament als *der* Ort ohne Gottesgemeinschaft schlechthin angesehen wird, ist nun nicht mehr ohne Gott. *Wir* haben keine Gemeinschaft mit Gott. *Wir* haben den Weg zum wahren Leben verfehlt. Weil aber Gott unbedingt mit uns Gemeinschaft haben wollte, wurde er Mensch bis in die letzte Konsequenz hinein: Er warf sich ins Netz unserer Sünde, ging in den Tod. Diese Aussage stellt alles in den Schatten, was jemals von Gott behauptet worden ist.

In Jesus Christus kommt Gott auf unsere Seite des Grabens, lernt die radikalen Konsequenzen unserer Gottlosigkeit sozusagen von innen kennen: Angst, Einsamkeit, Verzweiflung. Als Jesus schrie: »Mein Gott, mein Gott, warum hast du mich verlassen!?« (Matthäus 27,46), war der Graben, den *wir* nie zu überwinden vermochten, von *Gottes* Seite her überwunden, war Jesus endgültig auf der »anderen Seite« angelangt. Gott selbst ist in die Gottlosigkeit eingegangen, damit auch der einsamste Ort, der Tod, nicht mehr ohne Gott sei.[19] Es gibt nun keinen Ort mehr, an dem Gott nicht noch liebend, buchstäblich mit ausgebreiteten Armen, auf uns warten würde.

Gott hält am Menschen trotz seiner Sünde fest. Das ist keine allgemeine Wahrheit über Gott, sondern das ist Gott teuer zu stehen gekommen. Das ist keine Wahrheit, die Jesus uns nur *gelehrt* hätte, sondern sie hat ihn das Leben gekostet. Weil wir von uns aus den Weg zu Gott zurück nicht gefunden, vielleicht auch nie richtig *gesucht* haben, kommt Gott auf unsere Seite des Grabens, überwindet die Sünde, trägt deren Folgen am eigenen Leibe – bis in die Konsequenz des Leidens und Sterbens hinein.

Gott tut das, worin der Mensch in seinem religiösen Bemühen gescheitert ist: Er überwindet den Graben der Sünde. Der Mensch hat von sich aus seinen Anspruch verspielt, ein Kind Gottes zu sein. Aber weil der »Sohn« Gottes uns zum Bruder wurde, dürfen wir Gott wieder unseren Vater nennen.

Warum mußte Jesus sterben?

- Weil sein Anspruch erbitterten Widerspruch erregte.
- Weil das Gute keine Chance hat, wenn es auf uns Menschen trifft.
- Weil unser Widerstand gegen Gott größer ist, als wir ahnen.
- Weil er seine Macht nicht gegen uns wenden wollte.
- Weil Gott hofft, mit Liebe zu gewinnen, was er mit Macht nicht erzwingen kann und will: nämlich unsere Liebe.
- Weil diese Liebe Gottes sich völlig für uns hingibt.
- Weil *wir* nicht zum Leben fanden, überwand *er* den Graben und suchte uns in unserem Tode auf.
- Weil es trotz unserer Sünde keinen Ort mehr geben sollte, an dem er nicht liebend auf uns wartet.

Insofern ist, das mag vielleicht überraschen, das Christentum das genaue Gegenteil von Religion. Der Begriff Religion kommt aus dem lateinischen *religare*, das heißt »zurückbinden«. Religion ist der Versuch des Menschen, von sich aus den Graben der Sünde zu überwinden und sich wieder an Gott anzubinden. Christentum hingegen ist in gewisser Weise das genaue Gegenteil: Hier überwindet *Gott* diesen Graben und hält uns in Jesus die ausgestreckte Hand hin, und alles, was er von uns möchte ist: Glauben, Vertrauen.

Jesus geht den Weg der Gottverlassenheit, um uns Gottlosen eine neue Gottverbundenheit zu ermöglichen. »Der Vater hat den Sohn in die Hölle geschickt, damit uns über dem Sohn sogar die Hölle noch zum Himmel werden kann« (H. Thielicke). Darum ist das Kreuz kein unnötiges oder gar sinnloses Zwischenspiel, sondern es ist notwendig.

GOTT und seine Gaben:	DER MENSCH und die Folgen der Sünde:
Leben	*Tod*
Liebe	*Egoismus*
Friede	*Streit/Krieg*
Freude	*Depression*
Harmonie	*Chaos*
Licht	*Dunkelheit*
Sinn	*Leere*
	Schuld/Sünden

Damit die Hölle uns noch einmal zum Himmel werden kann, darf der Tod allerdings nicht das letzte Wort über Jesus behalten. Sonst gäbe es mit Jesus nur einen weiteren, der sich in der Gottlosigkeit verirrt, sonst wäre am Ende tatsächlich nur Verzweiflung am Platz.

Darum läßt Gott nicht zu, daß der Tod Jesus festhält. Er zieht Jesus durch den Tod hindurch zurück an sein Herz – und mit ihm alle Menschen, die sich an Jesus »dranhängen«. Auch sie müssen nicht im Tode bleiben. Jesus, der bis in den Tod hinein am Menschen wie an Gott festhielt, hält auch in seiner Auferstehung an uns fest. Er stirbt unseren Tod, damit wir an seinem Auferstehungsleben teilhaben können. Darum sind Kreuz *und* Auferstehung gleichermaßen notwendig. Erst beides zusammen legitimiert die Botschaft Jesu.

Die Botschaft Jesu

Es gibt wohl keinen Text in der Bibel, der die Botschaft Jesu so genau auf den Punkt bringt wie das Gleichnis vom verlorenen Sohn (Lukas 15,11–24):

Und Jesus sprach: Ein Mensch hatte zwei Söhne. Und der jüngere von ihnen sprach zu dem Vater: Gib mir, Vater, das Erbteil, das mir zusteht. Und er teilte Hab und Gut unter sie. Und nicht lange danach sammelte der jüngere Sohn alles zusammen und zog in ein fernes Land; und dort brachte er sein Erbteil durch mit Prassen. Als er nun all das Seine verbraucht hatte, kam eine große Hungersnot über jenes Land, und er fing an zu darben und ging hin und hängte sich an einen Bürger jenes Landes; der schickte ihn auf seinen Acker, die Säue zu hüten. Und er begehrte, seinen Bauch zu füllen mit den Schoten, die die Säue fraßen; und niemand gab sie ihm. Da ging er in sich und sprach: Wie viele Tagelöhner hat mein Vater, die Brot in Fülle haben, und ich verderbe hier im Hunger! Ich will mich aufmachen und zu meinem Vater gehen und zu ihm sagen: Vater, ich habe gesündigt gegen den Himmel und vor dir. Ich bin hinfort nicht mehr wert, daß ich dein Sohn heiße; mache mich zu einem deiner Tagelöhner! Und er machte sich auf und kam zu seinem Vater. Als er aber noch weit entfernt war, sah ihn sein Vater, und es jammerte ihn; er lief und fiel ihm um den Hals und küßte ihn. Der Sohn aber sprach zu ihm: Vater, ich habe gesündigt gegen den Himmel und vor dir; ich bin hinfort nicht mehr wert, daß ich dein Sohn heiße. Aber der

Vater sprach zu seinen Knechten: Bringt schnell das beste Gewand her und zieht es ihm an und gebt ihm einen Ring an seine Hand und Schuhe an seine Füße und bringt das gemästete Kalb und schlachtet's; laßt uns essen und fröhlich sein! Denn dieser mein Sohn war tot und ist wieder lebendig geworden; er war verloren und ist gefunden worden. Und sie fingen an, fröhlich zu sein.

Laut einer Spiegel-Umfrage von 1992 bejahen 56 % der Deutschen (West) den Satz: »Es gibt Gott«; also eine knappe Mehrheit. Unser Gleichnis aber zeigt uns, daß es darauf überhaupt nicht ankommt. Auch der Sohn, als er bei den Schweinen gelandet ist, »glaubt« selbstverständlich an die Existenz seines Vaters! Aber er hat keine Beziehung mehr. Und wenn man keine Beziehung zu Gott mehr hat, dann ist der Unterschied, ob man nun an seine Existenz glaubt oder nicht, im Grunde nebensächlich. »Dieser mein Sohn war tot«, sagt der Vater. Vielleicht hat er an meine Existenz geglaubt, aber unsere *Beziehung* war auf dem Nullpunkt, und das ist das Problem.

Die Frage, ob jemand an die Existenz Gottes glaubt oder nicht, ist völlig zweitrangig. Im Christentum, in der Botschaft Jesu geht es um etwas völlig anderes: Es geht um die Beziehung, es geht um die Frage, ob wir *Gemeinschaft* mit Gott haben. Und wenn Sie jenen 56 %, die heute angeblich noch an die Existenz Gottes glauben, diese weiterführende Frage stellen würden: »Haben Sie denn eine *Beziehung* zu Gott, haben Sie *Frieden* mit diesem Gott, dessen Existenz Sie bejahen, leben Sie aus der Gemeinschaft mit diesem Gott heraus?« –, dann sähe es um die Antworten wohl in den meisten Fällen sehr, sehr dunkel aus.

Wir haben keine Gemeinschaft mit Gott mehr – das ist das Problem! Wir haben uns von Gott losgesagt. Wir beehren ihn bestenfalls noch mit unserem Glauben an seine Existenz, aber es ist keine Beziehung, keine Wärme, keine Nähe, keine Vertrautheit mehr da. Wir haben uns das Erbe auszahlen lassen. *Erbe* – man muß sich dieses Wort auf der Zunge zergehen lassen. Sich das Erbe auszahlen lassen heißt, den Vater so zu behandeln, als wäre er tot.[20] Der Philosoph Friedrich Nietzsche hat im letzten Jahrhundert den Tod Gottes proklamiert: Gott ist tot! Das würden *wir* wahrscheinlich nicht so sagen. Aber macht es wirklich einen Unterschied? *Behandeln* wir ihn nicht so, als wäre er tot? Würde sich, wenn sich herausstellte, daß er mittlerweile gestorben ist, tatsächlich so viel ändern?

»Zahl mir das Erbe aus, das mir zusteht!« – Wir benutzen Gott als Zahlmeister. Er hat für uns eine reine Funktion zu erfüllen: Er hat die Voraussetzungen zu schaffen, daß unser Leben gelingt. Deshalb erinnern wir uns meist *dann* an Gott, wenn es uns schlechtgeht. Denn dann hat er seine Funktion nicht wahrgenommen. Wenn der Beutel mal wieder leer ist, dann erinnern wir uns seiner und klagen ihn an, daß er uns nicht genug gegeben hat.

Ja, wir *haben*, wenn man so will, eine Beziehung zu Gott: Es ist eine Beziehung des Forderns und des Sich-Beklagens. Gott ist unsere Lebensversicherung, er ist die Feuerwehr, von der man froh ist, daß es sie gibt, aber von der man noch froher ist, wenn man sie nie braucht. Das Erbe lassen wir uns gerne auszahlen, die Gaben Gottes nehmen wir gerne in Anspruch. Aber eben auf diese Gaben kommt es uns an. Der *Geber* dieser Gaben ist uns relativ gleichgültig.

Und Gott macht das Spiel zu einem gewissen Grade mit! Der Vater in unserem Gleichnis vermittelt seinem Sohn einen guten Start. Er gibt ihm Geld mit – obwohl es ihm gar nicht zusteht. Daß der Sohn ihn verläßt, bricht ihm das Herz, aber er gibt ihm trotzdem die nötige Grundlage, eine eigene Existenz aufzubauen, unabhängig von ihm, unabhängig von Gott.

Mir haben Eltern gesagt, das sei ein Erziehungsfehler. Gott müsse doch vorausgesehen haben, wohin das führe, daß der Mensch doch überhaupt nicht die nötige Reife dazu habe. Der Vater hätte ein bißchen mehr Druck ausüben sollen. Lieber man zwingt einen Menschen zu seinem Glück, als daß man ihn frei in sein Unglück rennen läßt. – So denken *wir Menschen.* Gott denkt allem Anschein nach nicht so.

Er liebt seinen Sohn. Und seinen Sohn lieben heißt: ihn in die Freiheit entlassen. Als ein echter Liebender wünscht sich der Vater nichts sehnlicher, als daß der Sohn seine Liebe erwidert. Aber genau damit verträgt sich keinerlei Druck. Liebe läßt sich nicht erzwingen. Deshalb wird Gott niemals einen Menschen zwingen; wenn einer nicht mit ihm leben will, dann kann er ihn eben nur laufenlassen.

Es gibt einen Punkt, wo es keinen Zweck hat, zu verbieten, wo man Freiheit geben muß. Viele Eltern erkennen diesen Punkt nicht, schalten auf stur und tun sich damit einen Bärendienst. Wer die Menschen zwingt, selbst wenn er sie zu ihrem Glück zwingt, erntet immer nur Ablehnung, Feindschaft, Haß. Kein Mensch wird unter diesen Umständen zu einem Liebenden. »Man kann«, sagt der polnische Dichter Stanislaus Lec, »das Lied der Freiheit nicht auf dem Instrument der Gewalt spielen.«[21]

Nicht mal den leisesten, subtilsten Versuch macht Gott, den Menschen zurückzuhalten. Keine Bitte, keine Frage, kein Vorwurf, keine Drohung, keine Szene. Er gibt nach. Und er ist wahrhaftig kein schlechter Verlierer, er schaltet nicht auf stur und sagt: »Jetzt sieh zu, wie du zurechtkommst. Aber unterstützen werde ich dich dabei nicht.« Haben wir schon mal überlegt, was wir alles von ihm »geerbt« haben? Ist es nicht unglaublich, daß Gott uns die Möglichkeit gegeben hat, unser Leben ohne ihn zu führen und zu genießen, ohne dabei zu kurz zu kommen!? Was muß das für eine Liebe sein!

Darum ist es auch alles andere als zwangsläufig, daß der junge Mann am Ende bei den Schweinen landet. Von Gott her hätte das nicht sein müssen. Die Not des jungen Mannes ist nicht darauf zurückzuführen, daß er nicht genug Startkapital mit auf den Weg bekommen hätte. Sie ist vielmehr darauf zurückzuführen, daß er dieses Kapital *verpraßt* hat und daß er im entscheidenden Augenblick nicht die nötige Hilfe bei anderen Menschen gefunden hat.

Es ist so viel Not in der Welt. Und wir machen oft Gott dafür verantwortlich, aber eigentlich ist sie darin begründet, daß wir Menschen mit den Gaben Gottes nicht sorgfältig genug gehaushaltet haben und daß wir im entscheidenden Augenblick versäumt haben, unseren in Not geratenen Menschenbrüdern und -schwestern zu helfen. Darum gibt es so viel äußere Not, und darum gibt es noch viel mehr innere Not. Aber zwangsläufig ist das nicht.

Die Geschichte hätte auch ganz anders weitergehen können, und sie wird von vielen Menschen auch ganz anders weitergeschrieben: Der junge Mann zog mit seinem Beutel in die Fremde, investierte sehr geschickt in Immobilien und kam nach wenigen Jahren zu einem bescheidenen Wohlstand. Er gründete eine Familie und lebte, wenn nicht glücklich, so doch durchaus zufrieden.

Es gibt Menschen, die kommen sehr gut ohne Gott zurecht. Auch sie leben von dem, was Gott ihnen als Startkapital mit auf den Weg gegeben hat, aber sie haushalten sehr geschickt mit diesem Erbe. Nur unser junger Mann nicht. Der gerät in Not. Und was immer man über Not sagen mag, die Not läßt einen nachdenken. Der junge Mann kommt zur Einsicht.

Es wird immer wieder behauptet, daß Not beten lehrt. Ich bin mir da nicht so sicher. Not, und dafür könnte ich Dutzende Beispiele zeigen, kann auch erst recht in die Verzweiflung und in die Bitterkeit führen. Natürlich waren die Kirchen im letzten Weltkrieg voll. Aber wie viele haben in den Schützengräben auch das Beten verlernt und endgültig aufgehört, an einen liebenden Gott zu glauben?

Und was die vollen Kirchen anbetrifft, frage ich mich, wieso sie nach dem Krieg nicht voll *geblieben* sind und ob das, was damals aus der Not des Krieges geboren wurde, wirklich Gebet war, wirklich Glaube, oder ob man das nicht zutreffender als eine »vorübergehende Gebetspanik« bezeichnen müßte, die Bitte also, den leer gewordenen Beutel wieder zu füllen, keineswegs aber die Absicht, wirklich zurückzukehren.

War das, was den jungen Mann trieb, auch nur so eine vorübergehende Gebetspanik? Er kehrt um, aber steckt dahinter nicht eine gehörige Portion Egoismus? Geht es ihm wirklich um *Gott*? Greift er nicht einfach nach dem rettenden Strohhalm in der Not? Was treibt einen Menschen im Letzten und Tiefsten zu Gott? So ganz kann man diese Frage wohl für niemanden beantworten, wahrscheinlich nicht einmal für sich selbst. Aber mehrere Einzelzüge unseres Gleichnisses scheinen mir bedeutsam zu sein:

»Da ging er in sich«, heißt es. Das ist der erste Schritt zur Umkehr: die Schuld für die eigene Situation nicht mehr außen zu suchen, auf andere oder gar auf *Gott* zu projizieren – »Wie konntest du das zulassen? Du hättest doch wissen müssen ...« –, sondern sich zu besinnen und nach innen zu schauen. Nicht die Not treibt den jungen Mann, sondern die Einsicht. Er zog eine ehrliche Bilanz: Was wollte ich mit meinem Leben? Und: Was ist daraus geworden? Was habe ich daraus gemacht?

Der Einsicht folgen konkrete Schritte. So wie auch wir konkrete Schritte auf Gott zu tun können: Indem wir zum Beispiel Gespräche mit Menschen führen, die offensichtlich Kontakt mit Gott haben. Wir können Gottesdienste, Kreise und Veranstaltungen besuchen, in denen die Strahlkraft des Glaubens zu spüren ist. Wir können christliche Bücher studieren, die uns auf dem Weg zu Gott helfen. Der junge Mann tut konkrete Schritte in den Wirkungsbereich Gottes hinein.

Dann folgt das Schuldbekenntnis: *Vater, ich habe gesündigt gegen den Himmel und vor dir. Ich bin hinfort nicht mehr wert, daß ich dein Sohn heiße.* Gerade dieser Punkt macht es sehr vielen Menschen schwer, Christ zu werden. Irgend etwas in uns weigert sich mit Recht, zu akzeptieren, daß Gott, bevor wir zu ihm kommen können, zuerst sagt: »Auf die

Knie, Sünder! Bekenne! Bereue!« In der Tat steht das in unserer Geschichte auch anders. Bevor der verlorene Sohn überhaupt den Mund aufmachen kann, hat ihn der Vater bereits in die Arme genommen und küßt ihn. Die Liebe des Vaters ist bedingungslos!

Aber wird nicht der Sohn gerade angesichts dieser bedingungslosen Liebe merken, wie sehr er sich versündigt hat? Kann er wirklich so tun, als wäre nichts geschehen? Kann er wirklich so tun, als hätte er das ihm anvertraute Gut nicht verpraßt, als hätte er seinem Vater nicht das Herz gebrochen? Tut es ihm wirklich kein bißchen leid?

Kein Wort fällt uns schwerer als das Wort »verzeih mir«. Und doch glaube ich, daß erst dieses Wort – nicht von *Gott* her, sondern von *uns* her – den »Kanal« richtig öffnet. Was wäre gewesen, wenn der Vater den Sohn in die Arme genommen und geküßt hätte, aber der Sohn hätte nie »verzeih mir« gesagt? Von *Gott* her wäre alles offen gewesen, aber im Sohn wäre eine Blockade geblieben! Alles Christsein fängt darum mit einem Schuldbekenntnis an, und zwar nicht, weil ein strenger Gott es so verlangt, sondern weil in uns selbst die Blockaden und Hindernisse aufrechterhalten bleiben, wenn wir sie nicht selbst herunterreißen und sagen: »Verzeih mir bitte.« Das echte, tief empfundene Schuldbekenntnis ist der sicherste Indikator, daß sich an unserer Beziehung zu Gott etwas grundlegend geändert hat.

Dazu kommt: Der Sohn erwartet von Gott keine bevorzugte Behandlung. Er stellt, anders als am Anfang der Geschichte, keinerlei Ansprüche an den Vater. Er möchte nur in seiner Nähe sein, weil er sich in seinem Einflußbereich Leben verspricht, Leben im Vollsinne. Und weil er weiß, daß er darauf keinen Anspruch hat, daß er alle etwaigen Ansprüche darauf verwirkt hat, ist er bereit, für dieses Leben zu arbeiten. Er ist bereit, sich die Sache etwas kosten zu lassen. Ja, er ist bereit, nahezu *alles* dafür zu tun. Er kommt nach Hause und leistet einen Offenbarungseid: »Vater, mach aus mir, was du willst, aber mach was aus mir.«

Die Umkehr des verlorenen Sohnes:

- Er sucht die Schuld bei sich selbst.
- Er geht konkrete Schritte in den Wirkungsbereich des Vaters.
- Er bekennt seine Sünde.
- Er stellt keine Ansprüche an Gott.
- Er ist bereit, etwas für das neue Leben zu investieren.
- Er lebt fortan sein Leben aus der Beziehung zu Gott heraus.

Die Umkehr des verlorenen Sohnes läßt sich in verschiedene, sehr gut nachvollziehbare Schritte gliedern. Sie alle beschreiben die *menschliche* Seite der Versöhnung. Wir müssen aber wissen, daß das alles überhaupt nichts bringen würde, wenn *Gott* nicht seinerseits die entscheidenden Schritte täte und die befreienden Worte spräche. Darum heißt es auch in Vers 24 nicht: »Mein Sohn hat mich wiedergefunden«, sondern scheinbar ganz im Gegensatz zu der Geschichte selbst: »Er ist wiedergefunden worden.« Nicht so sehr gefunden zu haben, sondern vielmehr gefunden worden zu sein macht das Christsein aus. So läuft der Vater dem Sohn schon von weitem entgegen, schließt ihn in seine Arme und gibt ihm neue Kleider anstelle der verschmutzten und steckt ihm den Siegelring an als Zeichen der erneuten Vollmachtsübertragung: Für den Sohn beginnt nicht weniger als ein neues Leben.

Alles in allem wird man sagen müssen: Die Beziehung zwischen Vater und Sohn ist am Ende der Geschichte gereift, sie ist tiefer geworden. Daraus haben viele Leute geschlossen: Also war der Sündenfall notwendig. Doch stimmt das wirklich? Theo Lehmann fragt in einer Predigt: »Mußt du erst einen Krieg mitgemacht haben, um zu wissen, daß Krieg schrecklich ist? Hat irgendeiner von euch schon mal eine Flasche Rizinusöl ausgesoffen, bloß um hinterher aus eigener

Erfahrung bestätigen zu können, daß man da Durchfall kriegt?« – Der junge Mann, als er bei den Schweinen sitzt, sagt darum nicht: »Jetzt bin ich ein erfahrener, gereifter, kluger Mann.« Sondern er sagt: »Ein Idiot bin ich gewesen, verzeih mir.«[22]

Muß man sich wirklich erst von Gott gelöst haben, um ihn lieben zu können? Muß man wirklich erst bei den Schweinen gelandet sein, um Sehnsucht nach Gott zu verspüren? Die Sünde hat namenloses Elend über diese Welt und auch über Gott gebracht: Wäre das wirklich nötig gewesen? Hätte es nicht auch andere Wege gegeben, um zu einem bewußten, gereiften, liebenden Verhältnis zu Gott zu kommen?

Die Frage ist müßig. Wir stehen woanders. Wir *sind* diese Wege gegangen. Vielleicht haben wir Schiffbruch erlitten dabei, vielleicht aber auch nicht. Wie dem auch sei – alles kommt darauf an, daß wir in uns gehen und wie der junge Mann uns vornehmen: *»Ich will mich aufmachen und zu meinem Vater gehen und zu ihm sagen: Vater, ich habe gesündigt gegen den Himmel und vor dir.* Herr, mach aus mir, was du willst, aber mach was aus mir.«

Praktische Übung:

Die folgende Liste von 40 Titeln des Neuen Testamentes für Jesus ist keineswegs vollständig! – Suchen Sie sich den Titel aus, der Ihnen nach Ihrem momentanen Stand der Erkenntnis den besten Zugang zu Jesus verschafft, und lesen Sie die angegebene Stelle vielleicht einmal im Zusammenhang nach! Reden Sie mit anderen, die dieses Buch auch lesen, darüber. Und sprechen Sie Jesus vielleicht einmal mit dem von Ihnen gewählten Titel an. Nehmen Sie sich zehn Minuten Zeit und wiederholen Sie immer nur diesen einen Satz: »Jesus – mein Bruder« (wenn Sie sich für den Titel unter der Nr. 5 entschieden haben). Oder: »Jesus – mein Freund« (wenn Sie Titel Nr. 10 bevorzugen).

Egal, für welchen Titel beziehungsweise welches Bild Sie sich anfangs entscheiden: Er wird immer nur ein Einstieg sein, ein Fuß in der Tür. Ihr Jesusbild wird sich mit der Zeit wandeln. Wie immer unser Zugang zu Jesus auch aussehen mag: Er bleibt hinter dem Geheimnis der Person Jesu zurück. Aber es ist wichtig, daß Sie den Faden aufnehmen und Ihr – wie auch immer geartetes – Verhältnis zu Jesus mittels eines biblischen Bildes oder Titels, mittels einer Anrede einmal nach dem derzeitigen Stand Ihrer Erkenntnis[23] auf den Punkt bringen.

40 Titel Jesu

1. A und O (= Anfang und Ende, Offenbarung 1,8)
2. Arzt (Matthäus 9,12)
3. Bräutigam (Johannes 3,29)
4. Brot des Lebens (Johannes 6,35)
5. Bruder (Hebräer 2,11)
6. Ebenbild Gottes (Kolosser 1,15)
7. Eckstein (Epheser 2,20)
8. Erstgeborener der Schöpfung (Kolosser 1,15)

9. Erstgeborener von den Toten (Offenbarung 1,5)
10. Freund (Johannes 15,15)
11. Fürst des Lebens (Apostelgeschichte 3,15)
12. der Gerechte (1. Petrus 3,18)
13. Haupt der Gemeinde (Epheser 1,22; 5,23)
14. der Heilige Gottes (Johannes 6,69)
15. der Herr (2. Korinther 4,5)
16. der gute Hirte (Johannes 10,11)
17. der Hohepriester (Hebräer 4,15)
18. Immanuel (= Gott mit uns; Matthäus 1,23)
19. Knecht Gottes (Apostelgeschichte 3,13)
20. König (Johannes 19,3)
21. das Leben (Johannes 11,25)
22. Licht der Welt (Johannes 8,12)
23. Meister (= Lehrer; Johannes 13,13)
24. Menschensohn (Apostelgeschichte 7,56; vgl. Daniel 7,13)
25. Messias (hebr. für Christus = Gesalbter; Matthäus 16,16)
26. Mittler zwischen Gott und Mensch (1. Timotheus 2,5)
27. Opferlamm (Johannes 1,29)
28. Prophet (Johannes 6,14)
29. Rabbi (= Lehrer der Schrift; Johannes 1,38)
30. Retter der Welt (= Heiland; Johannes 4,42)
31. Sohn Gottes (Galater 4,4)
32. Sündopfer (2. Korinther 5,21)
33. die Tür (Johannes 10,7)
34. die Wahrheit (Johannes 14,6)
35. der Weg zu Gott (Johannes 14,6)
36. der Weinstock (Johannes 15,1)
37. die Weisheit (1. Korinther 1,30)
38. das Wort (Johannes 1,14)
39. der treue Zeuge (Offenbarung 1,5)
40. der zweite Adam (1. Korinther 15,45)

5. Heiliger Geist – das Kraftfeld Gottes

In diesem Kapitel lesen Sie, daß wir am Vorabend einer neuen Reformation stehen. Die Hoffnung auf eine solche Reformation verbindet sich mit einem Begriff, unter dem sich die wenigsten etwas vorstellen können: nämlich mit dem des Heiligen Geistes. Der Heilige Geist ist für das Neue Testament die konkreteste Gotteserfahrung, die wir überhaupt machen können. Er begabt und bewegt Menschen, er ermöglicht uns eine lebendige Beziehung zu Jesus Christus, und er führt uns zu einer umfassenden Selbsterkenntnis. Menschen, die sich auf den Heiligen Geist einlassen, kommen nicht ohne Kirche aus, sie sind aber gleichzeitig auch die schärfsten Kritiker dieser Kirche. Ich werde Ihnen drei Kennzeichen lebendiger Gemeinde nennen, Sie aber auch in Ihren Erwartungen bremsen: Kirche war von Anfang an auch nicht annähernd perfekt.

Die neue Reformation

Laut der bereits erwähnten Spiegel-Umfrage von 1992[1] haben die beiden Großkirchen in Westdeutschland in 25 Jahren rund 4,7 Millionen Mitglieder verloren, das sind so viele Menschen, wie Rheinland-Pfalz und das Saarland Einwohner haben. Rund 14 % der verbleibenden Mitglieder tragen sich überdies ernsthaft mit dem Gedanken, aus der Kirche auszutreten. Das Bild verdüstert sich noch, wenn man die Zahlen aus dem Osten Deutschlands hinzuzieht, und ein Ende dieser Entwicklung ist derzeit nicht abzusehen.

Der Rückgang im Gottesdienstbesuch ist nicht minder dramatisch: Es gibt bereits jetzt mehr Konfessionslose als regelmäßige Kirchgänger. Der Gottesdienstbesuch im evangelischen Bereich beläuft sich vor allem im großstädtischen Bereich auf kaum mehr als 3 % der eingetragenen Mitglieder, auch hier sind die Zahlen weiter rückläufig.

»Die meisten Deutschen sind zu neuen Heiden geworden, ohne dem verlorengegangenen Glauben nachzutrauern«, konstatiert der »Spiegel«. »Nicht Empörung, sondern Gleichgültigkeit hat die Kirchen um ihre Gefolgschaft gebracht. Wie sie von den meisten nie geliebt wurden, werden sie nun auch von den meisten nicht gehaßt. Sie sind aus dem Leben des typischen Deutschen verschwunden wie eine alte Tante, mit der es den einen oder anderen Kontakt gab und die eines Tages ausblieb, ohne daß es noch sonderlich auffiel.«[2]

Die Konsequenzen lassen nicht auf sich warten: Immer mehr »Filialen« werden geschlossen, Personal wird abgebaut, Kirchengebäude werden als Museen, ja manchmal sogar als Lagerhallen genutzt. Es gibt einzelne mutmachende Ausnahmen, aber gesamtkirchlich gesehen muß man konstatieren, daß das Angebot der Kirche von immer weniger Leuten als relevant empfunden wird, obwohl die Anstrengungen seitens der Kirche nicht geringer, sondern größer werden.

Auch wenn man der Überzeugung ist, daß es nicht das Christentum *an sich* ist, das ausgedient hat, so ist doch mit Händen zu greifen, daß zumindest eine ganz bestimmte *Form* des Christentums die Menschen heute nicht mehr erreicht. Darum ist mit Recht behauptet worden, daß wir heute vor einem fundamentalen Paradigmenwechsel innerhalb der Kirche stehen. Die heutige Situation erfordert nicht mehr und nicht weniger als eine neue Reformation, und über diese wird bereits ernsthaft und intensiv nachgedacht.[3]

Lassen Sie mich dazu ein Bild entwickeln, dessen ökologische Implikationen mir mehr als fraglich erscheinen, dessen Bedeutung auf der übertragenen Ebene aber deutlich werden müßte: Ein Bauer am Rande der texanischen Wüste trägt sich mit dem Gedanken, sein Land zu verkaufen. Er hat sich jahrelang abgerackert, er hat Kartoffeln gepflanzt und Radieschen, er hat geschuftet und gegraben, er hat versucht, Vieh zu züchten – aber er kommt auf keinen grünen Zweig. Immer unwirtschaftlicher ist sein Land im Laufe der Jahre geworden. Und so hat er die Hoffnung aufgegeben. Er hat diesem Land wohl zuviel zugetraut.

Eines Tages besucht ihn ein Freund, und dem klagt er sein Leid. Er erzählt ihm von seinen Hoffnungen, die er einmal gehabt hat, und von seiner schleichenden Enttäuschung über die Mühe und die Fruchtlosigkeit des Bodens, die ihn an den Rand der Resignation gebracht haben. Da sagt sein Freund: »Ich glaube, du machst einen Fehler. Du konzentrierst dich viel zu sehr auf die herkömmlichen Methoden und Wege. Dafür aber ist dein Land wirklich nicht gut. Dafür ist es auch nicht da. Der Aufwand, den du so betreibst, steht in keinem Verhältnis zu dem Ertrag. Ich mache dir einen Vorschlag: Versuche mal etwas ganz anderes! Nimm dir eine Planierraupe und einen Trupp Arbeiter, und dann schieb' Wohnhaus, Scheune, Beete, alles zusammen, und statt dessen errichte Bohrtürme, geh' wirklich in die Tiefe und schaue aus nach Öl! So, wie dein Boden beschaffen ist, könnte ich mir vorstellen, daß sich unter deinem Land ein unermeßlicher Ölvorrat verbirgt, ohne daß du etwas davon ahnst.«

Was für ein Vorschlag! Ob der Bauer wohl den Mut hat, darauf einzugehen? Fest steht: Wenn sein Freund recht hat, dann schlummert im Untergrund des bisher von ihm bearbeiteten Ackers ein ungeahnter Reichtum, eine ungeahnte Energie. Freilich müßte der Bauer, um an diesen Reichtum und an diese Energie heranzukommen, sich die Kritik gefallen lassen, daß der ganze Riesenaufwand, den er über lange Jahre betrieben hat, in die falsche Richtung ging. Er müßte noch einmal ganz von vorne beginnen. Er müßte sich dazu eine neue *Perspektive* aneignen und sich auf neue *Methoden* einlassen. Und er ginge ein hohes Risiko ein: Denn wenn die Planierraupe ihr Werk getan hat und die Bohrtürme errichtet sind, gibt es für ihn kein Zurück mehr. Noch einmal: Ob er wohl den Mut dazu hat? Ob er die Tatkraft dazu noch einmal finden wird?

Ich glaube, daß wir heute in der Kirche vor einer ganz ähnlichen Frage stehen. Der Gedanke, gleichsam mit der Planierraupe noch einmal ganz von vorne anzufangen, ist für viele Menschen ein Schock. Der Gedanke an eine grundlegende Reformation der Strukturen trifft nicht nur auf die Skepsis derer, die sich von der Kirche nichts mehr versprechen, sondern auch und gerade auf erheblichen Widerstand innerhalb der Kerngemeinden. Soll denn das, was man die ganzen Jahre über betrieben hat, mit einemmal wertlos gewesen sein? Kann man nicht auf einige recht ansehnliche »Erfolge« verweisen?

Fest steht jedoch: Wenn, im Bild gesprochen, da unten wirklich »Öl« liegt, dann wird uns weder ein verbessertes Marketingkonzept aus der gegenwärtigen Krise helfen noch ein vermehrtes Schulungsangebot für professionellen Radieschenanbau und Kartoffelverarbeitungstechniken. *Wenn* da unten wirklich »Öl« liegt, ist eine grundlegende Erneuerung unserer Kirche nötig. Dann müssen alle Aktivitäten innerhalb der Kirche, die sich nicht direkt oder indirekt auf die »Ölförderung« und »-verarbeitung« beziehen, so verdienstvoll sie in der Vergangenheit auch gewesen sein mögen, einer grundlegenden Kritik unterzogen werden. Man kann mit der Spitzhacke nun einmal nicht nach Öl bohren. Da nutzen auch keine vermehrten Anstrengungen in die gleiche Richtung, sondern es bedarf einer grundlegenden *Neuorientierung*, wo wir als Kirche eigentlich hinwollen, und eines umfassenden Methodenwechsels. Die Kirche wird sich bei jeder einzelnen Aktivität fragen müssen, ob diese nicht vielleicht vom Eigentlichen ablenkt oder ihm sogar im Weg steht. Und dieser Prozeß birgt in sich ein enormes Konfliktpotential.

Es ist meine feste Überzeugung: Im Untergrund des Christentums schlummert eine geradezu unglaubliche Energie.

Freilich ahnen oft die Christen selbst nicht einmal mehr etwas davon. Und die Leute um sie herum wissen erst recht nicht um dieses »Öl« – woher auch? Das Erscheinungsbild der Christenheit ist weithin von Müdigkeit und Kraftlosigkeit geprägt. Die Menschen empfinden Kirche als langweilig und irrelevant, als altmodisch und gesetzlich. Mag sein, daß dieses Urteil ungerecht ist, aber Sie werden heute kaum jemanden finden, der sich in einem Assoziationstest unter einem Christen spontan einen »lockeren, humorvollen, energiegeladenen und interessanten Menschen mit hoher Relevanz« vorstellt. Ich meine, daß das Gründe hat.

Und ich meine auch, daß nicht nur diese Kritiker, sondern daß *Jesus selbst* sich seine Christenheit anders vorgestellt hat. Er hatte den Menschen, die an ihn glauben, ein »Leben in Fülle« verheißen.[4] Daß viele Christen und die Menschen um sie herum das so nicht erleben, liegt daran, daß sie auf eine Ressource nicht zurückgreifen, die Jesus ihnen versprochen hatte und ohne die die gesamte christliche Anstrengung im Sande verlaufen muß: nämlich den »Heiligen Geist«.

Der Heilige Geist ist die Antwort Gottes auf die Dürre in dieser Welt, in unserem persönlichen Leben und im Leben der Gemeinde. Jesus sprach davon, daß dieser Geist in Strömen von denen ausgehen werde, die an ihn glauben.[5] Aber anstatt daß »Ströme lebendigen Wassers« von uns Christen ausgehen, »tröpfelt« es bestenfalls. Wer weiß noch etwas von der ungeheuren Dynamik, von den verborgenen Schätzen des Christenlebens, wer weiß noch etwas davon, daß Energie in ungeahnter Fülle vorhanden ist, genug für uns und für andere?

Der Heilige Geist ist eine Energie, die wir bislang nicht einmal andeutungsweise angezapft haben. Der Heilige Geist ist für viele ein ziemlich dürres und uninteressantes Randproblem, mit dem sie nicht viel anzufangen wissen. Es geht ihnen wie dem Bauern, der kurz vor der Aufgabe steht und der sagt: »Jetzt soll ich auch noch nach Öl bohren? – Als ob ich nicht schon genug zu arbeiten hätte!« Sie können sich nicht vorstellen, daß ihnen dieses Thema irgend etwas zu sagen, daß ihnen der Heilige Geist irgend etwas zu bieten hätte. Für sie ist der Heilige Geist der Inbegriff des Schwammigen und Unkonkreten.

Dabei haben wir sowohl für das Überleben der Kirche als auch für unser persönliches Christsein nichts so sehr nötig wie den Heiligen Geist. In der Bibel, namentlich im Neuen Testament, ist der Heilige Geist im genauen Gegensatz zu unserer landläufigen Vorstellung der *Inbegriff des Konkreten.* Der Heilige Geist ist kein Randthema der christlichen Dogmatik, sondern er ist die lebendige, befähigende und uns in Bewegung setzende Gegenwart Gottes. Der Heilige Geist ist eine spürbare, erschütternde, lebensverändernde Kraft.

Der Heilige Geist ist geradezu gefährlich konkret. Man weiß nicht, welchen Stein man damit lostritt, wenn Menschen sich in dieses Kraftfeld Gottes hineinbegeben. Ich könnte mir vorstellen, daß nicht wenige Leute innerhalb wie außerhalb der Kirche ein massives Interesse daran haben, diesen Geist in der Flasche zu lassen. John Wesley, der Begründer der Methodistenkirche, hat einmal gesagt: »Gebt mir zwölf Leute, die den Herrn Jesus von ganzem Herzen lieben und die nichts außer der Sünde fürchten – und ich werde die Welt auf den Kopf stellen.« Genau damit müssen wir rechnen, wenn Menschen sich auf den Heiligen Geist einlassen.[6]

Wir werden die Welt allerdings nicht auf den Kopf stellen, wenn wir nicht bei unseren *Gemeinden* den Anfang machen. Meine Erfahrung ist, daß viele Pfarrer und Gemeinden sich auf den Gedanken einer neuen Reformation nur sehr zögernd einlassen. Wer so etwas heute in der Kirche verkündet, muß sich in der Regel sehr warm anziehen. Er wird erhebliche Kritik aus den eigenen Reihen erfahren: Schwarzmalerei wird man ihm vorwerfen und Hochmut, Nestbeschmutzung und Rücksichtslosigkeit.

Es ist allerdings meine feste Überzeugung: Wenn wir uns schon nicht durch die *Bibel* belehren lassen, so wird es der weiter voranschreitende Schwund von Kirchenmitgliedern, Gottesdienstbesuchern und Finanzmitteln sein, der uns dazu zwingen wird, vieles von dem umzupflügen, was wir einmal unter »Kirche« verstanden haben. Spätestens dann werden wir notgedrungen entdecken, daß uns das Land trotz aller Früchte, die wir in der Vergangenheit auf diese Weise geerntet haben, gar nicht zum Beackern gegeben wurde. Allerdings werden sich bis dahin viele von denen zurückgezogen haben, die heute noch bereit wären, einen grundlegenden Neuanfang zu wagen.

Der Heilige Geist – wer ist das eigentlich?

Ich habe gesagt, daß der Heilige Geist für das Neue Testament etwas ausgesprochen Konkretes ist. Vielleicht hat Sie diese Aussage erstaunt. Die meisten Menschen haben ein Bild davon, wer *Gott* ist. Sie haben auch ein Bild davon, wer *Jesus Christus* war beziehungsweise wer er dem christlichen Bekenntnis nach ist. Die Lehre vom *Heiligen Geist* hingegen ist den meisten Menschen ein Buch mit sieben Siegeln.

Selbst das apostolische Glaubensbekenntnis scheint diese Verlegenheit widerzuspiegeln. In seinem ersten Teil sagt es: Gott ist der *Vater*, der Schöpfer, von dem wir alle herkommen. In seinem zweiten Teil wird uns Gott, der *Sohn* vorgestellt: eine konkrete Person, Jesus Christus, eingebettet in einen bestimmten historischen Kontext. Im dritten Teil wird nun Gott, der *Heilige Geist* eingeführt. Aber statt nun, wie eigentlich zu erwarten wäre, davon zu reden, wer das ist und was wir uns darunter vorzustellen haben, ist im folgenden nur noch die Rede davon, was Gott in und unter den Menschen bewirkt: Es ist die Rede von der Kirche, der Gemeinschaft der Heiligen, der Vergebung der Sünden sowie der

Auferstehung der Toten.[7] Über den Heiligen Geist selbst, so scheint es, werden wir nicht weiter informiert. Diese Verlegenheit hat etwas mit dem Wesen des Heiligen Geistes zu tun, denn der *Heilige Geist ist Gott, insofern er auf die Menschen einwirkt.* Man kann vom Heiligen Geist nicht reden, ohne gleichzeitig von den Menschen zu reden, auf die er einwirkt. *Die Rede vom Heiligen Geist markiert die Schnittstelle, in der das Reden von Gott und das Reden vom Menschen in eins fallen.* Ich werde gleich darauf zu sprechen kommen.

Hinter allen drei Artikeln des Glaubensbekenntnisses steht eine jeweils andere Gotteserfahrung beziehungsweise ein anderes Lebensgefühl. Gott wird auf verschiedenerlei Weise erfahren. Es ist nur *ein* Gott, aber er begegnet dem Menschen in dreierlei Gestalt.

In seinem ersten Artikel redet das Glaubensbekenntnis davon, daß Gott der ist, der alles geschaffen hat, auf den hin wir geschaffen sind und zu dem wir eines Tages zurückkehren werden. Der Vater ist sozusagen der GOTT ÜBER UNS.

Das Glaubensbekenntnis bekennt in seinem zweiten Artikel die Person Jesu von Nazareth als den *Sohn Gottes*, dessen Lehren und vor allem dessen Schicksal uns die Liebe Gottes offenbart hat. Der Sohn ist der Gott an unserer Seite, ist GOTT BEI UNS.

Im dritten Teil des Glaubensbekenntnisses wird Gott schließlich als eine Kraft bekannt, die Menschen zur Gemeinschaft der Kirche zusammenschweißt, die ihnen Vergebung der Sünden vermittelt und den Tod überwindet. Der Heilige Geist ist die in uns und unter uns wirkende Kraft Gottes. Ohne den Heiligen Geist gäbe es keine lebendige Gotteserfahrung. Der Heilige Geist ist der GOTT IN UNS.

Ein altes Bild vergleicht diese Dreifaltigkeit Gottes mit der Sonne: Gott-Vater als der glühende *Stern* über uns, von dem alles ausgeht, Gott der Sohn als die *Strahlen*, die zu uns Menschen herübergreifen, Gott der Geist als das hiervon ausgehende Kraftfeld, als *das Licht und die Wärme*, die wir

Menschen spüren und die ein wesentlicher Bestandteil unseres eigenen Lebens sind.

Die sogenannte Dreieinigkeits- oder Trinitätslehre ist eine gedankliche Ableitung aus dieser dreifachen Erfahrung Gottes, wie sie uns in der Bibel bezeugt wird. Man täte besser daran, diesen *Erfahrungen* nachzuspüren, statt sich über deren Ableitungen, auf die die Bibel wohlweislich verzichtet, zu streiten.[8] Statt Gott auf eine gelungene Formel bringen zu wollen, sollte unsere Sprache lieber mehr von der Vielfalt dessen zeugen, wie Gott in der Geschichte handelt und wie er dort erfahren werden kann.

Das Glaubensbekenntnis beziehungsweise die Trinitätslehre spiegelt eine dreifache Erfahrung wider, die der Mensch mit dem *einen* Gott macht. Man muß über den *einen* Gott, wenn man wenigstens halbwegs sachgemäß über ihn reden will, immer *drei* Aussagen machen, die sich gegenseitig in der Schwebe halten, die sich ergänzen und auslegen und von denen keine vereinseitigt werden darf: Gott ist nicht nur über uns, er ist nicht nur neben uns, er ist nicht nur in uns. Er ist alles in einem.

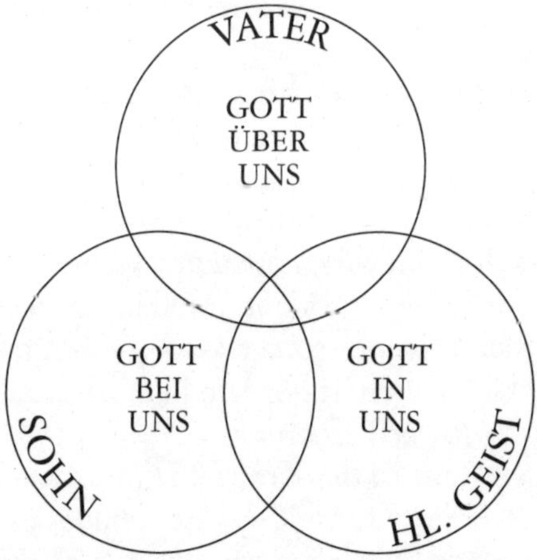

Diese dreifache Erfahrung Gottes prägt auch das christliche Gebet. Jesus, der menschgewordene Gott, steht in einer ganz bestimmten Weise neben mir und wird immer an meiner Seite stehen. Zu ihm, meinem Bruder, bete ich anders als zu Gott, dem Schöpfer und Vater über mir. Wahrscheinlich die wenigsten von Ihnen werden zum Heiligen Geist beten, obwohl das auch möglich ist. Und es ist wieder ein anderes Lebensgefühl, das mich beten läßt: Heiliger Geist, durchdringe mich und gestalte mich von innen heraus neu.[9]

Vom Heiligen Geist reden heißt, vom Einfluß Gottes auf uns Menschen zu reden. Insofern ist der Heilige Geist geradezu der für den Menschen relevanteste, zumindest aber der am konkretesten erfahrbare »Teil« Gottes. Der Heilige Geist ist Gott, insofern er vom Menschen Besitz ergreift, ihn von innen heraus umgestaltet und verwandelt. Der Heilige Geist ist das auf uns Menschen wirkende »Kraftfeld« Gottes.

Wenn wir vom Heiligen Geist reden, sprechen wir also von Gott, insofern er auf Menschen einwirkt. Wo Gott etwa zu einem Menschen spricht oder an ihm handelt, wo ein Mensch diesen Gott in seinem Leben erfährt und ihn an sich wirken läßt – da ereignet sich »Heiliger Geist«.

Hier legt sich freilich ein Mißverständnis nahe, als sei der »Gott in uns« eine ausgesprochen private und persönliche Angelegenheit. Das genaue Gegenteil ist richtig. Der Heilige Geist, wie ihn die Bibel beschreibt, wirkt an einzelnen Menschen immer so, daß er sie aufeinander bezieht und zu einer Gemeinschaft zusammenfügt. Er wirkt vorzugsweise an mehreren Menschen zusammen, beziehungsweise *wenn* er an einer Einzelperson wirkt, dann geschieht dies *für* andere. Darum wird der Satz »Ich glaube an den Heiligen Geist« im Glaubensbekenntnis auch sofort weitergeführt mit den Worten über die Gemeinschaft der Kirche. Der Heilige Geist ist eine *gemeinschaftliche* Erfahrung.

Der Heilige Geist ist das Kraftfeld Gottes, und wo immer Menschen in dieses Kraftfeld geraten, bildet es Strukturen aus, und diese Strukturen nennen wir *Kirche*. Es geht nicht ohne diese Strukturen, es geht nicht ohne Kirche. Allerdings steht vieles, was wir als »Kirche« kennengelernt haben, nicht

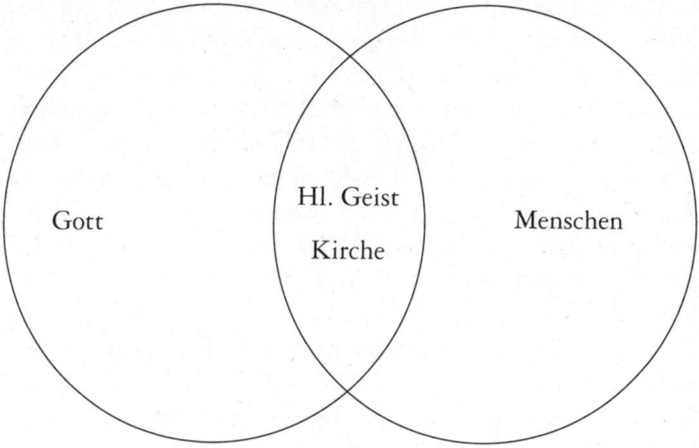

unter der alleinigen Krafteinwirkung Gottes – auch *andere* Kraftfelder haben mehr oder minder stark auf sie eingewirkt. Ich werde darauf noch zurückkommen. Nicht überall, wo Kirche ist, ist Kraftfeld Gottes. Aber umgekehrt gilt: Wo der Heilige Geist wirkt, geraten Menschen in das Kraftfeld Gottes, und es bildet sich von selbst so etwas wie eine Gemeinde beziehungsweise eine Kirche.

Wie sollte es auch anders sein? Der Mensch ist für biblisches Denken wesentlich Mit-Mensch. Er ist zur Mit-Menschlichkeit und zur Liebe bestimmt. Nicht einmal *sündigen* kann er, ohne daß das Zusammenleben mit den andern davon geprägt wird. Er kann auch nicht für sich alleine *glauben* oder *Christ sein* wollen. Religion, die wir gern für das Privateste halten, hat immer auch diese soziale Dimension, sonst kann sie sich nicht auf die Bibel berufen. Jesus ist nicht gekommen, um das »religiöse Individuum« einige Dinge über Gott zu lehren, sondern er hat eine konkrete Gemeinschaft ins Leben gerufen.

Diese Gemeinschaft braucht allerdings den ständigen lebendigen Kontakt mit Gott im Heiligen Geist, sonst verfehlt sie ihren Sinn. Vielleicht kennen Sie den Satz: »Jesus hat den

Leuten das Reich Gottes gepredigt – was aber kam, war die Kirche.« Dieser Satz ist das Resultat der weithin mangelnden »Geistesgegenwart« der Kirche.

Der 1972 verstorbene orthodoxe Patriarch Athenagoras sagte: »Ohne den Heiligen Geist ist Gott fern, bleibt Christus Vergangenheit, ist das Evangelium ein toter Buchstabe, die Kirche ein bloßer Verein, die Autorität eine Herrschaftsform, die Mission Propaganda, die Liturgie eine Geisterbeschwörung und das christliche Leben eine Sklavenmoral.« Dieser Satz bringt geradezu schmerzhaft auf den Punkt, wie es um die Situation des Christentums bestellt ist, wenn es sich nicht vom Heiligen Geist durchdringen läßt. Die Kirche als solche ist also keineswegs über alle Kritik erhaben. Ohne den Heiligen Geist ist ihr ganzes Tun und Reden eine Sache von äußerster Fragwürdigkeit, ja eine zum Sterben verurteilte Angelegenheit. Unter Berufung auf den Heiligen Geist werden Menschen darum immer *beides* tun: Sie werden Gemeinde beziehungsweise Kirche bauen, sie werden aber auch gleichzeitig die schärfsten Kritiker der Kirche sein. Die Geistausgießung zielt auf Kirche, zielt auf konkrete gemeinschaftliche Strukturen unter den Gläubigen. Aber Kirche legitimiert sich nicht dadurch, daß sie Kirche ist, sondern allein dadurch, daß sie in ständigem lebendigen Kontakt mit Gott durch den Heiligen Geist bleibt.

Wie aber sieht das konkret aus? Um diese Frage zu beantworten, möchte ich im folgenden den Bericht von der Ausgießung des Heiligen Geistes bedenken, die sogenannte Pfingstgeschichte aus dem zweiten Kapitel der Apostelgeschichte. In diesem Kapitel werden verschiedene Wirkungen des Heiligen Geistes beschrieben, deren Bedeutung für das Wesen der Kirche und des Christen kaum unterschätzt werden kann:

Wirkungen des Heiligen Geistes nach Apostelgeschichte 2:

- Der Heilige Geist bewegt und begabt Menschen zum Dienst.
- Der Heilige Geist macht uns »gleichzeitig« mit einem Bibelwort und konfrontiert uns vor allem mit der Person Jesu.
- Der Heilige Geist überführt Menschen von Sünde und führt einen Bruch mit der Vergangenheit herbei.
- Der Heilige Geist schließt Menschen zu einer lebendigen Gemeinschaft zusammen.

Der Heilige Geist bewegt und begabt

(Apostelgeschichte 2,1–13)

Der Anfang der Pfingstgeschichte ist vergleichbar mit der Situation, die weithin unsere Kirche kennzeichnet. Da ist ein gewisser Zusammenhalt, da sind gewisse gemeinsame Erinnerungen und Traditionen, vielleicht auch gemeinsame Hoffnungen, aber keinerlei Dynamik, keinerlei Ausstrahlung und Wirkung nach außen, kein Heiliger Geist! Die Jünger sitzen einfach zusammen; sie erinnern sich und beten und hoffen.

Und als der Pfingsttag gekommen war, waren sie alle an einem Ort beieinander. Und es geschah plötzlich ein Brausen vom Himmel wie von einem gewaltigen Wind und erfüllte das ganze Haus, in dem sie saßen. Und es erschienen ihnen Zungen zerteilt, wie von Feuer; und er setzte sich auf einen jeden von ihnen, und sie wurden alle erfüllt von dem Heiligen Geist und fingen an, zu predigen in andern Sprachen, wie der

Geist ihnen gab auszusprechen. Es wohnten aber in Jerusalem Juden, die waren gottesfürchtige Männer aus allen Völkern unter dem Himmel. Als nun dieses Brausen geschah, kam die Menge zusammen und wurde bestürzt; denn ein jeder hörte sie in seiner eigenen Sprache reden. Sie entsetzten sich aber, verwunderten sich und sprachen: Siehe, sind nicht diese alle, die da reden, aus Galiläa? Wie hören wir denn jeder seine eigene Muttersprache? Sie entsetzten sich aber alle und wurden ratlos und sprachen einer zu dem andern: Was will das werden? Andere aber hatten ihren Spott und sprachen: Sie sind voll von süßem Wein.

Der Heilige Geist ist eine Macht, die von Menschen Besitz ergreift und sie von Grund auf verändert. Diese Menschen können plötzlich Dinge, die sie vorher nicht konnten. Sie sagen plötzlich Worte, die – obwohl Worte an sich das gar nicht können! – Gott »transportieren«. Die Jünger, die den Heiligen Geist erfahren, stehen mit einemmal in Flammen, sie sind gepackt wie von einem Sturm.[10] Eine elementare Gewalt hat von ihnen Besitz ergriffen, vergleichbar mit Naturgewalten, nur *noch* stärker – und doch unendlich viel sanfter, denn hinter dieser Macht steht keinerlei Zwang. Sie ergreift nur *die* Menschen, die sich für sie öffnen.

Die Jünger werden von etwas erfaßt, dessen sie nicht Herr sind. Sie erleben eine Begeisterung, die geradezu rauschhaft ist. Für jemanden, der außen steht und das beobachtet, ist diese Begeisterung nur schwer faßbar. Den Leuten damals fehlten sämtliche Kategorien, um dieses Geschehen einzuordnen. Für *betrunken* hielt man die Jünger, auf jeden Fall erschien die ganze Sache den Leuten nicht gerade seriös.[11]

Und irgendwo kann man das auch verstehen. Menschen können sich bekanntlich für die dümmsten und leider auch für die schlimmsten und gefährlichsten Dinge begeistern. Bloße Faszination und Begeisterung ist noch nicht unbedingt ein Ausweis des Göttlichen, es ist vielmehr eine durch und durch *menschliche* Angelegenheit, erregend, aber auch sehr gefährlich; namentlich wir Deutschen sind da gebrannte Kinder und darum mit Recht sehr zurückhaltend.[12]

Die Tatsache, daß ein Mensch begeistert ist, sagt noch nichts über den Charakter jener Mächte und Gewalten aus, die ihn in Begeisterung versetzen. Außerdem, und auch das gibt zur Nüchternheit Anlaß, hält Begeisterung in der Regel nicht sehr lange an. Wie schnell erlöschen die Strohfeuer unserer Begeisterung, und hernach erscheint alles finsterer als vorher.[13] Darum ist die Bibel, was unsere Begeisterung und unseren frommen Enthusiasmus anbetrifft, zunächst einmal sehr zurückhaltend. Sie fordert uns auf, die Geister zu *prüfen.* Es ist nicht von vornherein gesagt, ob menschliche Begeisterung, auch wenn sie sich fromm gibt, wirklich etwas Heiliges ist.[14] Darum gilt es, genau hinzuschauen und zu unterscheiden, den Dingen sehr nüchtern auf den Grund zu gehen.[15]

Und doch läßt sich nicht daran rütteln, daß der Geist Gottes Menschen *in Bewegung setzt* – und zwar unter Einschluß auch des emotionalen Bereiches. In unserem Text finden sich die beiden Bilder von Feuer und Sturm. Die Jünger werden aufgetaut, durchgerüttelt, in Bewegung gesetzt. Der Glaube spielt sich nicht allein im Kopf ab. Dort mag er bei manchen Menschen vielleicht seinen Anfang finden, aber er muß ins *Herz* dringen, und von dort aus in die Hände und in die Füße. Damit ist der Kopf keineswegs ausgeschaltet, denn es soll ja gerade keine *blinde* Begeisterung und kein blinder Glaube sein, aber lebendiger Glaube ist etwas anderes als Hirnakrobatik.

Der Glaube setzt im *Herzen* an. Das Herz ist für biblisches Denken nicht das *Gefühl*, sondern die Mitte unserer Existenz. Von dort aus strahlt der Glaube aus auf das, was ich denke und sage, auf meine Wege und Handlungen. Glaube heißt: Der *ganze Mensch* wird in Bewegung gebracht – »mit Herzen, Mund und Händen«. Unsere emotionale Begeisterung ist nur ein kleiner Ausschnitt dieser Wirklichkeit, aber sie gehört dazu.

Wenn der Geist Gottes einen Menschen erfaßt, setzt er ihn in Bewegung, seine ganze Existenz wird in diese Bewegung mit hineingenommen. Und weil der Geist den ganzen Menschen in Bewegung setzt, kann man ihn auch nicht nur *genießen* wie ein religiöses Gefühl. Geistgewirkter Glaube ist eine aktive, weltgestaltende Angelegenheit. Der Heilige Geist »ergreift« Menschen, um durch sie auf andere einzuwirken. Dazu gehört, daß der Geist den Jüngern beziehungsweise den Gläubigen mit dieser neuen *Aufgabe* auch ganz bestimmte *Gaben* gibt, die sie vorher noch nicht hatten. Der geisterfüllte Mensch kann plötzlich Dinge, die er vorher nicht konnte. Er bekommt mit dem Heiligen Geist nicht nur einen neuen Lebensauftrag, sondern auch die nötige Ausrüstung dazu.[16]

Das mag auf den ersten Blick erstaunen, aber man muß sehen, daß die Aufgaben, um die es im Christsein geht, durch rein natürliche Gaben nicht zu bewältigen sind. Kein Mensch kann zum Beispiel einen anderen – etwa durch eine noch so ausgefeilte Rhetorik – zum Glauben bringen. Man kann viel bewegen, indem man die Ärmel hochkrempelt und etwas tut – nicht aber Gemeinde Jesu bauen. Auch ein vollmächtiges Wort der Seelsorge oder des Trostes kommt nicht aus *uns* heraus, sondern fällt uns sozusagen »von oben« her zu. Natürliche Gaben können bei diesen Aufgaben assistierend wichtige Hilfestellung leisten. Die prinzipiell »übernatürliche« Art der Gaben des Heiligen Geistes aber entspricht der »übernatürlichen« Art der Aufgabe, Menschen für Gott zu gewinnen und Gottes Liebe in diese Welt hinein sichtbar zu machen.

Die Gaben des Heiligen Geistes sind ein Geschenk, das ich mir nicht erarbeiten kann[17], aber *wenn* ich dieses Geschenk erhalten habe und es bewahren möchte, dann *muß* ich damit arbeiten. Diese Gaben gibt es nicht losgelöst von dem neuen Lebensauftrag. Luther sagt: »Was nicht zum Dienst wird, wird zum Raub.« Eine Gabe, mit der ich nicht arbeite, verkümmert mir unter den Händen. Denn die Gabe ist nicht für mich da, sondern ich bekomme sie für andere. Der Heilige Geist macht uns nicht zu religiösen Endverbrauchern, sondern zu Katalysatoren eines weltverändernden Prozesses.

Man kann sich das Ereignis des Heiligen Geistes wie einen dynamischen Kreislauf vorstellen: Menschen kommen zum Glauben an Jesus, der ihnen geistliche Gaben zum Aufbau seiner Gemeinde schenkt. Die Gemeinde wiederum bezeugt die Botschaft von Jesus vor anderen, und die kommen zum Glauben.

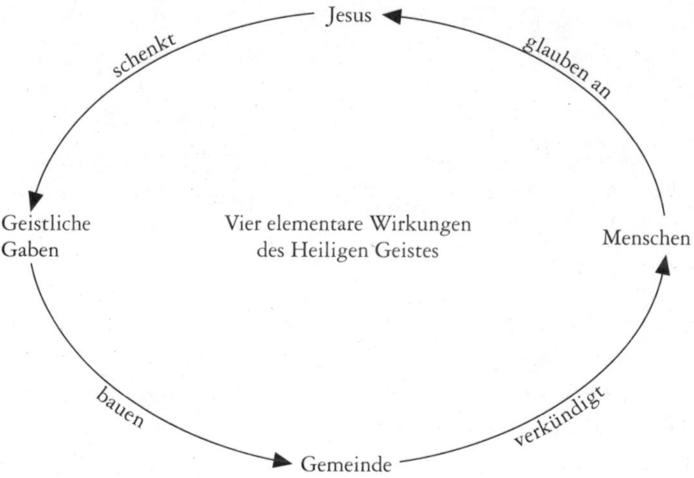

Jeder Christ bekommt für diesen Prozeß *mindestens eine* geistliche Gabe. Viele Christen wissen nichts von ihren geistlichen Gaben, teils, weil man sie nie darüber informiert hat, und teils, weil sie diese Gaben nie konsequent angewandt und ihnen daher keine Möglichkeit zur Entfaltung gegeben haben.[18] Wenn Sie das Geheimnis der Müdigkeit vieler Christen suchen, dann finden Sie hier die Antwort! Sie bauen ihr Christsein und ihre Gemeinde auf ihren eigenen Kräften und Ressourcen auf – kein Wunder, daß sie erlahmen!

Die Frage allerdings ist: *Wollen* wir es überhaupt anders? Wollen wir überhaupt, daß der Heilige Geist uns wie ein Sturm packt, uns in Brand setzt und uns und unsere Gemeinden von Grund auf verwandelt? Gott zwingt sich uns nicht auf. Er bietet uns den Heiligen Geist an. Wir können darum *beten*, und es wird erschreckend sein, wie schnell Gott dieses Gebet erhören wird.[19] Aber seien wir vorsichtig, darum zu beten, denn das Feuer, das Gott schickt, ist nicht domestizierbar, und der Sturm, der uns packen und auf die Welt zutreiben wird, unberechenbar. Wir werden nicht mehr die gleichen sein wie zuvor. Und unsere Gemeinden auch nicht.

Der Heilige Geist konfrontiert uns mit der Person Jesu

(Apostelgeschichte 2,14 ff.)

Da trat Petrus auf mit den Elf, erhob seine Stimme und redete zu ihnen: Ihr Juden, liebe Männer und alle, die ihr in Jerusalem wohnt, das sei euch kundgetan, und laßt meine Worte zu euren Ohren eingehen! Denn diese sind nicht betrunken, wie ihr meint, ist es doch erst die dritte Stunde am Tage; sondern das ist's, was durch den Propheten Joel gesagt worden ist (Joel 3,1–5): »Und es soll geschehen in den letzten Tagen, spricht Gott, da will ich ausgießen von meinem Geist auf alles Fleisch; und eure Söhne und eure Töchter sollen weissagen, und eure Jünglinge sollen Gesichte sehen, und eure Alten sollen Träume haben; und auf meine Knechte und auf meine Mägde will ich in jenen Tagen von meinem Geist ausgießen, und sie sollen weissagen. Und ich will Wunder tun oben am Himmel und Zeichen unten auf Erden . . .«

Ihr Männer von Israel, hört diese Worte: Jesus von Nazareth, von Gott unter euch ausgewiesen durch Taten und Wun-

der und Zeichen, die Gott durch ihn in eurer Mitte getan hat, wie ihr selbst wißt – diesen Mann, der durch Gottes Ratschluß und Vorsehung dahingegeben war, habt ihr durch die Hand der Heiden ans Kreuz geschlagen und umgebracht. Den hat Gott auferweckt und hat aufgelöst die Schmerzen des Todes, wie es denn unmöglich war, daß er vom Tode festgehalten werden konnte ... So wisse nun das ganze Haus Israel gewiß, daß Gott diesen Jesus, den ihr gekreuzigt habt, zum Herrn und Christus gemacht hat.

Der dänische Philosoph Sören Kierkegaard hat einmal gesagt, daß ein Mensch, um glauben zu können, mit der Person Jesu beziehungsweise mit dem Bibelwort überhaupt »gleichzeitig« werden muß. Ich glaube, daß dies das Hauptwerk des Heiligen Geistes ist, diese »Gleichzeitigkeit« herzustellen. *Das* ist das Ereignis des Heiligen Geistes, wenn plötzlich das in der Bibel über *Jesus* Gesagte entdeckt wird als etwas gleichzeitig über *mich* Gesagtes. Vergleichbar mit einem Kind, das in einen Spiegel guckt und sich teils mehr, teils weniger angesprochen fühlt von der Person, die es da zu sehen bekommt, bis es eines Tages die faszinierende Entdeckung macht: Das bin ja ich! Und schlagartig bekommt der Spiegel für das Leben dieses Kindes eine ganz neue Relevanz. *Dann* ereignet sich Heiliger Geist, wenn die Geschichte von Jesus plötzlich *meine* Geschichte wird: meine Geschichte mit Gott.

Da geschieht Heiliger Geist, wo das Bibelwort und vor allem das Wort über Jesus nicht mehr bloße Geschichte, nicht mehr bloße Vergangenheit, nicht mehr bloßer *Text* bleibt, sondern lebendige, feuerflüssige und uns in Beschlag nehmende Gegenwart. Ich *lese* nicht nur, sondern ich *erfahre* plötzlich: Gott ist mein liebender Vater, von dem ich mich losgelöst habe. Plötzlich betrifft es *mich*, wenn ich lese, daß Jesus die Schuld der Menschheit auf sich genommen hat. Und ich nehme es nicht mehr nur intellektuell zur Kenntnis, sondern es geht mir *durch und durch*, daß der Heilige Geist Menschen in Beschlag nehmen und in Bewegung setzen will.

Der Heilige Geist schließt die alten Bibeltexte auf, macht sie zu einem Teil meiner Geschichte beziehungsweise läßt mich zu einem Teil ihrer Geschichte werden. Genauso ergeht es Petrus an Pfingsten. Die Predigt, die ich hier sehr gekürzt wiedergegeben habe, hat eine erstaunliche Wirkung. Über 3000 Menschen, so können wir wenige Verse später lesen, kommen daraufhin zum Glauben. Dies ist um so erstaunlicher, als sich Petrus in der vollständigen Fassung, die Sie in Ihrer Bibel nachlesen können, lang und breit mit alttestamentlichen Texten auseinandersetzt, mit einer Tradition, in der seine Zuhörer vielleicht zu Hause waren, die aber den meisten von uns heute wahrscheinlich überhaupt nichts mehr sagt. Will sagen: Die Predigt wirkt auf uns eher langatmig und langweilig.

Aber es sind nicht die *Texte*, es sind nicht die bloßen Worte, die diese gewaltige Bußbewegung an Pfingsten auslösten. Petrus sagt vieles, was man vorher auch schon gewußt beziehungsweise schon einmal gehört hat. Aber er sagt es *anders*, es ist ein *neuer Ton* in den alten Geschichten. Er erzählt sie so, daß er selbst und seine Zuhörer darin vorkommen. Plötzlich entdecken sie: Die Person in dem Spiegel, das bin ja ich! Und plötzlich bekommen die alten Bibeltexte, die seit Jahren als totes Kapital in irgendwelchen Schubladen ihres Gehirns brachlagen, eine ganze neue, ungeahnte Relevanz.

Helmut Thielicke benutzt einmal das Bild eines Menschen, der außen um eine alte Kirche herumgeht, und ihre Fenster erscheinen ihm in leblosem Grau. Dann aber geht er hinein, und von innen sieht er, daß diese Fenster bunt sind, die Sonne läßt sie in allen Farben aufglühen. Ihre Bilder beleben sich, und sie beginnen tatsächlich zu »sprechen«. Es sind keine anderen Bilder, aber sie erstrahlen in einem anderen Licht. So kann man die Wahrheit der Bibel tatsächlich nicht von außen, sondern nur »von innen« erfahren.[20]

Das ist das Geheimnis der Predigt des Petrus: Er sieht die gleichen alten Geschichten wie die andern auch, aber er sieht sie sozusagen »von innen« und darum in einem neuen Licht. Urplötzlich haben diese alten Texte für ihn zu leuchten begonnen, und er berichtet darüber als einer, der nun selbst darin verwickelt ist und dem die großen Taten Gottes zum Schicksal wurden. Darum steckt seine Botschaft auch seine Zuhörer an. Etwas vom Leuchten der Fenster spiegelt sich gleichsam auf seinem Angesicht. Die Leute merken: Da steckt einer tief drin in den alten Texten. Sie haben sozusagen ihre praktische Umsetzung vor Augen. Und plötzlich beginnen die Worte auch für sie zu leben, der Funke springt über – nicht auf alle, aber doch: das Feuer breitet sich aus.

Im Johannesevangelium sagt Jesus: »Der Heilige Geist, den mein Vater senden wird in meinem Namen, der wird euch alles lehren und euch an alles erinnern, was ich euch gesagt habe . . . er wird von mir Zeugnis geben . . . Er wird mich verherrlichen, denn von dem Meinen wird er's nehmen und euch verkündigen.«[21] Das ist die Hauptaufgabe des Heiligen Geistes: die »Gleichzeitigkeit« mit Jesus herzustellen, mir die Heilige Schrift und vor allem deren Mitte, Jesus Christus, so vor Augen zu führen, daß das Ganze für mich lebendige Gegenwart wird. Zu bewirken, daß ich nicht nur einen *Text* lese, sondern daß *Gott* zu mir spricht und ich ihn in Jesus Christus mehr und mehr liebgewinne.

Der Heilige Geist konfrontiert uns mit Jesus. Ich erfahre Jesus nicht mehr als eine bloß historische Größe, sondern als eine lebendige Realität. Um das Bild von der Sonne (vgl. S. 136) aufzugreifen: Erst wenn mir warm wird und Licht mein Inneres erfüllt, wird die Sonne mit ihren Strahlen für mich spürbar. Erst wenn der Heilige Geist wirkt, wird Gott beziehungsweise Jesus für mich eine lebendige Erfahrung. Erst dann beginnt das Wort wirklich zu sprechen, und Jesus steht vor mir, und ich merke, daß *ich* gefragt bin.

Der Heilige Geist führt einen Bruch mit der Vergangenheit herbei
(Apostelgeschichte 2,37–40)

Als sie aber das hörten, ging's ihnen durchs Herz, und sie sprachen zu Petrus und den andern Aposteln: Ihr Männer, liebe Brüder, was sollen wir tun? Petrus sprach zu ihnen: Tut Buße, und jeder von euch lasse sich taufen auf den Namen Jesu Christi zur Vergebung eurer Sünden, so werdet ihr empfangen die Gabe des Heiligen Geistes. Denn euch und euren Kindern gilt diese Verheißung, und allen, die fern sind, so viele der Herr, unser Gott, herzurufen wird. Auch mit vielen andern Worten bezeugte er das und ermahnte sie und sprach: Laßt euch erretten aus diesem verkehrten Geschlecht!

Die Bibel sagt, daß es eine Aufgabe des Heiligen Geistes sei, uns zur Erkenntnis unserer Sünde zu bringen.[22] Man kann nicht vor der Person Jesu stehen, ohne seine eigene Sünde zu erkennen. So führt der Heilige Geist uns zu einer umfassenden Selbsterkenntnis, zu der erschütternden Einsicht, wie wir vor dem unbestechlichen und objektiven Maßstab Gottes dastehen. Dieser Einsicht korrespondiert die andere: daß es so wie bisher nicht weitergehen kann. Ich kann, wenn ich Christ sein möchte, nicht auf der gleichen Ebene weitermachen wie vorher. Da ist ein Bruch, den ich vollziehen muß. Die Bibel nennt diesen Bruch »Buße«, auf deutsch: Umkehr.

Im vierten Kapitel hatte ich ausgeführt, daß unsere religiösen Bemühungen uns nicht zu Gott bringen, daß deshalb Gott auf unsere Seite des »Grabens« gekommen ist. Das heißt aber nicht, wie wir schon an der Geschichte über den verlorenen Sohn gesehen haben, daß dem Menschen nur noch bleibt, die Hände in den Schoß zu legen und *gar nichts* zu tun. Der verlorene Sohn besinnt sich vielmehr, er macht sich auf, geht konkrete Schritte in den Wirkungsbereich des Vaters, bittet um Vergebung, bietet seine Dienste an, fängt wieder an, mit seinem Vater zu kommunizieren – kurz: der verlorene Sohn bricht mit dem Alten und fängt etwas Neues an.

Natürlich ist das Entscheidende die Bewegung Gottes auf mich zu. Sie ist das *alles* Entscheidende. Diese Bewegung Gottes auf mich zu fing an mit der Schöpfung und meiner Bestimmung, am liebenden Wesen Gottes teilhaben zu dürfen. Diese Bewegung Gottes auf mich zu ging weiter über den »vollen Beutel«, den er mir trotz meiner Abwendung von ihm mit auf den Weg gab. Diese Bewegung Gottes auf mich zu fand ihren Höhepunkt in Jesus Christus, der am Kreuz für mich starb. Und diese Bewegung Gottes auf mich zu wird zu einer lebendigen Erfahrung für mich, indem der Heilige Geist mir auf der einen Seite Jesus vor Augen führt, und indem er mir andererseits die Augen öffnet über meinen Zustand vor Gott. Indem er dies beides tut, schafft er gleichsam noch einmal einen Freiraum: Ich kann mich noch einmal für oder gegen Gott entscheiden. Ich *kann* es, ich *muß* es aber auch. Es war wirklich *Gott*, der die entscheidenden Schritte zu meiner Rettung getan hat. Aber auch *ich* muß Schritte tun. Ich muß mich entscheiden, welche Richtung mein Leben nehmen soll, und ich muß mich dahin in Bewegung setzen.

Obwohl Gott alles erdenklich Mögliche für uns getan hat, kann er uns *diese* Bewegung nicht abnehmen. Gott bietet uns Verdurstenden den rettenden Becher an, aber *trinken* müssen wir schon selber. Einflößen wird er ihn uns nicht. Gott baut die Brücke über den Graben der Sünde, aber es ist an uns, diese Brücke auch zu betreten. Weder kann er uns das befehlen noch uns durch äußere Umstände dazu zwingen, denn dies würde uns allenfalls zu einer *äußeren Umkehr* bewegen. Was aber nutzt eine äußere Umkehr, wenn wir dabei in einer »inneren Emigration« verharren? Das Beispiel des älteren Bruders im Gleichnis vom verlorenen Sohn zeigt uns, wie ein Mensch bei aller äußeren Nähe innerlich meilenweit von Gott entfernt sein kann. Unsere Herzenstür läßt sich nur von innen öffnen.

Wir haben uns freiwillig von Gott wegbewegt, wir müssen auch freiwillig zurückkommen, sonst wäre es keine echte Umkehr. Eine Herzensumkehr läßt sich weder befehlen noch erzwingen. Wenn der Mensch überhaupt kein Bedürfnis dazu hat, zu Gott zurückzukehren, ist Gott machtlos. Der Mensch, der in der Sünde verstrickt ist, aber *hat* dieses Bedürfnis nicht! Der einzige Weg, wie Gott gleichsam ein »Loch« in diese Verstrickung hauen kann, ist der, daß sein Heiliger Geist einen Menschen von seiner Sünde überführt.

Sündenerkenntnis kommt nicht aus uns heraus. Die Erkenntnis unseres Zustandes, wie wir vor Gott dastehen, ist selbst durch noch so intensive Psychoanalyse und Introspektion nicht zu gewinnen. Sündenerkenntnis ist etwas anderes als ein schnell dahingesagtes »nobody is perfect«, als die Einsicht, daß jeder seine Ecken, Kanten und Schwächen hat. Sündenerkenntnis ist das Erschrecken über die eigenen *Abgründe*, die Bestürzung darüber, wie sehr man aus dem Kraftfeld der Liebe Gottes herausgefallen und in das Kraftfeld der Angst hineingeraten ist, und wie sehr man selbst die Macht dieses Kraftfeldes der Angst mit am Leben erhält.

Das Kraftfeld der Angst läßt uns keine Freiheit, uns für Gott zu entscheiden. Es gibt uns nicht einmal die Freiheit, den Zustand unserer Verstricktheit in die Sünde richtig zu erkennen. Wie denn auch? Das Auge kann sich nicht selber erkennen. Wer so sehr in der Sünde drinsteckt und von ihr geprägt ist wie wir, erkennt die Sünde in seinem Leben nicht mehr. Wir ahnen vielleicht, daß irgend etwas nicht in Ordnung ist, aber so richtig gestehen wir uns unsere innere Not nicht ein, und wenn, würden wir sie nie auf unser Verhältnis zu Gott zurückführen. Um das zu erkennen, brauchen wir den Heiligen Geist.

Gott ist uns viele Schritte entgegengekommen, er hat viele Türen aufgestoßen, um zu uns zu gelangen. Die letzte Tür, die Gott aufstoßen kann, ist es, uns über unseren Zustand aufzuklären und uns unsere Verstrickung in das Netz der Sünde zu zeigen, daß wir unseren Zustand wenigstens erkennen. Er kann uns diesen *heilsamen Schreck* versetzen in der Hoffnung, daß er in uns eine echte Herzensumkehr auslöst. Er kann uns die Augen öffnen in der Hoffnung, daß wir sie nicht gleich wieder schließen. Das ist die letzte Tür, die Gott aufstößt: Jetzt sind *wir* dran.

Genau dieser heilsame Schreck durchfährt die Zuhörer des Petrus. Sie erkennen, was das Wort »Sünde« wirklich bedeutet. Für einen Augenblick erfassen sie ihre ganze Verstrickung und deren heillose Konsequenzen. Sie sehen, wie sie vor Gott dastehen und daß sie Rettung brauchen, daß sie einen grundlegenden Neuanfang machen müssen. Darum fragen sie: Was sollen wir denn tun? Sie haben erkannt, daß *sie* jetzt gefordert sind. Sie haben erkannt, daß es nicht mehr so weitergehen kann wie bisher, daß es zu einem *Bruch* kommen muß.

Die Antwort des Petrus lautet: Tut Buße, kehrt um. Gott ist euch in Jesus Christus einen unendlich weiten Weg entgegengekommen und hält euch die geöffnete Hand hin, jetzt seid *ihr* dran: Ergreift die ausgestreckte Hand Gottes! Darin liegt unsere Rettung: in der Umkehr und in einem Leben im Vertrauen auf Jesus Christus, in einem Leben aus seinem Wort heraus, auf seine Weisung hin. Wohlgemerkt: Es geht nicht um ein Leben ohne Sünde, so sehr das auch wünschenswert wäre. Wer meint, daß so etwas möglich sei, unterschätzt die eigene Verstrickung in die Sünde, und er überschätzt die eigenen Kräfte.

Der verlorene Sohn ist so, wie er zu seinem Vater zurückkehrt, wahrhaft kein »Heiliger«. Ihm haftet der Stallgeruch der Schweine durchaus noch an. Und doch bekommt sein Leben eine neue Ausrichtung. Man könnte sagen: Er ist noch Sünder, aber er ist es nicht mehr *gerne.* Er rennt der Sünde nicht mehr hinterher, sondern von ihr weg. Und umgekehrt: Er läuft nicht mehr von Gott weg, sondern bewegt sich auf ihn zu. Nicht mehr Angst, Rebellion oder Gleichgültigkeit kennzeichnen sein Verhältnis zu Gott, sondern Sehnsucht, wachsende Liebe und Hingabe. Er hat seine Sünde erkannt.

Darum sagt er: *Ich will mich aufmachen zu meinem Vater und ihm meine Schuld bekennen und ihm dienen.* Und genau das tut er auch.

Der Heilige Geist schafft lebendige Gemeinde
(Apostelgeschichte 2,41–47)

Die nun sein Wort annahmen, ließen sich taufen; und an diesem Tage wurden hinzugefügt etwa dreitausend Menschen. Sie blieben aber beständig in der Lehre der Apostel und in der Gemeinschaft und im Brotbrechen und im Gebet. Es kam aber Furcht über alle Seelen, und es geschahen auch viele Wunder und Zeichen durch die Apostel. Alle aber, die gläubig geworden waren, waren beieinander und hatten alle Dinge gemeinsam. Sie verkauften Güter und Habe und teilten sie aus unter alle, je nach dem es einer nötig hatte. Und sie waren täglich einmütig beieinander im Tempel und brachen das Brot hier und dort in den Häusern, hielten die Mahlzeiten mit Freude und lauterem Herzen und lobten Gott und fanden Wohlwollen beim ganzen Volk. Der Herr aber fügte täglich zur Gemeinde hinzu, die gerettet wurden.

Am Ende unseres Textes wird uns von der christlichen *Gemeinde* berichtet. Das Geistereignis zielt auf die Gestaltwerdung von Gemeinde. Gemeinde in diesem Sinne ist die Gemeinschaft derer, die über ihre Sünde erschrocken sind und sich an der Hand Jesu auf einen neuen Weg gemacht haben und sich gegenseitig auf diesem neuen Weg stützen und dabei alle anderen einladen, sich auch auf diesen Weg zu machen.[23] Die Gemeinde Jesu besteht aus Menschen, die selbst in Bewegung gebracht wurden und nun ihrerseits andere Menschen in Bewegung setzen. Dies entspricht ihrem Auftrag[24] und ihrem inneren Bedürfnis. Glaube, der lediglich als Privatsache verstanden wird, ist auf jeden Fall nicht *geistgewirkter* Glaube.

Die Bibel versteht den einzelnen Christen nicht als Solisten, sondern als Mitglied eines großen Orchesters, beziehungsweise wie Paulus es nennt, als ein Glied am »Leib Christi«, der Gemeinde (vgl. 1. Korinther 12 oder Epheser 4). Ebensowenig wie eine Hand oder ein Fuß oder ein Auge für sich allein existieren noch irgend etwas ausrichten kann, sondern nur im Miteinander und Zueinander des ganzen Leibes, so ist ein privates Christentum völlig undenkbar.

Aber auch Hand, Fuß und Auge zusammen machen noch keinen lebendigen Menschen. Das ist sozusagen nur die materielle Grundlage. Es muß noch etwas dazukommen, der Schöpfungsbericht spricht vom »Lebensodem« Gottes.[25] Zum bloßen Körper muß der Geist kommen, erst dann wird daraus ein lebendiger Leib.

Wie nun beim Menschen Leib und Geist in Wechselbeziehung zueinander stehen, so auch der Leib Christi und der Geist Christi. Der Geist belebt den Leib Christi. Der Leib Christi macht den Heiligen Geist konkret. Man kann von einem nicht ohne das andere reden, ohne unsachgemäß zu werden. Das eine ist ohne das andere nicht zu haben.

Gott hat seinen Heiligen Geist ausgegossen, um eine Gemeinschaft ins Leben zu rufen: den Leib Christi, die christliche Gemeinde. In ihr wird der Heilige Geist konkret erfahrbar. So haucht Gott an Pfingsten analog zur Schöpfungsgeschichte seinen Lebensodem in die verwaiste Jüngerschaft hinein, und es entsteht eine lebendige Gemeinde. Der Apostelgeschichte können wir drei Kennzeichen solch einer lebendigen Gemeinde entnehmen:

Kennzeichen lebendiger Gemeinde nach der Apostelgeschichte:

1. Wortverkündigung
2. Spiritualität
3. Diakonie

Eine Gemeinde ist lebendig, wenn in ihr das Wort Jesu lebendig ist. Wenn die einzelnen Mitglieder sich persönlich und in Gruppen mit diesem Wort auseinandersetzen und es auf sich wirken lassen, wenn sie den Mut finden zum persönlichen und öffentlichen Bekenntnis, wenn die Gemeinde als solche Außenstehende zum Glauben herausfordert und ihre Mitglieder in ein immer tieferes Verständnis des Glaubens und der Heiligen Schrift einzuführen in der Lage ist.

Eine Gemeinde ist lebendig, wenn ihre Mitglieder sich oft treffen, um miteinander zu singen und zu beten, wenn Freude von ihnen ausgeht und ihre Frömmigkeit ansteckend ist. Wenn man ihnen abspürt, daß Glauben Spaß macht und sie viel Phantasie walten lassen, ihren Gott miteinander anzubeten und ihn den Menschen bekanntzumachen.

Eine Gemeinde ist lebendig, wenn ihre einzelnen Mitglieder füreinander da sind, in geistlicher und in materieller Hinsicht, in seelischen wie in körperlichen Nöten. Ihre Hilfsbereitschaft geht jedoch weit über die Grenzen der Gemeinde hinaus: Wie ein Sauerteig durchdringt die Liebe Jesu auch das Umfeld der Gemeinde und stellt sich als Tatzeugnis neben ihr Wortzeugnis.

Lebendige Wortverkündigung, lebendige Spiritualität und lebendige Liebe – wo diese drei Aspekte zusammentreffen, ereignet sich Kirche, ob sich das evangelisch oder katholisch oder irgendwie anders nennt. Jede Kirche beginnt mit einem Pfingstwunder, mit einer weitgehenden Einheit dieser drei Elemente. Und jede Kirche wird dann mit der Zeit erleben, wie sich einer oder zwei dieser drei Aspekte zu vereinseitigen beginnen zu Lasten der jeweils anderen. Dann steht man vor der Alternative, entweder wieder eine neue Kirche aufzumachen oder in der bestehenden Kirche die fehlenden Elemente beizusteuern. So wie Franz von Assisi zum Beispiel wieder die Diakonie in eine völlig veräußerlichte Kirche eingebracht hat oder Martin Luther die seinerzeit völlig vernachlässigte Wortverkündigung wieder ins Zentrum gestellt hat.

Das, was Luther oder Franziskus gemacht haben, ist im kleinen die Aufgabe *jedes* Christen, nämlich darauf zu achten, daß keiner der drei Faktoren sich den beiden anderen gegenüber verselbständigt. Alle drei leben voneinander und brauchen einander. In der Regel aber ist in unseren real existierenden Gemeinden *ein* »Bein« von diesen dreien zu kurz. Wir können dies resignierend feststellen oder auch aus der sicheren Entfernung unserer Zuschauerränge heraus anklagen, aber es wird sich nichts ändern, wenn wir nicht anfangen, unsere diesbezügliche Kritik in fruchtbare Mitarbeit umzusetzen.

Es hat wenig Sinn, mit Blick auf die Pfingstgeschichte darauf hinzuweisen, wie weit sich die Kirche inzwischen von ihren Ursprüngen entfernt hat. In der Bibel wird uns keine heile Ur-Kirche vorgemalt. Nicht nur die Paulusbriefe, auch die Apostelgeschichte selbst zeigt uns schon wenige Kapitel später[26], daß und wie sehr es hier von Anfang an »gemenschelt« hat. Die christliche Gemeinde war von Anfang an auch gekennzeichnet durch Fehler, Eifersucht, Ehrsucht, Dummheit und die Engstirnigkeit ihrer Mitglieder. Von Anfang an war die Kirche auch nicht annähernd perfekt, sondern eine durch und durch menschliche Angelegenheit. Gemeinde Jesu ist immer eine Gemeinschaft von Sündern. Von Leuten, die es nicht *gerne* sind, aber die ihre alte Haut auch nicht einfach abstreifen können. Und die darum um so mehr von der Gewißheit geprägt sind, daß sie als Christen nicht als isolierte Einzelgänger leben können, sondern daß sie die Gemeinschaft derjenigen brauchen, die mit ihnen zusammen glauben, und zwar sowohl die Gemeinschaft der Stärkeren als auch die der Schwächeren (!).[27]

Die Pfingstgeschichte ist das Dokument eines Neuaufbruchs, einer Anfangsbegeisterung, die sich, wie alle Neuaufbrüche dieser Kirche, zuerst gewaltig emporgeschwungen hat, von einer Woge der Begeisterung getragen, dann aber auf Dauer nicht durchhielt. So ist diese »Stunde Null« der Kirche immer eine Sehnsucht geblieben, der die Christenheit nachstrebt, die sie punktuell immer wieder einholt, um dann wieder den Weg alles Menschlichen zu gehen: in die Institution, die Zerspaltung, die Lauheit.

Was in Apostelgeschichte 2 beschrieben wird, wird immer sowohl ein Ideal als auch ein Korrektiv für unsere Gemeinden bleiben. Aber *eins* dürfen wir dabei nicht tun: Wir dürfen dieses Ideal nicht gegen die konkreten Gemeinden ausspielen.[28] Es wird zum Beispiel immer wieder darauf hingewiesen, daß es heute in der Kirche keine Gütergemeinschaft mehr gibt und daß sie sich daher doch weit von ihren Ursprüngen entfernt habe. Ich kann darauf immer nur das eine antworten: Es hindert Sie, wenn Sie das wirklich so sehen, niemand daran, damit den längst überfälligen Anfang zu machen. Ich bin mir sicher, es würde Kreise ziehen!

Es gibt keine perfekte Kirche. Und wenn es sie gäbe: Spätestens in dem Moment, in dem wir dort als Mitglied aufgenommen würden, wäre sie nicht mehr perfekt.[29] Das soll weder eine Entschuldigung noch ein Freibrief sein. Natürlich könnte vieles besser sein. Daß dem nicht so ist, liegt ein ganzes Stück daran, daß es viele Menschen vorgezogen haben, lieber aus sicherer Entfernung heraus die Kirche zu kritisieren, als sich in sie einzubringen und ihr zu dienen.

Ich bin davon überzeugt: Auch der Heilige Geist ist ein Kirchenkritiker. Aber man kann nicht den Heiligen Geist haben und diese Kirche *verachten*. Die »heilige« Kirchenkritik setzt sich um in den Dienst an dieser Kirche. Diese Kirche ist und bleibt in all ihrer Fragwürdigkeit dennoch der Leib Christi. In dieser oft so fragwürdigen Institution Kirche bleibt der gleiche Geist der Anfangszeit gegenwärtig. Kirche bleibt, bei allen Überlagerungen, im Tiefsten eine Gemeinschaft, die, vom Geist getrieben, Wahrheit sucht, das Heil will, Christus verleiblicht. Und da es hier kein starres Schema gibt, sondern um den lebendigen Geist geht, geht es hier nicht ohne Auseinandersetzungen, ohne Ringen und Suchen, umwälzende Neueinsichten und auch nicht ohne Versuch und Irrtum ab. Ohne das Wagnis der Ketzerei ist noch keine Wahrheit gewonnen worden.

Und trotzdem hat sich die Geschichte der Kirche alles in allem wie ein selbstreinigender Strom verhalten: Die Fremdkörper haben sich immer wieder gegenseitig neutralisiert, das entscheidende Thema ist immer wieder nach oben gespült worden. Es ist keiner der drei genannten Aspekte auf Dauer völlig verlorengegangen. Jede Zeit hat die ihr eigenen Verzerrungen und Verkürzungen, aber das Evangelium wird sich immer wieder durchsetzen. Dafür sorgt der Geist – und er wartet darauf, daß wir ihm helfen, daß wir uns ihm zur Verfügung stellen.

Der Geist außerhalb der Schrift?

Ich möchte noch eine letzte Bemerkung zu diesem Thema machen, die das über den Heiligen Geist Gesagte in gewisser Weise zusammenfaßt. Manchmal werde ich gefragt: »Ist das, was Sie da entwickeln, nicht eine Engführung? Sie binden den Geist Gottes an das Wort der Heiligen Schrift, an die Person Jesu und an die christliche Gemeinde. Spricht der ›Geist‹ denn nicht auch woanders, etwa in Natur, Musik, Kunst, Philosophie oder in den anderen Religionen?«

Prinzipiell halte ich das schon für möglich. Doch die *Natur* besteht ja nicht nur aus Sonnenuntergängen und plätschernden Bächlein, sondern ist ja auch brutaler Existenzkampf. Der Mensch, der Gott in der Natur »sprechen« hört, hat in der Regel schon ein klares Vorverständnis, welche Stimmen er dabei an sich heranläßt und welche nicht. Und das ist in der *Musik* nicht anders. Musik, die den einen ergreift, spricht den anderen überhaupt nicht an. Die gleiche Musik spricht verschiedene Menschen verschieden an. Und von den *Religionen* des Ostens, die heute auf viele eine große Faszinationskraft ausüben, picken wir uns in der Regel auch nur die Rosinen heraus. Alle reden von Reinkarnation und Versenkung, aber von Keuschheit, Hauslosigkeit und Askese sowie von heißen und kalten Höllen redet keiner. Das heißt, ich brauche *Kriterien*, mit deren Hilfe ich Geist und Ungeist, Wahr und Unwahr unterscheide. Solche Kriterien habe ich Ihnen zu nennen versucht.

Woran unterscheide ich Gottes Geist von anderen Geistern?

1. Daran, daß er in Übereinstimmung mit der Heiligen Schrift redet.
2. Daran, daß er mir die Person Jesu zunehmend wichtiger werden läßt.
3. Daran, daß er mich in Bewegung setzt, seiner Gemeinde zu dienen.

Der Geist spricht nicht *nur* in der Schrift, aber außerhalb der Schrift fehlt uns die Eindeutigkeit des klaren Wortes. Erst mit Hilfe des Wortes können wir den Geist sozusagen aus der Flasche befreien und ihn inmitten der vielen Geister dieser Welt identifizieren. Natur, Musik und Religion haben in sich weder einen eindeutigen Geist noch eine uns unmittelbar zugängliche eindeutige Wahrheit. Der Mensch begegnet hier Größen, die vielleicht größer sind als er, die aber deswegen noch lange nicht Gott sind. Besonders aufpassen muß man dort, wo man in Versuchung gerät, einen rein *ästhetischen* Genuß mit dem Wirken des Heiligen Geistes zu identifizieren. Gott nimmt nicht nur das Gefühl, sondern den *ganzen* Menschen in Beschlag.

So spricht wohl der Geist Gottes auch außerhalb der Schrift, aber er läßt sich ohne Rückbindung an die Schrift nicht von anderen Geistern unterscheiden. Was uns die Natur oder auch die Musik vermitteln können, sind oft Ausnahmeerlebnisse, sie sind isoliert und regeln den Alltag nicht; sie setzen von daher auch nicht(s) in Bewegung, sie kosten nicht den Einsatz der Nachfolge und bleiben damit weit hinter den biblischen Kriterien für das, was *Heiliger* Geist genannt zu werden verdient, zurück.

Was immer sich »Geist« nennt, wird sich für den Christen daran messen lassen müssen, ob und inwiefern dadurch seine Liebe zu Christus und zu den Glaubensgeschwistern sowie zu Gottes geliebter Welt wächst. Wenn uns das eine bestimmte Philosophie oder meinetwegen auch eine andere Religion vermitteln kann – wunderbar! Aber damit ich aus ihr, die ja immer ein ganzes Konglomerat aus *vielerlei* vorgeblichen Wahrheiten ist, eine solche *echte* Wahrheit herausdestillieren kann, dazu bedarf ich des Kriteriums des Wortes der Heiligen Schrift.

Meine Erfahrung ist: Der »Geist« in der Natur oder auch in der Musik führt zu sehr schönen Gefühlen, aber nicht zur Umkehr. Nietzsche sagt: »Wir sind deshalb so gerne in der freien Natur, weil sie keine Meinung über uns hat.« Man fühlt sich »Gott« nahe und kann so weiterleben wie bisher. Man weiß zum Beispiel von KZ-Wächtern, die über stimmungsvollen Bachkantaten Tränen vergossen, um nachher ihr grausames Tagwerk fortzuführen. Was immer mir eine »Einigung mit Gott« ohne das Kreuz Jesu Christi und ohne Kreuzesnachfolge anbietet, muß mit größter Skepsis betrachtet werden. Denn wenn Gott diesen drastischen Weg für nötig befunden hat, dürfen wir nicht meinen, den Graben der Sünde auf einfachere Weise überspringen zu können.

Praktische Übung

Einige sehr persönliche Fragen, die auch eine sehr persönliche Antwort erfordern:

1. Sehe ich die Notwendigkeit eines *Bruchs* in meinem Leben: für einen Neuanfang, für Buße, Umkehr?
2. Wo sitzt bei mir der Glaube? Im Kopf, Händen, Mund, Füßen ...? Kennt mein Glaube so etwas wie Faszination, Hingerissensein, Begeisterung, Staunen? Bin ich zur Zeit durch meinen Glauben in Bewegung gesetzt?
3. Unter welchen Bedingungen würde ich mich in Bewegung setzen lassen? Was würde es für mich bedeuten, aus der Kraft des Heiligen Geistes heraus zu leben? Will ich diese Erfahrung überhaupt machen?
4. Kann ich von einigen Texten der Heiligen Schrift, insbesondere vom Ereignis von Kreuz und Auferstehung, sagen, daß sie für mich lebendige Gegenwart geworden sind?
5. Wie ernst mache ich damit, daß es kein Privatchristentum gibt, sondern daß Christsein bedeutet, Teil einer konkreten Gemeinschaft zu sein?
6. Wenn ich an meine Gemeinde denke: Welcher der drei genannten Faktoren kommt bei ihr zu kurz: die Wortverkündigung, die Diakonie oder die Spiritualität? Wo liegt andererseits die Stärke meiner Gemeinde?
7. Wenn ich an mich selbst denke: Wo liegt meine Stärke? In der Wortverkündigung, in der Diakonie oder in der Spiritualität? Wo liegt mein persönliches »zu kurzes Bein«?
8. Mit welchen Gaben könnte ich mich in das Leben meiner Gemeinde einbringen und ihr dienen? Was hindert mich daran?

6. Glaube und Taufe – Entscheidung zum Christsein

In diesem Kapitel lesen Sie, daß es niemanden gibt, der nicht glaubt. Auch der Satz »Ich glaube nur, was ich sehe« ist ein Satz des Glaubens. Die Menschen glauben in der Regel nicht zuwenig, sondern zuviel. Wer Christ werden will, sollte daher nicht leichtgläubig, sondern kritisch sein. Ich möchte einige weitverbreitete Mißverständnisse über den christlichen Glauben ausräumen und versuchen, in rund dreihundert Worten auszudrücken, was man als Christ wirklich glauben muß. Wir werden uns überlegen, worin der Unterschied zwischen der Taufe und einer Pockenschutzimpfung besteht, und Sie werden hier erfahren, wie Sie Christ werden können – wenn Sie es noch nicht sind.

Glaube – Klärung eines Begriffs

Der Philosoph Karl Jaspers hat einmal gesagt: »In der Welt soll als Christ gelten, wer sich dafür hält.« Das klingt zweifellos sehr sympathisch, aber es ist leider ein Trugschluß. Wollten wir diese Maxime auf andere Bereiche übertragen, dann müßten wir zum Beispiel auch sagen: »Als Musiker soll gelten, wer sich dafür hält.« Er braucht sich nicht mehr damit abzugeben, Noten oder ein Instrument zu erlernen, er muß sich nur für einen Musiker halten! – Oder: »Ein Philosoph ist, wer sich dafür hält.« Warum soll er Platon oder Aristoteles lesen und sich damit auseinandersetzen? Es genügt doch, daß er sich für einen Philosophen hält!

Oder nicht? Muß es nicht doch – trotz einiger Grauzonen und verschwimmender Ränder – objektive Maßstäbe dafür geben, was ein Musiker ist und was nicht? Und muß es nicht auch objektive Maßstäbe dafür geben, was ein Christ ist und was nicht? – Was und wer ein Christ ist, entscheide weder ich selber noch irgendein anderer Mensch, auch nicht die Kirche, sondern was und wer ein Christ ist, entscheidet allein Christus. Was ein Christ ist und wer als Christ zu gelten hat, finden wir in der Bibel. Nicht unsere eigene subjektive Einschätzung, sondern die in der Bibel genannten Kriterien sagen uns, ob wir Christen sind oder nicht.

Christsein im Sinne der Bibel hat etwas mit »Glauben« zu tun. Dieser Satz wird wohl von niemandem ernsthaft bestritten werden, aber dann hört die Klarheit auch schon bald wieder auf. Es ist nicht leicht, sich über die Bedeutung des Wortes »Glauben« zu verständigen. Ich mache jedenfalls die Erfahrung, daß sich sehr verschiedene Vorstellungen hinter diesem Begriff verbergen.

Man hört zum Beispiel oft die Klage, unsere Zeit und ihre Menschen seien *ungläubig*. Ich denke nicht, daß das richtig ist. Ich finde: Wir leben sogar in einer ausgesprochen *gläubigen* Zeit. Allerdings haben sich die *Inhalte* des Glaubens im Vergleich zu früher verändert. Der Mensch ist auf Gott hin geschaffen, und auch, wenn er sich von Gott abgewandt hat, ist in ihm eine religiöse Sehnsucht, die befriedigt werden will. Wo die Beziehung zu Gott verlorengegangen ist, wendet sich die menschliche Sehnsucht an Ersatzgötter, und aus Glauben wird Aberglaube. Kraß ausgedrückt: Man glaubt, aber man glaubt falsch.

Das ist eine Aussage, über die man sich mit Recht ärgern kann: die scheinbare Abqualifizierung einer persönlichen Überzeugung als »falsch«. Darf man das so sagen? Ist das nicht ausgesprochen intolerant? Berühren wir damit nicht das Persönlichste eines Menschen, so daß uns jedes kritische Wort verwehrt bleibt? Ist es nicht die Hauptsache, daß ein Mensch überhaupt »einen Halt« hat und an etwas glaubt?

Meine Antwort lautet entschieden: nein. Es ist nicht die Hauptsache, daß ein Mensch *irgend etwas* glaubt, sondern es ist ganz entscheidend, daß er etwas *Richtiges* glaubt.

Die vielbeschworene Toleranz ist eine *politische Tugend*, das heißt, sie hat etwas damit zu tun, wie ich mit Menschen umgehe, die anders denken oder glauben, als ich selbst es tue. Als politische Tugend ist Toleranz ein ungemein wichtiger Wert. Jeder soll in unserer Gesellschaft das glauben dürfen, was er glauben will, ohne dafür Repressionen oder gar Verfolgung fürchten zu müssen – mit der einzigen Einschränkung, daß sein Glaube nicht in die Freiheit seiner Mitmenschen eingreift.

Es ist aber eine völlig andere Angelegenheit, wenn ich die Frage nach Wahrheit gar nicht mehr aufwerfe, mich ihr gegenüber *indifferent* – das heißt unbestimmt, gleichgültig, teilnahmslos, unentschieden – verhalte und die sachliche Auseinandersetzung darüber um des lieben Friedens willen vermeide. Das kann geradezu ein Akt oder Lieblosigkeit sein. In Namen der »Toleranz« die Wahrheitsfrage nicht mehr zu stellen heißt: Menschen offenen Auges in die Lüge rennen zu lassen, und das ist für mich keine Tugend, sondern Herzlosigkeit.

Das hat etwas mit meinem Verständnis von Glauben zu tun. Es gibt zwei Grundverständnisse des Wortes »Glauben«. Wenn jemand sagt, er glaube *auch* an Gott, dann meint er in der Regel: »Ich halte das für wahr, daß es einen Gott gibt.« Glaube in diesem Sinne bedeutet soviel wie *»Fürwahrhalten«*. Solange sich »Glauben« auf dieser Ebene abspielt, ist ein Streit um Wahrheit in der Tat meist ziemlich überflüssig. Der eine »glaubt«, daß es Leben auf fernen Planeten gibt, der andere »glaubt« es eben nicht. Ein solcher »Glaube« lohnt im Grunde die Auseinandersetzung nicht, denn er beeinflußt und verändert unser Leben nicht. Wer die Existenz eines Gottes bejaht, hat damit noch keine Beziehung zu ihm, die Gestaltung und Zielsetzung seines Lebens wird dadurch noch nicht beeinflußt.

Anders, wenn wir »Glauben« mit der Bibel mit »Vertrauen« übersetzen, mit »sich verlassen auf etwas« und dementsprechend mit »sich an etwas binden«. Ein solcher Glaube beeinflußt und verändert mein Leben sehr wohl. Wo es um etwas so Tiefgreifendes geht, da muß die Frage nach Recht oder Unrecht einer solche Bindung schon gestellt werden dürfen. Der eine glaubt in diesem Sinne an den »Herrgott«, der andere an das Schicksal, der nächste an die Natur, der vierte an die Macht der Sterne, der fünfte an den Vater Jesu Christi – und das ist nun wirklich nicht alles das gleiche! Natürlich braucht der Mensch einen Halt, die Frage ist aber, ob diese Dinge einem Menschen tatsächlich Halt gewähren, oder ob sie diesen nur vorspiegeln.

Zwei Verständnisse von Glauben:

- Fürwahrhalten (allgemeiner Sprachgebrauch)
- Vertrauen (biblisches Verständnis)

Doch bevor wir »religiös« werden, lassen Sie mich sagen, daß Glauben in diesem Sinne zunächst eine ganz alltägliche Angelegenheit ist: Ich vertraue mich und mein Leben jemandem an. Da wäre der Arzt, der Apotheker, der Busfahrer, der Architekt meiner Wohnung usw. Wir denken in der Regel überhaupt nicht darüber nach, wie stark wir uns tagtäglich an andere ausliefern. Jedesmal, wenn ich mich in ein Auto setze, liefere ich mich aus: an den Fahrer, oder, wenn ich selbst fahre, an den Konstrukteur des Autos, die Mechaniker der Reparaturwerkstatt und an die anderen Autofahrer, denen ich begegne. Jedesmal, wenn ich mich auf einen Stuhl setze, vertraue ich darauf, daß er mich aushalten wird. Jedesmal, wenn ich einen Raum betrete, tue ich das in dem Glauben, daß die Decke dieses Raumes nicht zusammenbrechen wird. Es gibt keinen Menschen, der »gar nichts« glaubt. Und das muß so sein. Ohne Glauben würden wir völlig neurotisch. Ich muß mich zum Beispiel auch in hohem Maße auf mich selbst verlassen können. (Sind Sie zum Beispiel sicher, daß Sie, während Sie dieses Buch lesen, Ihre Herdplatte in der Küche ausgeschaltet haben?)

Wir können nicht alles nachprüfen. Wir wären lebensunfähig, wenn wir, von ständigen Vergewisserungszwängen geplagt, alles nachprüfen wollten, was wir nachprüfen können. Wir würden uns morgens nicht mehr aus dem Bett trauen – und auch *dann* entkämen wir dem Glauben nicht. In diesem Falle wären eben das Bett und die Statik des Zimmers, in dem sich das Bett befindet, Gegenstand unseres Vertrauens.

Die eben genannten Beispiele beziehen sich samt und sonders auf etwas, was wir – zumindest prinzipiell – nachprüfen können. Wir können nachschauen, ob wir die Herdplatte ausgeschaltet haben. Wir können uns vom Busfahrer den Führerschein zeigen lassen (was auch wieder Ausdruck des Vertrauens in die Echtheit und die Aussagekraft eines solchen Papiers wäre), wir können das von der Reparatur gekommene Auto von einem zweiten Fachmann durchchecken lassen, wir können die Milch, die wir kaufen, auf ihren eventuellen Giftgehalt hin chemisch analysieren lassen (man weiß ja nie, ob der Milchmann nicht ein psychopathischer Massenmörder ist).

Die Sache verschärft sich, wenn es um Dinge geht, die wir *nicht* nachprüfen können. Wir alle leben viel mehr von diesen reinen Glaubensdingen als von dem, was wir nachprüfen können. Nachprüfbar ist immer nur das Vordergründige, Materielle. Aber zum Beispiel alle Werte, alle Ziele und Ideale, jedes Warum und Wozu und alle Strukturen des Zusammenlebens sind dem Nachprüfbaren entzogen: Sie sind Glaubensgegenstände.

Wer sagt beispielsweise Lehrern und Eltern, daß die Art, wie an unseren Schulen Pädagogik betrieben wird, Menschen wirklich entfaltet? Wer sagt uns, daß unser Justizsystem richtig ist? Wer sagt den Politikern, den Ärzten, den Wirtschaftlern und den vielen andern, daß sie mit der Welt und den Menschen so umgehen dürfen, wie sie es tun?[1] Wer sagt uns, daß wir mit unserem Leben, unserem Körper, unserer Freizeit, unseren Ehepartnern und unserem Geld so umgehen dürfen, wie wir es tun? Die Antwort lautet in jedem Falle: Wir – oder die Betreffenden – glauben es eben so. Und dieser Glaube kann wahr oder falsch sein.

Glaube ist ein *Risiko*: Ich setze mich immer in gewisser Weise selbst aufs Spiel, wenn ich glaube. Wie gesagt, ein alltägliches Risiko: Ich verlasse mich auf andere, und andere verlassen sich auf mich. Aber weil der Glaube ein Risiko ist, erwarte ich geradezu, daß Menschen, die mich schätzen, mich auf dieses mein Risiko hin befragen.

Ich habe zum Beispiel lange darauf vertraut, daß die Art und Weise, wie man sich in dieser Gesellschaft *ernährt* – mit Zucker, jeder Menge Fleisch, Auszugsmehlen und ungesunden Fetten etc. –, schon in Ordnung ist. Es war nicht unbedingt angenehm, ist aber ein echter Freundschaftsdienst gewesen, als Freunde mich hier eines Besseren belehrten. Oder mir die Frage stellten: Verdient der Arzt, den du aufsuchst, wirklich dein Vertrauen?[2] Nicht: Hauptsache, der Mensch hat *irgendeinen* Arzt, sondern er braucht einen *guten* Arzt! Nicht: Hauptsache, der Mensch ernährt sich *irgendwie*, auch wenn es krank macht. Nicht: Hauptsache, der Mensch hat *irgendwelche* Ziele und Ideale, sondern er braucht *gute* Ziele und Ideale! Nicht: Hauptsache, der Mensch hat *irgendeinen* Halt, sondern der Halt muß auch *halten*! Gerade, weil Glauben immer ein mehr oder minder großes Risiko einschließt, muß ich mich hier kritisch hinterfragen lassen.

Wenn wir von diesem allgemeinen Phänomen »Glauben« schließlich weitergehen zum Glauben im engeren, religiösen Sinne, so finden wir auch hier, daß es keinen Menschen gibt, der sich nicht in irgendeiner Weise gebunden hätte, was die sogenannten »letzten Fragen« des Lebens anbetrifft: Wozu lebe ich? Wofür lohnt es sich, meine Zeit einzusetzen? Was will ich mit meinem Leben erreichen? Wie gehe ich mit so grundlegenden Erfahrungen um wie Schuld und Scheitern, mit Trauer und Leiden? Wie beantworte ich die Frage nach dem Tod: Kommt danach noch etwas? Gibt es etwas, was stärker ist als der Tod?

Für die erstgenannten Fragen, wofür es sich zu leben lohnt, haben die meisten Menschen eine zumindest unausgesprochene Antwort. Für irgend etwas lebt fast jeder Mensch – und sei es für sich *selbst.* Der christliche Glaube ist hier nur eines von vielen konkurrierenden Angeboten auf dem »Markt«. Er muß sich wie jedes andere Sinn-Angebot kritisch befragen lassen. Wir haben unserem Leben gegenüber die Pflicht, unsere Antwort auf die Sinnfrage immer wieder einer kritischen Überprüfung zu unterziehen.

Glaube und kritisches Fragen schließen sich nicht aus. Ganz im Gegenteil. Seit vielen Jahren versuche ich, Menschen zum Glauben zu ermutigen. Und mir ist dabei aufgefallen, daß ein ganz wichtiger Bestandteil dieser Ermutigung zum christlichen Glauben die Aufforderung ist, *kritisch* zu werden. Die Menschen glauben in der Regel nicht zuwenig, sondern sie glauben zuviel! Der Glaube, von dem ich rede, schließt die Kritik nicht aus, sondern ein.[3] Es ist schon seltsam, daß ausgerechnet ich als Vertreter der Kirche so etwas sagen muß, aber bevor ich Sie dazu bringen möchte, etwas zu glauben, möchte ich Sie zunächst einmal auffordern: Glauben Sie doch bitte nicht soviel!

Hinterfragen Sie den Lebenssinn, den Sie bislang für sich formuliert hatten! *Ein* wichtiges Kriterium für die Tragfähigkeit eines solchen Lebenssinns ist zum Beispiel dies: Was uns im Leben tragen soll, muß uns auch in den *Schattenseiten* des Lebens tragen, denn diese gehören zum Leben dazu. Was uns im Leben tragen soll, muß uns auch im *Sterben* tragen können, denn das Sterben gehört zum Leben dazu. Ein Lebenssinn, den man auf dem Sterbebett bereut, ist kein Lebenssinn. Was im Sterben nicht tragfähig ist, taugt auch nicht fürs Leben. Ich kann nicht einen Lebenssinn für mich formulieren wollen, der ausgerechnet dann, wenn es zur Nagelprobe kommt, versagt.[4]

Glaube im letzten Sinne fragt danach, was den Menschen im Leben wie im Sterben zu tragen vermag. Ein solcher Glaube muß Sonnen- *und* Schattenseiten des Lebens umfassen und bergen können. Hier gilt, genau wie beim Arzt, nicht: Hauptsache, man hat *irgendeinen* Glauben, sondern dieser Glaube muß *gut* sein, für ihn müssen gute Gründe sprechen, er muß tragen können. Er darf nicht nur subjektiv, er muß auch *objektiv* Halt gewähren.

Glauben ist für biblisches Denken nicht »Fürwahrhalten«, sondern Vertrauen. Deutlicher als bei unserem herkömmlichen Sprachgebrauch würde dieser Sachverhalt, wenn wir bei Sätzen, die wir mit »Ich glaube« anfangen, das kleine Wörtchen »an« wegließen. Also nicht: Ich glaube *an* Gott, sondern: Ich glaube *Gott.* Nicht: Ich glaube *an* Jesus, sondern: Ich glaube *Jesus.* – Ich glaube ihm, was er über mich und mein Sündersein sagt. Ich glaube ihm, was er mir über die Liebe Gottes erzählt, und ich richte mein Leben darauf ein. Ich glaube ihm, daß er mit der Schuld meines Lebens fertig wird und mir einen neuen Anfang gewährt. Ich glaube ihm, daß er mein Leben lohnend machen kann und daß er mich auch im Scheitern und Sterben zu tragen vermag.

Ich glaube ihm, und darum binde ich mich an ihn. Ich kann nicht sagen: »Ich glaube ihm« und so weiterleben wie bisher. *An* Gott glauben kann man so – völlig ohne Konsequenzen, so wie man an kleine grüne Männchen »glauben« kann oder auch nicht –, und es macht für die Gestaltung meines Alltags keinen Unterschied. *Gott* glauben kann man nur, wenn sich das auf die Gestaltung meines ganzen Lebens auswirkt. Andernfalls handelt es sich nicht um Glauben im Sinne von Vertrauen.

»Jesus, ich vertraue dir« heißt immer auch: »Ich vertraue dir mein Leben an.« Glaube in diesem Sinne ist immer radikal, er rührt an die Wurzel meiner Existenz. Nochmals: Wo es um eine so tiefe, existentielle Bindung eines Menschen geht, gilt es nicht nur, *irgend etwas* zu glauben, sondern kritisch zu prüfen: Inwieweit ist das nicht nur Wunschtraum, Lebenslüge, Projektion? Da müssen wir uns als Christen befragen lassen und sollten dafür dankbar sein, daß es Menschen gibt, die das tun.[5] Ich lasse diese Kritik gerne an mich heran, ich nehme mir aber auch das Recht heraus, andere in ihrem Glauben und Glaubensersatz kritisch zu befragen. Kirche hat nicht nur die Aufgabe, Menschen zum Glauben zu rufen, sondern auch, Menschen in ihrer Ruhe zu stören, ihre Selbstverständlichkeiten zu hinterfragen. Was sich Halt nennt, muß auch halten.

Einige Mißverständnisse des Glaubens

1. Glaube ist nicht identisch mit Kirchenzugehörigkeit

Viele Leute sind der Ansicht, sie hätten einen »Glauben«, weil sie Mitglied einer Kirche sind. Doch das ist, mit Verlaub gesagt, ein ziemlicher Unsinn. In unserer Gesellschaft ist Kirchenmitgliedschaft konventionell über uns verfügt: Man tauft seine Kinder, man läßt (sich) konfirmieren. Das tut »man« hierzulande so. Das ist beziehungsweise war für die wenigsten von uns eine echte Entscheidung.

Im Gegenteil, und irgendwie ist es verrückt: Entscheiden müssen sich in unserer Gesellschaft nicht die, die Mitglied dieser Kirche werden wollen, sondern die, die aus ihr austreten wollen. Darum wissen die, die aus der Kirche austreten, oft sehr viel genauer, was sie wollen und was sie glauben beziehungsweise nicht glauben, als die, die allzuoft unreflektiert, den Gesetzen der Trägheit gehorchend, in der Kirche verbleiben.

Das System der Volkskirche hat einige nicht von der Hand zu weisende Vorzüge, nicht zuletzt auf sozialem Gebiet. Aber in einer Volkskirche sagt die Kirchenmitgliedschaft nichts über den Glauben der betreffenden Person aus. Es ist schrecklich, aber wahr: Während die Kirche noch die weit überwiegende Mehrheit der Gesellschaft repräsentiert, sind diejenigen, die wirklich glauben, in der Kirche eine Minderheit.

Natürlich wird sich einer, der an Christus glaubt, an die anderen halten, die das mit ihm tun, wenn schon nicht aus innerem Bedürfnis, so doch zumindest deshalb, weil Jesus das so von uns möchte und es in seiner tiefen Weisheit so verfügt hat: Der Glaube braucht, um zu überleben und zu wachsen, den Bruder, die Schwester. Aber die bloße Kirchenzugehörigkeit macht noch keinen Glauben. Ein amerikanischer Prediger hat einmal gesagt: »Wer in einer Garage geboren ist, ist noch lange kein Auto.« Wer in eine Kirche hineingeboren wird, ist damit noch lange kein Christ!

Das ist natürlich den meisten unter uns klar. Auf die bloße Zugehörigkeit zur Kirche kommt es nicht an. Ebensowenig kommt es auf unsere besondere *Kirchlichkeit* an! Kein Mensch kann sich vor Gott dahinter verschanzen, daß er seit Jahren treu den Gottesdienst besucht, im Kirchenchor mitsingt oder im Kirchenvorstand mitarbeitet. Wer sich, wenn es um Glauben und Christsein geht, auf solche Dinge beruft und zurückzieht, wird mit ziemlicher Sicherheit das verfehlen, was eigentlich christlicher Glaube ist: die persönliche Beziehung, die Lebensverbindung zu Jesus Christus.

2. *Ebensowenig ist Christsein gleichzusetzen mit Wohlanständigkeit*

Ein nicht ganz seltenes Erlebnis: Ich spreche mit jemandem über den christlichen Glauben und frage ihn, ob er Christ ist. Und dann bekomme ich eine Antwort wie: »Das wage ich von mir nicht zu behaupten.« Oder wie oft höre ich, wie sich jemand über einen anderen beschwert mit dem unvermeidlichen Nachsatz: »Und so einer will Christ sein!« Hinter solchen und ähnlichen Worten steckt das weitverbreitete Mißverständnis, daß jemand, der sich Christ nennt, auch eine moralisch hervorragende Persönlichkeit sein muß. Und wer könnte dies schon von sich behaupten?

Doch geht es im Christsein nicht um etwas ganz anderes? Basiert unser Christsein nicht gerade auf der Tatsache, daß wir Sünder sind und uns als Sünder erkennen und daß wir die Notwendigkeit einsehen, daß Jesus uns unsere Sünde vergibt? Und müßte man jenen, die uns vorhalten, daß die Christen auch nicht besser sind, nicht antworten: »Genau. Und gerade *darum* gehen sie in die Kirche. Nicht, weil sie sich besonders heilig vorkommen, sondern *weil sie es nötig haben.* Weil sie Vergebung ihrer Sünden suchen. Weil sie ihre Sünde schmerzt und sie Heil und Heilung bei Jesus suchen!«?

Natürlich wird sich einer, der an Christus glaubt, darum bemühen, mit seinen Mitmenschen im Sinne Jesu umzugehen. Im sogenannten »christlichen Abendland« hat man aber daraus eine eigenständige »christliche Moral« abzuleiten versucht, eine Moral, die sehr verschieden akzentuiert wird, auf die sich viele berufen: das Bürgertum, die Sozialisten, die ökologische Bewegung, der Feminismus und viele andere mehr. Und so stehen wir vor dem merkwürdigen Ergebnis, daß sich die Menschen alles mögliche unter dem Begriff »christlich« vorstellen, nur das eine, entscheidende haben sie aus dem Blick verloren: daß der Christ sich nicht durch seine Moral, sondern *durch seine Christusbeziehung definiert.* Das ist vielleicht eines der hartnäckigsten Mißverständnisse, gegen die wir anzugehen haben: Ob ein Mensch Christ ist oder nicht, hängt nicht an seiner Moral, sondern an der Lebendigkeit seiner Beziehung zu Christus. Ich werde darauf im achten Kapitel noch einmal zu sprechen kommen.

3. *Glauben heißt nicht: alles glauben*

Manche Menschen meinen, daß sie, wenn sie Christen werden wollen, *alles* glauben müßten, was in der Bibel steht und was in der Kirche gelehrt wird. Und wenn sie beispielsweise Probleme mit der Geschichte von Jona im Bauch des Fisches oder auch mit einigen Wundern Jesu haben, dann denken sie, sie könnten auch keine Christen sein. Es sei noch mal gesagt: Es geht im christlichen Glauben *nicht* um ein Fürwahrhalten, sondern um ein grundlegendes Vertrauen! Natürlich wird ein solches Vertrauen immer auf grundlegenden Dingen basieren, die man für wahr hält, aber die Geschichte von Jona und dem Fisch gehört ganz sicher nicht dazu. Darum lassen Sie, wenn Sie damit Probleme haben, sie vorübergehend erst einmal weg.

Ja, darf man das denn? Man darf. Natürlich wird sich ein Christ darum mühen zu verstehen, worin der *Sinn* dieser Geschichten liegt und ob es nicht manchmal vielleicht doch mehr Dinge zwischen Himmel und Erde gibt, als unsere Vernunft fassen will. Er wird sich auch darum bemühen, die zentralen Glaubenssätze seiner Kirche nachzuvollziehen. Aber als die Menschen damals Jesus Christus um Hilfe baten, hat er sie nicht erst einmal den Katechismus abgefragt: Glaubst du auch an die Jungfrauengeburt, glaubst du auch an Wunder, glaubst du auch an die Himmelfahrt, wie hältst du es mit Jona? Genausowenig, wie er von ihnen erst einmal moralische Wohlanständigkeit verlangt hat. Sondern er hat ihnen umstandslos die Liebe Gottes zugesprochen.

Was man wirklich glauben muß, um Christ zu werden, ist sehr überblickbar. Einige grundlegende Dinge sollte man akzeptiert haben. Um den Rest kann man sich später noch mühen – das sollte man dann auch! Aber der elementare »Kern des Evangeliums«, das, was man wirklich glauben muß, um den Faden sozusagen in die Hand zu nehmen, ist in wenigen Worten formulierbar. Ich hatte Ihnen am Ende des zweiten Kapitels die Aufgabe gegeben, die wesentlichen Hauptaussagen der Bibel, so wie Sie sie sehen, in rund 300 Worten zusammenzufassen. Hier nun *mein* Versuch, wobei manche sogar hier noch den letzten Abschnitt als zwar wichtig, aber nicht *wesentlich* weglassen würden:

Der »Kern« des Evangeliums:

Alles Leben kommt von Gott und kehrt zu Gott zurück; unser Leben bleibt ohne Frieden und Sinn, bis wir Gott kennengelernt haben und aus ihm heraus leben.

Der Mensch weiß nichts von Gott. Er ist ein endliches Wesen und faßt die Unendlichkeit Gottes nicht. Darum hat Gott immer wieder in der Geschichte gesprochen, bis er sich in Jesus Christus schließlich in nicht mehr überholbarer Weise offenbart hat.

Am Schicksal Jesu aber wird deutlich, daß der Mensch nie ein wirkliches Interesse daran hatte, daß Gott wirklich Gott ist. Der Mensch ist Sünder, das heißt: Er lebt sein Leben lieber ohne Gott. Dieses Sündersein äußert sich in aktiver Auflehnung oder in passiver Gleichgültigkeit Gott gegenüber, aber auch in Form einer Religion, die Gott lediglich für die eigenen Zwecke benutzt. Als Folge seiner Loslösung von Gott gerät der Mensch in Unfrieden mit sich selbst, mit seinem Mitmenschen und mit der Natur.

Durch sein Leben, seine Lehre und vor allem durch seinen Tod und seine Auferstehung baut Jesus uns eine »Brücke« zu Gott. Wir sind gerufen, dieses letzte, unüberholbare Angebot Gottes anzunehmen und ein neues Leben zu beginnen, das geprägt ist von Vertrauen und Liebe. Ein Mensch, für den Jesus in zunehmendem Maße konkurrenzlos wichtig wird, der ist Christ.

Jesus schließt die, die an ihn glauben, zu einer Gemeinschaft von Schwestern und Brüdern zusammen. Gott beauftragt seine Gemeinde, die Botschaft von seiner Liebe überall hör- und spürbar zu machen. Er begabt sie dazu mit seinem Heiligen Geist. Im Hören auf das Wort der Heiligen Schrift und im antwortenden Gebet erfahren der einzelne wie die Gemeinde Wegweisung und Kurskorrektur.

Das Leben endet nicht mit dem Tod. Unser Leben trägt in sich Schönheit und Sinn, und doch bereitet es das Eigentliche erst vor. Wir warten auf einen neuen Himmel und eine neue Erde, auf das Reich Gottes, in dem Gott das zur Vollendung bringt, was wir hier nur anbruchhaft beziehungsweise gebrochen erfahren und bewerkstelligen.

Vielleicht verweilen Sie einige Zeit bei dieser Stelle. Könnten Sie das für sich so unterschreiben? Schreiben Sie den Text doch für sich einmal ab und verändern ihn an den Stellen, wo Sie Schwierigkeiten damit haben. Dabei sollten Sie die Gesamtzahl von rund 300 Wörtern nicht wesentlich überschreiten. Diskutieren Sie Ihre Veränderungen mit anderen! Nehmen Sie sich Ihre Abschrift in regelmäßigen Abständen einmal vor und prüfen Sie, ob Sie das noch so sehen können, oder ob Sie wieder etwas verändern müssen. Auch der obige Text ist eine zum wiederholten Male überarbeitete Fassung von mir.

4. Glaube in dem hier vorgestellten Sinne ist kein »Nichtwissen«

Wahrscheinlich benutzen wir das Wort »glauben« am häufigsten wie etwa in dem Satz: »Ich glaube, morgen gibt es gutes Wetter.« Was man damit meint, ist: »Ich weiß es nicht so genau!« – »Ich glaube an Gott«, das heißt entsprechend für viele: »Ich weiß nicht so genau, wie das mit Gott ist.«

Ich stelle dem gegenüber: *Christlicher Glaube ist Wissen.* Christlicher Glaube ist alles andere als nebulös. Wer im biblischen Sinne an Gott glaubt, hat eine klare Vorstellung von dem, was er glaubt, er hat feste Gewißheit, er weiß etwas. Dieses Wissen ist natürlich ein *anderes* als dasjenige, das sich in Quantitäten ausdrücken läßt. Aber es ist nichtsdestotrotz ein Wissen.

Ich hatte bereits darauf hingewiesen, daß jeder Mensch viel mehr von dem lebt, was er nicht sieht, als von dem, was er sieht. Daß es niemanden gibt, der in diesem Sinne *nicht* glaubt. Es gibt auch keinen Menschen, der diesen Satz, den man so oft hört, wirklich durchhält: »Ich glaube nur, was ich sehe.« Unser ganzes Bild von der Wirklichkeit ist nichts anderes als Glaube. Sogar wenn wir »ich« sagen, *glauben* wir, wir wüßten, wovon wir reden.[6]

Natürlich muß Glaube kritisch befragt werden, er muß abgestützt werden durch Wissen, man darf nicht einfach *blind* glauben. Aber nur das zu glauben, was mam sieht, wird keinem von uns auch nur annähernd gelingen. Und selbst wenn: Auch das wäre ein Glaube. Man glaubt dann eben, daß es außerhalb des Zugriffsbereiches unserer Sinne nichts von Relevanz gibt.

Das Wort »glauben« ist sprachlich verwandt mit dem Wort »verloben«. Eine Verlobung sollte man erst nach sorgfältiger Prüfung der Fakten und Gegebenheiten treffen – aber aus anderen Gründen! Man sollte auf alle Fälle sehenden Auges in eine Verlobung gehen und die Fakten prüfen, aber die Verlobung *erklärt* sich nicht aus diesen Fakten heraus, sondern aus Liebe. Glauben ist nicht blind, aber er stützt sich nicht allein auf das Sehen!

Ein Glaubender *weiß*, aber der Glaube wird gespeist von etwas, was tiefer geht als bloßes Wissen. Im Idealfall müßte es sogar so sein, daß ein Glaubender *mehr* weiß als ein Nichtglaubender, aber er wird *auch* wissen, daß sich die entscheidenden Lebensvollzüge nicht in Meter und Kubik bemessen lassen. Er weiß, daß die Wirklichkeit, die er konstruiert, nicht die wahre und schon gar nicht die letzte Wirklichkeit ist. Es ist immer gut, wenn Dinge wie Liebe, Freude, Glaube oder Hoffnung mit Wissen gepaart sind, aber sie können daraus nicht *gespeist* werden. Sie beziehen sich aus einem Grund, der tiefer reicht als unser Wissen. Zum Wissen gehört daher auch das Wissen um diese prinzipielle Grenze allen Wissens. Der Glaube ist nicht *unlogisch*, er ist *überlogisch.*[7]

Mißverständnisse des Glaubens:

1. Glaube ist nicht Religiosität.[8]
2. Glaube ist nicht Kirchenzugehörigkeit.
3. Glaube ist nicht moralische Wohlanständigkeit.
4. Glaube ist nicht das Fürwahrhalten bestimmter Sätze und Lehren.
5. Glaube ist nicht Nichtwissen.
6. Glaube ist nicht Getauftsein.

Glaube ist vielmehr eine Vertrauensbeziehung zu Gott!

Das *fünfte* Mißverständnis, auf das ich hier eingehen möchte, ist gleichzeitig der nächste größere Abschnitt dieses Kapitels. *Glaube ist nämlich auch nicht identisch mit Taufe oder getauft sein.* Allerdings hat beides sehr viel miteinander zu tun.

Glaube und Taufe

Es ist eine verhängnisvolle Irrmeinung, daß die Taufe einen Menschen zum Christen macht. In der Praxis ist diese Vorstellung vermengt mit einigen anderen oben aufgeführten Mißverständnissen: Man ist getauft, man ist nie aus der Kirche ausgetreten, man hält sich für einen ganz anständigen Menschen. Darum meinen viele ganz selbstverständlich, daß sie Christen seien. Und die Kirche tut vieles, um sie in dieser Ansicht zu bestärken, beziehungsweise sie tut wenig, um dieser Auffassung entgegenzutreten. Sie scheut die Konfrontation.[9]

Doch es hilft nichts: Durch die Taufe werde ich zwar Mitglied der Kirche, aber noch lange kein Christ. Die Taufe ist vielmehr auf *Glauben* bezogen, und ohne Glauben nützt die Taufe nichts. Zum Wasser muß das Feuer kommen, zum äußeren Ritual der Geist des Glaubens. Dabei ist es relativ zweitrangig, ob der Glaube der Taufe vorangeht – wie in der Erwachsenentaufe – oder ob er ihr folgt. So oder so: Die Taufe ist auf Glauben bezogen!

Man hat viel über den Sinn oder Unsinn der Praxis der *Kindertaufe* nachgedacht: Hat es überhaupt Sinn, Kinder zu taufen, wenn es noch überhaupt nicht abzusehen ist, ob sie das, was da in der Taufe geschieht, später auch im Glauben erfassen und annehmen werden? Ja man muß die Frage noch verschärfen: Führt die gegenwärtige Praxis der Kindertaufe und der Stellenwert, den ihr die Kirche eingeräumt hat, nicht dazu, daß Menschen von dem Bewußtsein der Notwendigkeit des Glaubens und der Bekehrung geradezu abgelenkt und weggeführt werden? – Sie sind ja getauft, und damit fühlen sie sich als Christen!

Die Kindertaufe bringt enorme Probleme mit sich. Andererseits macht sie *eins* in sehr schöner Weise deutlich: *Wichtiger als unsere Entscheidung für Gott ist die vorhergehende Entscheidung Gottes für uns.* Bevor wir »ja« zu Gott sagen, hat

Gott schon längst »ja« zu uns gesagt. Ohne dieses vorhergehende Ja Gottes zu uns in Jesus Christus könnte kein Mensch »ja« zu Gott sagen.[10] In der Kindertaufe liegt die Betonung ganz auf dem unserem Glauben und Handeln zuvorkommenden Handeln *Gottes.* Auch die Kindertaufe ist auf Glauben bezogen. Aber der Glaube ist hier die Antwort auf das Ja Gottes in der Taufe, er wird zur existentiellen *Vergegenwärtigung* dessen, was einem zuvor in der Taufe zugesagt worden ist.

Die Taufe ist nicht wiederholbar, aber sie muß immer wieder aktiviert, sie muß immer wieder *vergegenwärtigt* werden. Luther sagte von sich selbst, er krieche jeden Tag neu wieder in seine Taufe hinein. Glaube bedeutete für ihn: zurückkehren zur Taufe. Taufe war für ihn kein losgelöstes Ritual, sondern etwas, was seinen Glauben speiste, was sein Bewußtsein und sein Leben prägte und was ihm Kraft und Mut für den Alltag gab. In Zeiten schwerer seelischer Bedrängnis schrieb Luther mit Kreide vor sich auf den Tisch: »Ich bin getauft« – und stand getröstet auf. So konkret war für ihn die Zusage Gottes in der Taufe.

Über dem Anfang eines Menschenlebens steht das große Ja Gottes. Dieses Ja Gottes wird versinnbildlicht in der Taufe. Diese Zusage Gottes braucht nicht wiederholt zu werden, sie steht unverrückbar und gewiß. Darum braucht die Taufe nicht wiederholt zu werden, denn dies hieße ja, die einmal gegebene Zusage Gottes in Zweifel zu ziehen. Doch die Taufe ist auf Glauben bezogen. Zu einem Vertragsschluß gehören eben *zwei*, die den Vertrag schließen. Die Hand, die Gott mir zum Bund entgegenstreckt, schwebt ohne den Glauben, der sie ergreift, leer im Raum. Dem Ja Gottes muß unser Ja korrespondieren.

Taufe und Glaube gehören zusammen. Es ist das Anliegen der *Taufpraxis aufgrund persönlicher Willensentscheidung*, diese Zusammengehörigkeit besonders zu betonen. Auch bei einer solchen bewußten Taufe geht das Ja Gottes dem Ja des Menschen voraus. Dieses Ja Gottes wird hier aber nicht vermittelt durch die Taufe, sondern durch das Wort, durch die

Predigt, durch einen entsprechenden Unterricht. Die Taufe aufgrund persönlicher Willensentscheidung wird weniger als ein Handeln *Gottes* als vielmehr als ein antwortendes *Handeln des Menschen* verstanden. Die Taufe ist hier nicht Sinnbild des Zuspruchs Gottes, sondern sie ist Bekenntnis und Selbstverpflichtung des Menschen.

Das Problem bei der Kindertaufe ist: Was hat die Taufe eigentlich zu besagen, wenn ihr kein Glaube nachfolgt? Das Problem bei der Erwachsenentaufe ist: Wann bin ich eigentlich gläubig genug, um die Antwort der Taufe zu wagen?[11] Beide Formen der Taufe haben ihre unaufgebbare Wahrheit, beide ihre Probleme. Um es auf eine griffige Formel zu bringen: Die Praxis der Kindertaufe neigt zu einem eher *magischen* Verständnis, demzufolge der Mensch nichts zu tun braucht, die Praxis der Erwachsenentaufe dagegen eher zu einem rein *symbolischen* Mißverständnis der Taufe. Man sollte beide Formen der Taufe nicht gegeneinander ausspielen, sondern gleichberechtigt nebeneinander stehenlassen, damit sie sich gegenseitig ergänzen und in der Schwebe halten.[12] Ob Erwachsenen- oder Kindertaufe: Beides macht mich nicht zum Christen. Christ werde ich erst, indem ich auf das große Ja Gottes, das er in Jesus Christus zu mir spricht, mit meinem Ja und meinem Leben antworte.

Ich will ein Bild gebrauchen. Viele gehen mit diesem Ja Gottes um wie mit einer *Pockenschutzimpfung*: Man bringt sie früh hinter sich, kann sich in der Regel nicht mehr daran erinnern, macht es weniger aus Bewußtsein der realen Gefahr – wer von uns kennt schon die Pocken aus eigener Anschauung? –, sondern weil alle es machen, und schaden kann's ja nicht. Und dann geht man davon aus, daß die Wirkung ein Leben lang vorhält. So eine Impfung ist eine passive Sache, da ist nichts, was man aktivieren muß.[13] Und genau das ist, was die *Taufe* anbetrifft, der Trugschluß.

Die Zusage Gottes in der Taufe ist nichts, dessen wir passiv teilhaftig werden könnten. Ich würde die Taufe daher eher mit einem Bankkonto vergleichen, wie man es ja auch für ein kleines Kind eröffnen kann. Irgandwann einmal kommt dann der Zeitpunkt, an dem die Verfügung über dieses Konto aus der Hand der Eltern in die eigene Verantwortung genommen werden muß. Ein Taufschein wie ein Bankkonto müssen *aktiviert* werden, wenn man etwas davon haben will, sonst bleibt beides ein bloßes Stück Papier.

Kindertaufe	**Erwachsenentaufe**
Taufe ist ein Handeln Gottes.	Taufe ist ein Handeln des Menschen.
In der *Taufe* spricht Gott sein öffentliches Ja zu uns.	Gott spricht sein Ja zu uns durch das *Wort der Bibel.*
Der Getaufte wird im *Wort der Bibel* unterwiesen.	Das Ja Gottes wird im *Glauben* angenommen.
Im *Glauben* spricht der Mensch sein Ja zu Gott.	In der *Taufe* spricht der Mensch sein öffentliches Ja zu Gott.

Gemeinsamkeiten von Kindertaufe und Erwachsenentaufe:

- Gottes Ja geht unserem Ja voraus.
- Wort, Glaube und Taufe gehören zusammen.
- Taufe allein macht mich nicht zum Christen.
- Taufe muß immer wieder aktiviert (vergegenwärtigt) werden.

Ich las einmal die Geschichte von einem Mann, der, in bitterer Armut lebend, eine Millionenerbschaft gemacht hatte. Aber er konnte das nicht glauben. Er sagte: Das ist ein böser Scherz, ich habe keine Verwandten, die mir soviel Geld vermachen würden. Und bevor man ihn überzeugen konnte, war er verhungert. Dies ist vielleicht ein etwas einfältiges Beispiel, aber es verdeutlicht, daß die größten Besitztümer einem nichts bringen, wenn man nicht glaubt, daß sie einem gehören. Getauftsein allein nützt nichts, man muß mit diesem »Kapital« auch arbeiten, man muß es in Anspruch nehmen, sein Leben daraufhin ausrichten. Ich muß, um davon leben zu können, tagtäglich etwas »abheben«, ich muß mir das mir zugesagte Ja Gottes immer wieder vergegenwärtigen, es sozusagen in die kleine Münze meines Lebens umsetzen. Ich muß aber auch mein eigenes Ja immer wieder erneuern und aktualisieren. Dazu ist das *Abendmahl* eine großartige Gelegenheit.

Taufvergegenwärtigung im Abendmahl

Wenn ein Mensch Christ wird, sollte er sich taufen lassen. Wenn er Christ wird, aber bereits getauft ist, sollte er zum Abendmahl gehen, denn das Abendmahl ist auf Taufe bezogen. Im Abendmahl hebt er gleichsam von dem »Bankkonto« ab, das ihm in der Taufe eingerichtet wurde. Im Abendmahl vergegenwärtige ich mir das große Ja, das Gott am Anfang meines Lebens zu mir gesprochen hat, und sage nun meinerseits ja beziehungsweise erneuere mein Ja: Ja, das will ich. Ja, das glaube ich. Ja, daraus beziehe ich meine Kraft. Ja, daraus definiere ich meinen Lebensauftrag. Ja, darauf lasse ich mich ein – jedes Abendmahl neu.

In jedem Abendmahl erinnern wir uns an das Leiden und Sterben Jesu, an das, was er für uns getan hat. In jedem

Abendmahl wird gegenwärtig, daß Gott uns die Hand reicht über den Graben unserer Sünde und Schuld hinweg. Im Abendmahl erinnert mich Gott daran: Ich habe dir in der Taufe die Hand gereicht, mein Ja zu dir steht unverbrüchlich – und ich warte darauf, daß du meine Hand neu ergreifst.

Anstelle des Abendmahlsberichtes findet sich im Johannesevangelium die Geschichte von der Fußwaschung Jesu. Jesus sagt dort: »Wer gewaschen ist, bedarf nichts, als daß ihm die Füße gewaschen werden, denn er ist ganz rein.«[14] Hier werden Taufe und Abendmahl in Beziehung zueinander gesetzt. Die Taufe ist die *eine* unwiederholbare, feststehende Zusage Gottes. Aber auf dem Weg unseres Lebens, auch und gerade des Christenlebens, machen wir uns die Füße schmutzig, werden wir immer und immer wieder schuldig, fallen wir zurück in das alte Wesen der Sünde. Dafür steht das Abendmahl: daß Jesus uns Sündern immer wieder die müden, schmutzigen Füße wäscht.

Der starke Bezug auf die Schuld hat allerdings leider dazu geführt, daß das Abendmahl vielerorts zu einer regelrechten Trauerveranstaltung geworden ist. Und das halte ich nun für ganz und gar unbiblisch. Natürlich erinnern wir im Abendmahl auch daran, daß Jesus gestorben ist und daß es unsere Sünde ist, die ihn ans Kreuz brachte. Sündenerkenntnis ist traurig, und es ist unser gutes Recht, wenn wir wirklich von unseren Sünden belastet sind, traurig zum Abendmahl zu gehen. Doch ich frage mich: Ist es wirklich *das*, was das Abendmahl für viele so bedrückend macht?

Die Tendenz des Abendmahles ist doch *positiv*! Es geht doch um unsere Sünde nur insofern, als sie uns *vergeben* wird! Es geht um Christi Blut doch nur, insofern es *für mich* vergossen wird, also *mir zugute* kommt. Wir gedenken des Todes Jesu doch im Lichte seiner *Auferstehung*! Und wir feiern dieses Mahl doch nicht, um in selbstquälerischer Erinnerung zurückzublicken, sondern um gemeinsam vorauszublicken auf das große Fest, wo wir alle miteinander und mit ihm vereint sein werden!

Aspekte des Abendmahls

1. Gedächtnismahl

Zur Erinnerung daran, was Jesus durch uns erlitten hat.	Lukas 22,19 1. Korinther 11,24–26	Vergangenheit (»Sünde«)

2. Mahl der Vergebung und Stärkung

Jesus starb *für mich.* Neuer Bund zwischen Gott und Mensch.	Matthäus 26,27 Lukas 22,20	Gegenwart (»Ich + Gott«)

3. Gemeinschaftsmahl

Jesus schließt die, die Frieden mit Gott bekommen haben, zu einer Gemeinschaft zusammen.	Lukas 22,17 Matthäus 26,27 f. 1. Korinther 10,16 f.	Gegenwart (»Ich + andere«)

4. Vorwegnahme der zukünftigen Feier

Der Himmel wird ein Fest sein.	Lukas 22,16 + 18 Matthäus 26,29	Zukunft (»Heil«)

Tendenz: von Trauer zur Freude!

Das Fest ist überhaupt der Aspekt, der im allgemeinen Bewußtsein völlig aus dem Blick geraten ist: Das Abendmahl ist Vorfreude auf den Himmel, ist Vorwegnahme der zukünftigen Feier. Das Neue Testament stellt den Himmel als ein großes, gemeinsames Fest vor. Jedes Abendmahl soll dieses Fest vorabbilden – und es ist himmelschreiend, welche Trauerveranstaltung wir daraus gemacht haben! Das Abendmahl ist eigentlich – in aller Vorläufigkeit! – die Einübung in die neue Gemeinschaft der begnadigten Sünder, in die große Feier der zukünftigen Welt. Nicht tiefernst und mit pflichtfrommen Gesichtern und möglichst selten haben die ersten Christen das Abendmahl gefeiert, sondern freudig und möglichst oft, »hin und her in den Häusern«. Es war ein wesentlicher Bestandteil ihrer Spiritualität, ihrer Gemeinschaft, ihres Gebetes.

Das Abendmahl hat eine Tendenz: und zwar von Trauer zur Freude. Das spiegelt sich in unserer Abendmahlspraxis leider oftmals überhaupt nicht wider. Das Abendmahl ist weithin keine *Feier* mehr, sondern nur noch *feierlich* – und leider ist das in der Praxis ein Gegensatz. Jemand, der beim Abendmahl befreit strahlt oder gar leise lacht, wird als Fremdkörper empfunden, der die Würde der Feier stört. Die für jede Feier wichtige Gemeinschaft wird auch nicht allzu intensiv erlebt, was allerdings ein Manko vieler Gottesdienste überhaupt zu sein scheint.

Jedes Abendmahl hat also mindestens vier Aspekte, wie ich in dem Schaubild auf Seite 185 dargestellt habe.

Jemand hat einmal Taufe und Abendmahl mit einer Tür und einem Tisch verglichen. Wir sind getauft, das heißt: Die Tür zu Gott steht uns in Jesus Christus offen. Aber wir müssen zu Tisch kommen, sonst verhungern wir bei geöffneter Tür. Und mir scheint, als könne sich niemand selbst daran bedienen, sondern jeder ist auf die Hilfe seiner Tischnachbarn angewiesen. Die neue Christusbeziehung schafft eine neue Beziehung untereinander. Wir sind einander Helfer und Helferinnen des Glaubens, Wegweiser auf Christus hin. Gott hat sein großes Ja über uns gesprochen. Und er wartet auf unsere Antwort: auf unser Ja zu ihm – und auch unser Ja zueinander.

Der Schritt zum Glauben

Gott wartet auf unser Ja zu ihm. Er hat schon lange ja zu uns gesagt, aber er wartet auf unsere Antwort, er wartet darauf, daß wir seine ausgestreckte Hand ergreifen. Das heißt: Wir sind vor eine Entscheidung gestellt. Vielleicht haben Sie dieses »Ja« in Ihrem Leben bereits gesprochen, dann wissen Sie, daß dies keine einmalige Sache ist, sondern immer wieder erneuert werden muß. Aber Sie wissen dann auch, daß es ein »erstes Mal« geben muß und daß dieser Moment etwas Besonderes in sich trägt.

Bitte schauen Sie sich für einige Minuten einmal die folgenden Begriffe genauer an:

Die Einladung Jesu annehmen	**Jesus einladen**
Hinwendung zu Gott	**Bekehrung**
Herrschaftswechsel	**Buße (Umkehr)**
Konfirmation (Firmung)	**Christ werden**
Vertrauen fassen	**Neuanfang**
Abendmahl feiern	**Lebensübergabe**
Taufvergegenwärtigung	**Wiedergeburt**
Abkehr vom Alten	**Heimkehren**
Meine Christusbeziehung neu erfassen	**Taufe**

Alle diese Begriffe – die Theologen mögen es mir verzeihen! – reden von der gleichen Lebensbewegung, aber sie akzentuieren sie verschieden. *Welche Akzentsetzungen sind ersichtlich? Gibt es einen Begriff darunter, der für Sie jetzt »dran« ist?* Dann sorgen Sie dafür, daß es nicht ein bloßer Begriff bleibt. *Vollziehen* Sie diesen Schritt!

Denn im Grunde genommen ist alles gesagt. Schauen Sie sich den von mir auf Seite 175f. formulieren »Kern des

Evangeliums« noch einmal an. Können Sie das so nachvollziehen? Dann haben Sie das Wesentliche erkannt. Allerdings müßte Ihnen, wenn Sie es wirklich erkannt haben, klar sein, daß die bloße verstandesmäßige Erkenntnis all dieser Dinge noch nichts bringt. Zur *Erkenntnis* muß die *Anerkenntnis* kommen, das heißt die persönliche Aneignung. Erkenntnis ist Kopfsache. Anerkenntnis ist tiefergehend, sie ist der lebensmäßige Nachvollzug dessen, was wir erkannt haben. Anerkenntnis schließt immer das *Bekenntnis* unserer Schuld vor Gott mit ein, die im Gebet formulierte Absage an das Alte und die Bitte um einen neuen Anfang.

Wenn Sie diesen Schritt zum *erstenmal* tun, sprechen wir von einer *Bekehrung*. Wenn Sie diesen erstmaligen Schritt erneuern, nennen wir das *Buße*. In beiden Fällen ist es notwendig, daß wir Gott unsere Schuld und unsere Sünde bekennen. Wieso dies notwendig ist, möchte ich an einem Bild verdeutlichen. Martin Luther benutzte in einer Weihnachtspredigt einmal folgenden Vergleich:

> Ein reicher Mann hatte den Einfall, allen Bettlern der Stadt, die ihre Schulden nicht bezahlen konnten, diese zu erlassen. Der Erlaß war rechtskräftig, weil er selber die Schulden bezahlte. Er hatte nur eine Bedingung: Die Schulden mußten bis zu einer bestimmten Stunde angemeldet werden.

Der reiche Mann *konnte* keine Schuld erlassen, die zwar offensichtlich vorhanden, aber von dem Betreffenden nicht beim Namen genannt wurde. Gott kann uns keine Sünde vergeben, wenn wir sie nicht als solche empfinden und beim Namen nennen. Gott kann mir kein neues Leben schenken, solange ich mein altes noch bruchlos »in Ordnung« finde. Ich kann das Neue nicht empfangen, solange ich noch krampfhaft an etwas anderem festhalte. Es geht nicht darum, mir nach Art der Religion die Vergebung durch mein Schuldbekenntnis zu »verdienen«, ich mache lediglich meine Hände leer, damit sie das Neue empfangen können. Wenn Gott mir den Becher meines Lebens mit Wein füllen soll, muß ich vorher das darin befindliche Wasser auskippen.

Dieser Absage ans Alte korrespondiert die *Hinkehr* zum Neuen. Gott beruft mich zu einem neuen Leben, einem Leben des Glaubens, der Liebe und der Hoffnung. Ein Leben aus seinem Wort heraus, im Vertrauen auf seine Führung. Und ich sage noch einmal: Es ist für mich völlig undenkbar, daß ich so ein Leben *allein* überhaupt erst anfange, geschweige denn durchhalte. Auch dieses neue Leben ist keine Leistung, die wir zu erbringen hätten, um uns die Vergebung zu verdienen. Es ist vielmehr die dankbare Konsequenz aus der Vergebung. Von diesem neuen Leben wird in den beiden folgenden Kapiteln die Rede sein.

Es gibt ein Gebet von Johannes Hansen, das diese beiden Aspekte, die Abkehr vom Alten und die Hinkehr zum Neuen, sehr schön auf den Punkt bringt. Es ist schon für viele zum ersten, entscheidenden Schritt in den Glauben geworden. Man kann es aber auch beten, wenn man schon jahrelang Christ ist – als immer wieder notwendiges Bußgebet. Beten Sie dieses Gebet für sich allein, oder, besser noch, Sie ziehen einen erfahrenen Christen oder eine erfahrene Christin zu Rate – einen Menschen, der aus dem Gebet und dem Hören auf das Wort der Heiligen Schrift heraus lebt – und beten es mit ihm gemeinsam.[15]

Sie stehen, wenn Sie dieses Gebet gesprochen haben, in einem neuen Raum. Wenn Sie das Gebet alleine gesprochen haben, sind Sie für den ersten Augenblick wahrscheinlich ziemlich ratlos. Besser, wenn in einem solchen Moment jemand bei Ihnen ist, der Ihnen den nächsten Schritt zeigen kann, der Ihnen aus seiner eigenen Erfahrung helfen kann, Ihre Gefühle zu ordnen.

Vielleicht können Sie es nachsprechen:

Herr, verwandle mein Leben ...

Herr, ich habe deinen Ruf an mich gehört
und danke dir, daß du mich nicht vergessen hast,
obwohl ich dich oft vergaß und nicht an dich dachte.
Ich hatte mich von dir abgewandt
und ging meine eigenen Wege, –
du aber hast mich nicht aufgegeben.

Ich bekenne dir die Schuld meines Lebens
und die ungezählten Fehler meiner Tage.
Ich bitte, Herr: Vergib mir meine Schuld
und nimm mich wieder als dein Eigentum an.
Ich danke dir, Herr, für dein Sterben am Kreuz
und für die Freiheit von Schuld,
Angst und Hoffnungslosigkeit.

Im Vertrauen darauf, daß du ja zu mir gesagt hast,
antworte ich nun mit meinem Ja zu dir.
Ich will dein Eigentum sein und bleiben.
Gib mir die Kraft, mich stets an dich zu halten
und nicht zu verzagen, wenn ich in Krisen komme.
Zeige mir meinen Platz in deiner Gemeinde
und meinen Platz in deiner dennoch geliebten Welt.

Zeige mir meine Gaben und Fähigkeiten,
damit ich sie einsetzen kann, wo du mich brauchst
und wo Menschen auf meine Hilfe warten.

Mache mir dein Wort lieb und gib mir Mut,
meinen Dank, meine Not und meine Bitten
im Gebet vor dich zu bringen.
Herr, verwandle mein Leben,
daß es für dich zur Freude
und den Menschen zur Hilfe wird. Amen.
Johannes Hansen

Sie haben mit diesem Gebet die »Brücke« betreten, und dieser erste Schritt ist vergleichbar mit dem ersten Flug im Flugzeug oder den ersten Minuten nach der Unterschrift beim Standesamt. Kann sein, daß das Gefühl der neugewonnenen Freiheit und der Freude überwältigend ist, sehr viel wahrscheinlicher aber ist, daß sich sehr zwiespältige Empfindungen unser bemächtigen.

Wie auch immer es jetzt in Ihnen aussieht: Bitte ziehen Sie nicht in Zweifel, daß Sie, wenn Sie dieses Gebet von Herzen gesprochen haben, Christ geworden sind! Ich werde Ihnen im folgenden Kapitel sagen, welche konkreten Schritte Sie gehen können, damit Sie auch Christ *bleiben.* Gerne würde ich Ihnen empfehlen, sich taufen zu lassen beziehungsweise, wenn Sie schon getauft sind, zum Abendmahl zu gehen. Meiner Meinung nach sollte dies in einer Gemeinde erfolgen, in der wenigstens ein bißchen etwas von dem Geist spürbar wird, von dem in diesem Buch bislang die Rede war. Damit dieses Abendmahl für Sie zu einem wirklich spirituellen Erlebnis wird, möchte ich Ihnen raten, sich darauf vorzubereiten. Sie sollten bereits vorher eingehend meditieren, was geschieht, wenn Sie das Abendmahl einnehmen. Die folgende praktische Übung soll Ihnen helfen zu verinnerlichen, was geschieht, wenn Sie zum Abendmahl kommen.

Praktische Übung: Entwicklung einer Abendmahlsphantasie

Bitte nehmen Sie sich etwas Zeit für diese Übung. Ich möchte, daß Sie alles Frustrierende vergessen, was sich vielleicht für Sie bisher mit dem Begriff »Abendmahl« verbindet. Ich möchte in verschiedenen Stufen mit Ihnen ein imaginatives Bild entwickeln, das ich Sie bitte, eingehend zu meditieren. Stellen Sie es sich so vor, daß Sie es regelrecht gefühlsmäßig durchleben.

Das erscheint mühevoll, aber der Lohn der Mühe ist erheblich: Sie verlieren nicht nur einen Haufen Ballast an unnützen, negativen Emotionen, den Sie mit sich herumschleppen, sondern bekommen vor allem einen neuen, unverkrampften, schönen Zugang zu einer der wichtigsten Ausdrucksformen des Evangeliums. Die oft traurige Art, wie wir in unseren Kirchen Abendmahl feiern, wird sich nur ändern, wenn wir als einzelne ein neues Abendmahlsbild entwickeln.

Wenn ich sage: »Abendmahlsphantasie«, so heißt das für mich nicht: »Packen Sie rein, was Sie wollen, jeder muß den Sinn seines Abendmahls selber finden.« Vielmehr spreche ich von einer sogenannten »gelenkten Phantasie«. Ich möchte Ihnen daher einen Rahmen vorgeben, innerhalb dessen Sie Ihre Phantasie entwickeln sollen. Dieser Rahmen ist vor allem geprägt von den von mir vorhin entwickelten vier Aspekten des Abendmahls. Am besten, Sie nehmen sich für jeden Abschnitt des folgenden Textes ein leeres Blatt, das Sie später im Bedarfsfall ergänzen oder ändern können.

Bitte denken Sie daran, das von Ihnen entwickelte Bild mit Hilfe des Geruchs-, Geschmacks- und Tastsinns, über Auge und Ohr sowie mit inneren Gefühlen zu bereichern! Sie malen ein (imaginatives) Bild! Gestalten Sie jeden einzelnen Zug des Bildes so liebevoll wie möglich! Nehmen Sie sich für jede Stufe Zeit, bevor Sie zur nächsten übergehen! Benutzen Sie für jede Stufe ein eigenes Blatt (wegen eventueller späterer

Ergänzungen). Und vergessen Sie nicht, nachdem Sie diese Übung gemacht haben, auch wirklich zum Abendmahl zu gehen!

Die Abendmahlsphantasie:

1. Stellen Sie sich vor: Sie kommen in einen wunderschön geschmückten Raum (wie sieht Ihr bevorzugter Abendmahls-Raum aus, wie ist er geschmückt, hört man im Hintergrund Musik [welche]?). Der Raum ist voller Menschen (stehen sie, [wie] sitzen sie?), eine warme und herzliche Atmosphäre herrscht vor, in die Sie sich sofort hineingenommen fühlen. (Wodurch geschieht das?)

2. Plötzlich geht die Tür auf, und etwas wahrscheinlich für alle völlig Unerwartetes geschieht: Jesus selbst steht in der Tür (woran erkennen Sie ihn?). Ihr erstes Gefühl ist ein unbändiger Jubel, der sich Ihrem Herzen entringt: ER ist es tatsächlich, also ist es wahr, was Sie geglaubt und doch manchmal nicht zu hoffen gewagt hatten. Tränen einer Liebe, die nach langem Warten endlich ihre Erfüllung findet, steigen Ihnen in die Augen. (Beschreiben Sie Ihre Empfindungen.)

3. Doch diese spontane Freude weicht einer Beklemmung. Jesus, so wie er da in der Tür steht, in all seiner Reinheit und Schönheit – wird er mich überhaupt kennen? Wird er mit mir etwas zu tun haben wollen? Lächerlich: ausgerechnet mit mir! – Während Sie Jesus so anschauen, werden Sie sich Ihrer eigenen Unwürdigkeit bewußt. Ihre Schattenseiten und Abgründe fallen Ihnen ein, Dinge, mit denen Sie bei sich selbst nicht im Frieden sind (welche?),

Dinge auch, mit denen *er* mit Sicherheit nicht im Frieden sein wird (welche?). Mehr und mehr schafft sich die Überzeugung bei Ihnen Platz: Nein, Jesus ist wegen der anderen gekommen, ganz bestimmt nicht wegen mir. Tiefe Leere macht sich in Ihrem Herzen breit. Sie haben plötzlich nur noch das Bedürfnis, rauszurennen und Jesus nicht unter die Augen zu kommen ...

4. Doch da steht er plötzlich vor Ihnen. Sie machen den Mund auf und wollen etwas sagen (was?), doch bevor Sie etwas sagen können, sagt er: »Sprich jetzt nicht« und schließt Sie liebevoll in die Arme. Unendlich lange und doch viel zu kurz scheint diese Umarmung zu dauern (was denken Sie dabei?). Und auch nach der Umarmung läßt Jesus Sie nicht einfach los, sondern hält Sie weiter fest (wo berührt er Sie?). »Ich habe Sehnsucht nach dir gehabt«, sagt er und schaut Ihnen dabei in die Augen ... »Aber ...« wollen Sie gerade sagen, aber er schüttelt nur den Kopf, seine Augen voller Liebe und voller Schmerz. »Ich habe Sehnsucht nach dir gehabt und nach euch allen. Ich möchte mit euch essen und trinken.«

5. Beschreiben Sie: Wie sieht dieses Essen und Trinken aus?! Welche Rolle spielen Brot und Wein dabei?

6. Plötzlich steht Jesus auf und sagt: »Ich habe Sehnsucht nach euch gehabt, und dieses Mahl hat mir richtig gutgetan. Aber ich werde auch weiter Sehnsucht nach euch haben, bis der Tag kommt, der eine einzige Feier sein wird. Der Tag, an dem uns nichts mehr trennen wird. Der Tag, an dem es keine Tränen mehr geben wird. Einen Vorgeschmack von diesem Tag habt ihr eben bekommen. Ich freue mich auf euch!« – Und wie er so spricht, ist er mit einemmal verschwunden.

7. Zurück bleiben Sie mit all den anderen, die – wie Sie erst jetzt merken – scheinbar ähnliches mit Jesus erlebt haben wie Sie. Was passiert jetzt? Wie gehen Sie miteinander um? Wie ist Ihre Stimmung? Was nehmen Sie sich vor? . . .

7. Gebet und Spiritualität – die Antwort des Glaubens

In diesem Kapitel lesen Sie, warum es für einen Christen eine Frage des geistlichen Überlebens sein kann, daß er sich mit seiner Gemeinde vor Ort nicht unbedingt zufriedengibt. Er braucht eine Gemeinschaft mit einer lebendigen Spiritualität. Spiritualität ist Freude an Gott, sie ist die »Erotik« unserer Gottesbeziehung. Das Herzstück aller Spiritualität aber ist das Gebet. Lebendiges Gebet hat eine viel größere Bandbreite als das, was wir unter »Gebet« zu bezeichnen pflegen. Das liegt daran, daß wir in der Regel nicht christlich, sondern heidnisch beten. Ich werde Ihnen die Grundformen des christlichen Gebets vorstellen und einige äußere Hilfen zum Beten geben. Schließlich möchte ich Sie vertraut machen mit den Grundentscheidungen des Vaterunsers, die sich den Worten Jesu zufolge in allen unseren Gebeten widerspiegeln sollten.

Suchen Sie sich eine Gemeinde!

Jeder Weg beginnt mit dem ersten Schritt. Darum ist der erste Schritt auch für den Glauben so wichtig, weil er die grundsätzliche Entscheidung markiert, von nun an mit Gott leben zu wollen. Aber kein Weg *endet* mit dem ersten Schritt. Die Entscheidung, mit Gott leben zu wollen, wiederholt sich Tag für Tag, ja oft Stunde um Stunde.

Ein Mensch, der Christ geworden war, kam zu seinem Pfarrer in die Seelsorge und sagte: »Herr Pfarrer, das habe ich mir alles sehr viel einfacher vorgestellt. Ich dachte, wenn ich Christ werde, dann lösen sich mit einem Schlag alle Probleme, aber nichts dergleichen ist der Fall! Im Gegenteil: Ich habe jetzt noch ein Problem mehr. Mein früheres Leben kämpft mit dem neuen Leben, das ich ergreifen will. Und mir scheint, ich bin alles andere als ein vorbildlicher Christ. Es ist so, als kämpften in meiner Seele zwei Katzen miteinander, eine schwarze und eine weiße. Und ich bin mir nicht sicher, welche von den beiden gewinnen wird.« – »Das kommt darauf an«, antwortete der Pfarrer, »welche der beiden Katzen Sie besser füttern.«

Im letzten Kapitel habe ich gesagt, wie Sie Christ *werden* können. In diesem Kapitel möchte ich einige Hilfen geben, wie Sie Christ *bleiben* können. Der wichtigste Rat, den ich Ihnen geben möchte, ist der: Suchen Sie sich eine Gemeinde! Es muß nicht unbedingt Ihre zuständige Ortsgemeinde sein.

Das Modell, daß man zwangsläufig zu *der* Gemeinde gehören muß, in der man auch wohnt, stammt aus jener Zeit, in der die Kirche die Mitte des Dorfes war und man gar keine andere Möglichkeit hatte. Dieses Modell hat insofern auch seine nicht von der Hand zu weisenden Vorteile, als man mit den Menschen seiner Gemeinde auch wirklich zusammen lebt, die gleichen lokalen Erfahrungsfelder teilt, sich ohne Aufwand auch unter der Woche treffen kann und so weiter.

Aber Ihre konkrete Gemeinde vor Ort ist vielleicht nicht unbedingt die, die zu Ihnen paßt. Jede Gemeinde hat ein bestimmtes Profil: Die eine ist eher liturgisch-hochkirchlich, die andere eher sozial-diakonisch orientiert, die dritte ist eher erbaulich-fromm, die vierte wieder anders. Diese Differenzierung ist zunächst nichts Negatives, sondern

Ausdruck des inneren Reichtums der Kirche. Sie entspricht auch einer differenzierten Gesellschaft. So wie der Mensch unserer modernen westlichen Gesellschaft gewohnt ist, im Supermarkt zwischen mehreren verschiedenen Brotsorten auswählen zu können, so werden wir uns daran gewöhnen müssen, daß er sich zunehmend auch die zu ihm passende Kirche oder Gemeinde auswählt.

Ich weiß, daß ich mit dieser These Widerspruch ernten werde, aber welchen Sinn soll es zum Beispiel haben, wenn Ihre Gemeinde vor Ort einen starken kirchenmusikalischen Schwerpunkt setzt und mit dieser Arbeit auch viele Leute anspricht, Sie persönlich aber mit klassischer Musik überhaupt nichts anfangen können? Oder wie gut wird das gehen, wenn Sie gerne regelmäßig mit anderen Christen zusammen die Bibel lesen wollen, Ihre Ortsgemeinde solche Bibelkreise aber überhaupt nicht anbietet, weil sie aufgrund ihrer »Gemeindephilosophie« darin überhaupt keine Notwendigkeit sieht? Meine Erfahrung ist, daß viele suchende Menschen dann ganz einfach resigniert wegbleiben, anstatt sich nach einer anderen Gemeinde umzuschauen.

Ich fordere Sie nicht auf, wenn Sie seit Jahren als Christ in einer Gemeinde mitarbeiten, diese zu verlassen. Aber wenn Sie frisch Christ geworden sind und noch nicht in das Leben einer Gemeinde eingebunden sind, dann ist es für Sie eine Frage des geistlichen Überlebens, die für Sie richtige Gemeinde zu finden. Dann sollten Sie sich die Gemeinden in Ihrem näheren Umkreis wirklich näher anschauen. Suchen Sie sich *die* Gemeinde, die Ihnen und Ihrer Art am meisten entspricht, und vor allem: in der Sie *Brot* bekommen, in der Sie nicht geistlich verhungern[1], in der man Ihren geistlichen Bedürfnissen nicht völlig verständnis- und fassungslos gegenübersteht. Wo Ihnen der Gottesdienst etwas gibt beziehungsweise wo Sie Kreise von Christen finden, die miteinander beten und in der Bibel lesen.

Wenn man sich dann für eine Gemeinde entschieden hat – und es wäre ratsam, diese Entscheidung möglichst bald zu fällen –, sollte man ihr allerdings auch die Treue halten. Denn jede Gemeinde hat ihre Schattenseiten und ist darauf angewiesen, daß Leute in schwierigen Zeiten das Schiff nicht gleich verlassen, sondern an Bord bleiben. Und vor allem: Wenn Sie Ihre Gemeinde verlassen, wird sich kaum etwas in die von Ihnen gewünschte Richtung verändern.[2]

Wenn Sie bewußt Christ geworden sind, wird es mit einer rein passiven Mitgliedschaft in der Gemeinde nicht mehr getan sein. Die Gemeinde wird vielmehr zunehmend zu einem bestimmenden Lebensumfeld für Sie werden, denn hier ist es, wo der Heilige Geist an Ihnen und durch Sie arbeitet. Zu einer aktiven Gemeindemitgliedschaft gehören für mich darum vor allem die folgenden vier Elemente:

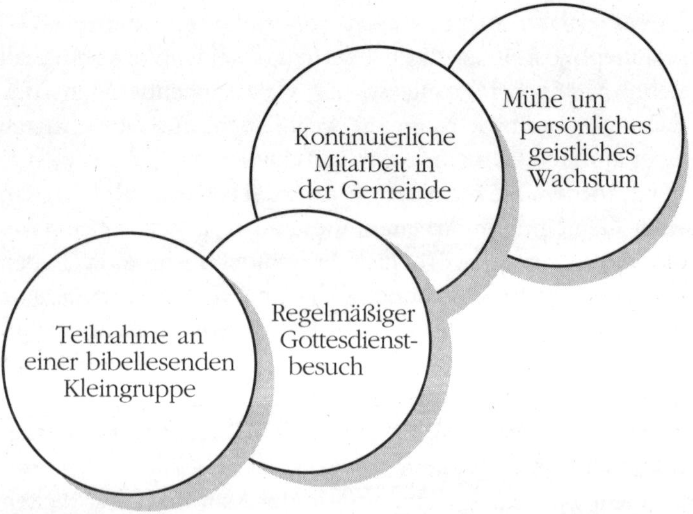

Die *bibellesenden Kleingruppen* stehen für mich klar an erster Stelle. In diesen kleinen geistlichen Zellen wird Gemeinschaft konkret. Hier betet man miteinander, man tauscht sich mit anderen aus, man hilft und trägt einander; in sehr persönlicher Weise wird hier miteinander besprochen, wie das Christsein im Alltag praktisch aussehen kann. Auf diese Weise üben die Teilnehmer eines solchen Kreises Seelsorge aneinander, sie helfen sich gegenseitig, ihre Gaben zu entdecken, und lernen es, ihren Glauben zu artikulieren. All diese Dinge kann der Gottesdienst allein so nicht leisten.

Der *Gottesdienst* ist der zentrale wöchentliche Treffpunkt der ganzen Gemeinde. Hier wird Gott angebetet, hier werden Menschen zum Glauben gerufen, im Glauben bestärkt und zum Handeln motiviert. Im Gottesdienst verzahnen sich die einzelnen kleinen Kreise und Aktivitäten der Gemeinde; der Horizont erweitert sich von unserem persönlichen Blickwinkel und unseren individuellen Schwerpunkten (und auch von den Schwerpunkten der jeweiligen Kleingruppe) auf das Ganze der Gemeinde und deren Sendung in die Welt. Menschen ganz unterschiedlichen Zuschnitts treffen hier zusammen und feiern miteinander und bilden so die eine Gemeinde. Dies ist in der Praxis vieler Gemeinden sicherlich ein unerreichtes Idealbild, aber wenn auch Sie den Gottesdiensten Ihrer Gemeinde fernbleiben, wird sich daran nichts ändern.

Die kontinuierliche *Mitarbeit* in der Gemeinde ist nicht so sehr für diese selbst, sondern vor allem für unser eigenes geistliches Leben von enormer Bedeutung. Vielen Christen bleibt ein Großteil der für sie bereitstehenden geistlichen Erfahrungen verschlossen, weil sie, bildlich gesprochen, im Sessel sitzenbleiben. Nur in der praktischen Mitarbeit können wir die uns von Gott gegebenen geistlichen Gaben entdecken, entwickeln und entfalten, zu unserem persönlichen Wachstum, zum Aufbau der Gemeinde und zur Ehre Gottes.[3]

Die *Mühe um persönliches Wachstum* schließlich bedeutet, daß wir die Verantwortung für unser geistliches Wachstum selbst übernehmen und nicht an andere delegieren. Warten Sie nicht, bis man Ihnen einen Bibelkreis oder eine Gelegenheit zur Mitarbeit vor die Füße trägt. Kümmern Sie sich aktiv darum! Praktizieren Sie auch ohne äußeren Anstoß einen regelmäßig betenden Umgang mit der Bibel. Besuchen Sie Seminare und Tagungen, die Ihr geistliches Wachstum fördern. Machen Sie es zu einer guten Regel, mindestens ein gutes geistliches Buch pro Monat zu lesen. In den Anmerkungen zu meinem Buch finden Sie einige Literaturempfehlungen.

Auf der Suche nach »Spiritualität«

Ich rate Ihnen, sich eine Gemeinde zu suchen, in der es in bezug auf »Spiritualität« bereits einige hoffnungsvolle Ansätze gibt beziehungsweise in der man zumindest mit Ihnen zusammen *auf der Suche* nach geeigneten Formen der Spiritualität ist.

Bereits im fünften Kapitel ist, als die Rede von den drei Kennzeichen einer lebendigen Gemeinde war, neben der Wortverkündigung und der Diakonie das Stichwort »Spiritualität« gefallen. Meine Erfahrung ist, daß die meisten Menschen mit diesem Wort nicht viel anfangen können. Der Christenheit *fehlt* diese Spiritualität nicht nur weithin, sie weiß oft nicht einmal, was das ist. Wenn ich davon geredet habe, daß es bei den Kennzeichen lebendiger Gemeinde immer wieder Einseitigkeiten gibt, so fällt auf, daß bei den Gemeinden mal das »diakonische Bein«, mal das »Bein der Wortverkündung« länger ist – einseitig *spirituelle* Gemeinden hingegen sind eher selten anzutreffen. Spiritualität ist heute ganz eindeutig dasjenige »Bein«, das, gesamtkirchlich gesehen, zu kurz ist.

Darum geht von allen spirituellen Gruppierungen, Veranstaltungen, Gemeinden etc. eine ungeheure Faszination aus, oft weit über den Bereich der Kerngemeinden hinaus. Wenn man etwa an die Faszinationskraft der Bruderschaft von Taizé denkt oder zunehmend auch der Klöster heute wieder, an die sogenannten Lobpreisgottesdienste der charismatischen Bewegung oder auch an die Anziehungskraft, die von Kirchentagen ausgeht, dann bekommt man eine Ahnung von dem gewaltigen *Hunger nach Spiritualität*, der heute weithin herrscht.[4]

Aber was ist das eigentlich – Spiritualität? Ich antworte auf diese Frage gerne etwas flapsig, Spiritualität sei die »Erotik« unserer Gottesbeziehung. Spiritualität hat viel zu tun mit Spaß, mit Freude, mit Fasziniertsein von Gott, mit geradezu körperlich spürbarer Gottesnähe. Die Ausstrahlung, die von spirituellen Gruppen ausgeht, basiert darauf, daß man diesen Leuten die Innigkeit ihres Glaubens abspürt; ihnen macht das Christsein offenkundig Spaß. Sie suchen Formen, die schön und tief und wahr sind, um ihrem Glauben und ihrer Frömmigkeit[5] Ausdruck zu verleihen.

Spiritualität ist die Art und Weise, wie sich bei den Schwestern und Brüdern Jesu die Freude an Gott ausdrückt. Sie ist das, was von Kirche übrigbleibt, wenn man alles Institutionalisierte, alles äußere Gerüst einmal wegnimmt. Kirche ist kein Selbstzweck. Sie hat den vorrangigen Sinn, die Voraussetzungen dafür zu schaffen, daß Spiritualität wirklich werden kann. Spiritualität hervorzubringen, sie zu fördern und die Flamme am Brennen zu erhalten, ist die Hauptaufgabe der Kirche.

Vielleicht werfen Sie mir jetzt vor, daß ich die Spiritualität zuungunsten der Wortverkündung und der Diakonie vereinseitige. Aber bedenken Sie, daß auch eine lebendige Wortverkündigung und eine brennende Liebe letztlich von der Flamme der Spiritualität lebt. Die Notwendigkeit von Diakonie und Wortverkündigung liegt vielleicht sehr viel offener zutage als die der Spiritualität. Aber gerade *um dieser beiden willen* können wir es uns nicht leisten, die Frage der Spiritualität in der Kirche nur mit der linken Hand anzugehen. Ihr muß vielmehr unser Hauptaugenmerk gelten.

Natürlich »geht« es in der Kirche auch ohne Spiritualität. Wir kennen jene freudlosen, unspirituellen Gestalten, die sich auf eine »reine Lehre« zurückziehen (und sie anderen gerne um die Ohren schlagen). Wir kennen auch jene Menschen, die sich – aus »Christenpflicht« – für andere aufopfern und denen man ansieht, daß es ihnen keinen Spaß macht. Ich möchte ihnen nicht absprechen, daß sie Christen sind. Aber ohne lebendige Spiritualität hat das Ganze etwas Verkrampftes, Unerlöstes. Es fehlt ihnen etwas Entscheidendes.

Ich hatte vorhin gesagt, die Spiritualität sei die »Erotik« unserer Gottesbeziehung. Ich möchte dieses Bild noch einmal aufgreifen. Natürlich kann einer fragen: Genügt es nicht, wenn ich mit meinem Partner öfter rede und wenn ich ihm manchmal etwas Nettes tue, also ihm beim Spülen helfe oder so? *Muß* die Beziehung denn erotisch sein? Und man wird immer nur sagen können: Nein, sie *muß* das natürlich nicht. Es gibt Situationen, da *will* einfach keine Erotik aufkommen, etwa wenn man Zahnschmerzen hat oder Sorgen. In diesen und anderen Situationen wird deutlich, daß die Liebe von etwas anderem lebt als von ihrer Erotik. Aber eine gänzlich unerotische Liebe ist eine defizitäre Liebe. Ihr fehlt etwas. Und ich würde es einer Beziehung gerade um des gemeinsamen Gesprächs und des Füreinander-Einstehens willen wünschen, daß in, mit und unter allen Worten und Taten die Flamme der Erotik brennen bleibt.

Und vor allem: Was ist das für eine Beziehung, in der jemand schon im Vorfeld in den Ehevertrag hineinschreibt: »Erotik und Gefühle gibt's bei mir nicht«? Was drückt sich in diesem Vorbehalt aus? Was drückt sich in dem Gebet aus (das natürlich *so* nie jemand aussprechen würde): »Lieber Gott, Christ möchte ich schon sein, aber bitte ohne Spiritualität«? – »Ich will mich aufmachen zu meinem Vater und ihn bitten, ob ich sein Knecht sein darf, ich werde es mir auch gerne gefallen lassen, wieder sein Kind sein zu dürfen, solange mir das *nur* nicht zu emotional wird und solange ich nur nicht mit anderen meine Freude teilen muß, schon gar nicht mit meinem älteren Bruder, diesem wunderlichen Gesellen. Ich möchte in meiner Freude für mich allein bleiben. Ich will zurück zu Gott-Vater, aber mit seinen anderen Kindern will ich nichts zu tun haben.«

Eine Freude an Gott, die man für sich behalten will und bei der man weder bereit ist, sich mitzuteilen, noch an der Freude anderer zu partizipieren, ist eine zum Sterben verurteilte Freude! Spiritualität ist ein Gemeinschaftsphänomen. Natürlich gibt es so etwas wie eine persönliche Spiritualität, aber die *Gemeinschaft* ist es, die die Flamme am Brennen hält.[6] Christsein ohne Spiritualität ist, genau wie Christsein ohne Verkündung des Wortes Gottes oder Christsein ohne praktizierte Liebe, immer ein *amputiertes* Christsein. Mag sein, daß es bei *jedem* Christen und bei jeder Gemeinde da Schwergewichte und entsprechende Schlagseiten gibt, aber ich halte es kaum für akzeptabel, wenn jemand meint, bereits von vornherein einen der drei Aspekte als nicht so wichtig oder gar als für ihn nicht in Frage kommend ausblenden zu können.

Wenn wir umkehren und uns Gott anvertrauen, dann sollten wir das *rückhaltlos* tun. Vielleicht ist gerade das, was wir *an dieser Stelle* an Vorbehalten haben und vorbringen, ein wesentlicher Bestandteil jenes »Bruchs«, den Gott von uns erwartet! Für viele Menschen ist dieser Punkt geradezu das *Haupthindernis* des christlichen Glaubens. Es ist für sie eine ungeheuer hohe Hürde, Religion nicht mehr als Privatsache zu betreiben, sondern mit anderen zusammen zu beten, mit anderen zusammen nach Formen des Glaubens zu suchen und sich in die Gemeinschaft der Kirche hinein zu investieren.

Dietrich Bonhoeffer sagt: »Nachfolgen heißt bestimmte Schritte tun. Bereits der erste Schritt, der auf den Ruf hin folgt, trennt den Nachfolgenden von seiner bisherigen Existenz.«[7] Manch einer, der mich fragt, wo dieser Bruch in seinem Leben liegen könnte, weil er seine Lebensführung für *so* unchristlich nicht hält, ist erstaunt, wenn ich ihn auf die Gemeinde hinweise. Vielleicht liegt auch bei Ihnen genau an dieser Stelle der geforderte »Bruch«. Kaum ein Gebot des Christentums scheint heute inakzeptabler zu sein als jenes, unsere Frömmigkeit nicht mehr für uns allein, sondern innerhalb einer Gemeinschaft zu entwickeln.[8]

Doch wenn wir uns auch und gerade hier auf Gottes Weg einlassen, werden wir ungemein davon profitieren. Und umgekehrt: Wenn wir meinen, es gerade an diesem Punkt nicht so genau nehmen zu müssen, wird sich das rächen wie an kaum einer anderen Stelle. Das Leben zahlloser Menschen hat dadurch eine entscheidende positive Wende bekommen, daß sie sich nicht nur zu Christus, sondern auch zum *Leib* Christi bekehrten. Erst hier entwickelte sich jene »Erotik« ihrer Gottesbeziehung, die ihren Glauben zu einer freudigen und erfüllenden Sache werden ließ.

Diese Freude an Gott kann sich in verschiedenen Formen ausdrücken. Die eine Gruppe singt mehr, die andere ist eher meditativ, die dritte ist stark liturgisch, die vierte legt starkes Gewicht auf Beichte, Seelsorge oder Abendmahl, die nächste wiederum legt Wert auf praktische Einsätze in Mission oder Diakonie – es gibt nicht »die« schlechthin gültige, allgemeinverbindliche Spiritualität. Aber es gibt prinzipiell *kein* Christentum ohne Spiritualität. Die Spiritualität wird, je nach der Gemeinschaft, in deren Mitte sie sich entwickelt hat, verschieden aussehen. Die Spiritualität einer Gruppe *verändert* sich außerdem mit den Jahren. Aber es gibt einige *grundlegende* Elemente, die in allen Formen der Spiritualität wiederkehren, wenn auch in unterschiedlicher Gestalt. Andere Elemente können hinzukommen oder auch wegbleiben und geben dadurch der jeweiligen Kirche oder Gruppe ihr eigenes Gepräge. Aber *fünf* grundlegende Elemente ziehen sich wie ein roter Faden durch alle verschiedenen Formen christlicher Spiritualität hindurch. Diese fünf Elemente sind:

Die fünf Grundelemente der Spiritualität:

1. Individuelle und gemeinsame Formen des Bibellesens.
2. Individuelle und gemeinsame Formen des Gebetes.
3. Der vitale Kontakt innerhalb der Gemeinschaft.
4. Die kreative Bezeugung des Evangeliums an Außenstehende.
5. Eine dienende Liebe untereinander, die Kreise zieht.

Ich werde mich in diesem Kapitel vor allem auf das Gebet beschränken, denn zum einen habe ich mich mit den Themen »Bibel«, »Gemeinschaft« und »Handeln« an anderer Stelle dieses Buches ausführlich auseinandergesetzt. Zum andern ist das Gebet das Herzstück jeder Spiritualität beziehungsweise jedes praktizierten Christentums überhaupt. Alle Formen der Spiritualität bekommen erst vom Gebet her ihre Mitte und ihren eigentlichen Sinn, nämlich die Gemeinschaft mit Gott zu pflegen, sich an ihr zu freuen und in ihr weiter zu wachsen.

Viele Menschen beten. Aber ihr Beten ist oft gänzlich unspirituell. Weder ist es aus der Gemeinschaft erwachsen, noch führt es in die Gemeinschaft zurück, und Spaß macht es auch nicht unbedingt, es ist eher langweilig, und es geht wenig alltagsgestaltende Kraft von ihm aus. Ziel der folgenden Seiten soll es sein, Sie in eine andere, spirituelle Art des Betens einzuführen.

Wozu beten wir überhaupt?[9]

Und wenn ihr betet, sollt ihr nicht viel plappern wie die Heiden; denn sie meinen, sie werden erhört, wenn sie viele Worte machen. Darum sollt ihr ihnen nicht gleichen. Denn euer Vater weiß, was ihr bedürft, bevor ihr ihn bittet. Darum sollt ihr so beten: Unser Vater im Himmel!

Matthäus 6, 7–9

Im Gebet äußert sich, wie ich mich als Mensch mit Gott zusammendenke. Es geht im Gebet um die Verknüpfung von Himmel und Erde, um die Frage: Wie bekommt Gott Raum in meinem Leben? Und: Wie beziehe ich mein Leben auf Gott? Muß ich mich allein aus dieser Welt heraus verstehen, oder darf ich mich von Gott her begreifen?

Hier geht es nicht um irgendeinen frommen Zusatz zu unserem Leben, sondern ums Wesentliche, um die Qualität eines Menschenlebens überhaupt. Darum ist Jesus so ausgesprochen *intolerant*, was das Gebet der Heiden anbetrifft. Anderen in dieser Frage ihren Glauben einfach zu lassen, hätte er als ausgesprochen lieblos empfunden. In einer so wichtigen Frage genügt nicht *irgendein* Glaube, sondern hier muß schon um Wahr oder Falsch dieses Glaubens gerungen werden.

Der Vorwurf Jesu lautet: Der Heide – gemeint ist der Nichtjude, der Mensch, der nicht an den Gott Israels, sondern an andere Götter glaubt – »plappert«. Er tut dies allerdings nicht aus Oberflächlichkeit, sondern gerade weil er um diese Zusammenhänge weiß! Der Heide, den Jesus hier kritisiert, *weiß*, worum es im Gebet geht. Er weiß damit mehr, als wir im allgemeinen wissen. Ihm ist das Gebet nichts Äußerliches, sondern er weiß: Wenn er überhaupt wesentlich werden kann, dann nur als Beter. Der Fehler des Heiden ist, daß er meint, mittels seiner Anstrengung Gott in Bewegung setzen zu müssen. Er betet nach dem Motto: »Viel hilft viel.«

»Vieles, was wir für Glauben halten, ist religös verbrämte Daseinsangst.«[10] Das, was wir Gebet nennen und als »Gebet« praktizieren, ist nicht selten reines Heidentum. Doch Jesus hat uns Gott anders vorgestellt: Ich *muß* Gott doch gar nicht in Bewegung setzen! Gott hat sich ja schon *längst* aufgemacht, er ist immer schon vor mir in Bewegung, ist immer schon eher da als mein Gebet. Während heidnisches Gebet Gott in Bewegung setzen will, ist christliches Gebet die *Antwort* auf die bereits erfolgte Bewegung Gottes auf uns zu.

»Der Vater weiß« – dieser Satz ist insofern ungemein trostreich, als wir unsere Interessen nicht ängstlich wahrnehmen und Gott in den Ohren liegen müssen, daß er sich endlich in Bewegung setze, daß er ja nur dies und jenes nicht vergesse, woran uns so viel gelegen ist. Nein, der Vater hat ein viel tieferes Interesse an uns als wir selber – wir sind seine *Kinder*, wir sind doch Jesu Schwestern und Brüder![11]

Der Vater weiß. Wir müssen nicht wie Advokaten einen wohlaufgesetzten Gebetsantrag mit beigefügten Anlagen vor Gott bringen, um ihn zu überzeugen. Er muß nicht wie ein korrupter Beamter durch Sonderzuwendungen bestochen werden. Ich muß nicht – wie bei anderen Menschen – überlegen, in welcher Wahrheitsdosierung und in welchem Grad der Offenheit ich mich ihm mitteile. Ich muß weder darüber reflektieren, *wie* ich es Gott sage, noch *was* ich ihm sage, und schon gar nicht, *ob* ich es ihm sage.[12] Die Last der Argumentation und der ständigen Reflexion ist uns abgenommen. Der Vater weiß.

Und daß der Vater weiß, hat noch ein Gutes: Denn *wir* wissen im allgemeinen nicht, was wir beten sollen. Wir sind uns über unsere eigentlichen Bedürfnisse und Nöte in der Regel *nicht* im klaren. Wir beten oft um sinnlose Dinge, die in keinem Verhältnis stehen zu unseren wirklichen Bedürfnissen oder auch den Bedürfnissen unserer Mitmenschen. Hier mag auch die Quelle manch scheinbar »unerhörten« Gebetes liegen: Der Vater weiß, wessen wir bedürfen – durchaus auch im *Gegensatz* zu dem, um was wir ihn bitten, darum hört er wohl und handelt auch zu unserem Besten, wenn auch oft anders, als wir das uns gerne vorstellen. Gott sei Dank sind wir in unserem Gebet *nicht* darauf angewiesen, daß wir die *richtigen* Wünsche äußern.

Das Problem, das sich hier für viele ergibt, ist: Warum beten wir dann überhaupt noch, wenn Gott schon längst da ist und weiß, wessen wir bedürfen? Doch frage ich nicht auch den Lehrer und gehe zum Arzt, obwohl, ja *gerade weil* er weiß und ich eben *nicht weiß?* Indem ich mit dem rede, der weiß, werde ich selbst ein Wissender beziehungsweise erfahre Heilung. Wenn ich also zu Gott bete, erfährt weniger *Gott* etwas als vielmehr *ich.*

Und noch wichtiger: Die Hauptsache beim Beten ist ja nicht, daß wir bestimmte Anliegen vorbringen, sondern daß wir in Verbindung, in persönliche Gemeinschaft mit Gott treten. Im Gebet realisiere[13] ich, daß ich erst vor Gott wesentlich werde, daß der Sinn meines Lebens davon abhängt, daß ich in Gemeinschaft mit Gott trete.

Eine persönliche Beziehung lebt vom Gespräch, vom Austausch zweier oder mehrerer Partner. *Darum* geht es im Gebet: Gott selbst zu suchen und nicht allein seine Gaben. Darum sollen wir beten, *obwohl* der Vater weiß. Die Frage, warum ich Gott bitten soll, wenn er es schon vorher weiß, schafft von vornherein falsche Voraussetzungen in uns: als ob es um eine Zauberformel oder einen Automatismus ginge und nicht um eine lebendige und persönliche Beziehung. Das Bitten um etwas ist aber nur ein kleiner Ausschnitt dieser Beziehung, die das Gebet schafft.

Was beten wir?

Im Gebet artikuliert sich die Beziehung eines Menschen zu Gott. Je nach Inhalt und Art der Zuwendung zu Gott unterscheiden wir fünf Ebenen des Gebets:

Die fünf Ebenen des Gebets:

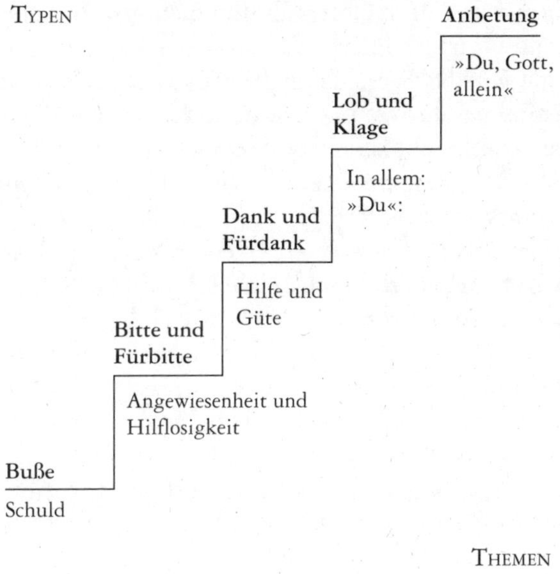

Das *Bußgebet,* das heißt die Bitte um Vergebung, steht dabei am Anfang. Im Mittelpunkt dieses Gebets steht die Schuld, die negative Beziehung zu Gott. Etwa der Satz des verlorenen Sohnes: »Vater, ich habe gesündigt vor dem Himmel und vor dir und bin hinfort nicht mehr wert, dein Sohn zu heißen« ist ein solches Bußgebet. Dieses Gebet markiert den Bruch mit dem Früheren, den immer wieder notwendigen Neuanfang, ohne den es keine Gottesbeziehung und von daher auch kein sinnvolles anderes Gebet gibt. Das Bußgebet ist der Schlüssel, es ist das Tor zum Gebet überhaupt.

Im *Bittgebet* – sei es, daß wir für uns selbst, sei es, daß wir für jemand anderes bitten – wird uns bewußt, wie hilfsbedürftig und angewiesen wir im Tiefsten sind. Das Thema ist hier die Angewiesenheit des Menschen, im Extremfall seine Not, seine Hilflosigkeit und Schwäche. Im Bittgebet wird deutlich, daß wir alles Gute Gott verdanken und wie sehr wir auf ihn angewiesen sind.

Seinem Wesen nach ist das Bittgebet ein Wunder: Wir dürfen auf die Wege Gottes Einfluß nehmen. In seinen *Zielen* bleibt Gott sich gleich, aber in seiner Liebe schenkt er es uns, daß wir die *Wege* dahin aussuchen und ein Stück weit mitbestimmen dürfen, und macht auch noch aus diesen Wegen etwas, obwohl sie allzuoft Umwege, ja sogar Irr- und Abwege sind. Ausgerechnet auf unsere krummen Zeilen will Gott gerade schreiben.[14]

Freilich entzieht sich unserer Kenntnis, nach welchen Kriterien Gott Gebet *erhört* oder nicht erhört. Hat es denn überhaupt Sinn, für ganz bestimmte Dinge zu beten? Ja, allemal. Vorausgesetzt natürlich, es geht mir nicht *primär* um die Erfüllung meiner Gebetswünsche. Gott *erhört* nicht jedes Gebet, wohl aber *hört* er jedes Gebet. Meinen Konfirmanden stelle ich gerne die Frage, warum ihrer Meinung nach Gott viele unserer Gebetswünsche nicht erfüllt. Die Antworten sind oft von erstaunlicher Reife. Hier eine Auswahl:

Warum Gott viele Gebete nicht erhört:

1. Weil wir zu viel fordern und zu wenig geben und danken.
2. Weil Gott besser weiß, was wirklich gut für mich ist.
3. Man betet nicht, um Wünsche erfüllt zu kriegen, sondern um mit Gott zu reden.
4. Weil die Gebete verschiedener Menschen sich manchmal widersprechen (der Bauer bittet um Regen, der Urlauber um Sonnenschein).

5. Weil Gott nichts tut, was wir selber tun sollen.
6. Manche Gebete erhört Gott zwar, aber auf andere Weise, als wir uns das vorgestellt haben, und so merken wir gar nicht, daß Gott unser Gebet längst beantwortet hat.
7. Weil Gott zwar »nicht alle unsere Wünsche, aber alle seine Verheißungen« (Bonhoeffer) erfüllt.
8. Nicht immer nimmt uns Gott eine Last ab, aber dann können wir um die Kraft beten, sie zu tragen.

Der primäre »Effekt« des Bittgebetes ist, daß ich Gott in den in meinem Gebet genannten Bereich meines Lebens hineinlasse. Nicht selten wird dies tatsächlich zu einer realen Veränderung meines Problems führen – bis an die Grenze des Wunders. Allerdings ist diese Entwicklung keineswegs zwangsläufig, und schon gar nicht erfolgt sie automatisch. Viel öfter als eine äußere Änderung des von mir im Gebet vorgebrachten Problems werde ich erfahren, wie sich meine *Einstellung* zu diesem Problem wandelt. Ich weiß die Sache, die mich so bedrängt, in guten Händen und finde zurück zum Vertrauen. Ich entdecke vielleicht auch, wo ich selbst zu einem Teil der Antwort auf das in meinem Gebet genannte Problem werden kann.

Das *Dankgebet* artikuliert die von Gott her erfahrene Güte und Hilfe. Dankbarkeit ist ein wichtiges Kennzeichen seelischer Gesundheit. Dankbarkeit ist nicht so sehr ein *Gefühl* als vielmehr eine Frage des *Blickwinkels.* Worauf schaue ich im Leben: Auf das, was mir alles fehlt – und das ist natürlich immer unendlich viel –, oder schaue ich auf das, was mir geschenkt wurde?

Dankbarkeit ist keine sporadisch auftretende Empfindung, sondern ein grundlegendes Lebensgefühl: Ich bin unendlich reich beschenkt worden. Dankbarkeit als grundlegendes Lebensgefühl aber muß *kultiviert* werden. Ich muß meine Optik immer wieder auf das Positive ausrichten, das

Gott mir geschenkt hat, und das ist ein Akt, der manchmal höchste Willensanstrengung erfordert. Denn das Negative hat für uns eine sehr viel stärkere Bannkraft als das Positive.

Wir geben dem Negativen unverhältnismäßig viel Raum in uns. Ich kenne Menschen, die etwas Negatives sagen, sobald sie den Mund aufmachen. Sie nörgeln an allem herum und meinen, das Problem liege immer bei den anderen oder gar bei Gott. Sie sehen nicht, daß das Problem in ihnen selbst liegt, daß sie *unerlöst* sind. Sie fixieren ihren Blick auf das Negative und meinen am Schluß tatsächlich, daß es nichts Positives gebe. Dabei liegt das Negative nicht in der Realität, sondern in ihrer *Sicht* von der Realität, es liegt in ihrer Optik.

Man kann oft beobachten, wie Menschen leise vor sich hin murmeln, wenn sie sich ärgern oder wenn sie verletzt sind. Wir gehen negative Situationen noch Dutzende Male im Geist durch, bis in die Einschlafphase und die Träume hinein. Warum murmeln wir eigentlich nicht, wenn wir *dankbar* sind? Warum lassen wir nur negative Gedanken unser Unterbewußtsein und unser Gefühlsleben prägen?

Wer sich das Positive, das Gott ihm schenkt, nicht immer wieder bewußt vor Augen führt, wer den Dank nicht kultiviert, wird schnell undankbar. An die Stelle des Dankes treten dann Anspruchsdenken, Neid und Unzufriedenheit. Darum finden wir in den Psalmen die immer wiederkehrende Aufforderung zum Dank: Dankbarkeit muß kultiviert werden.[15] Nur der ist wirklich glücklich, der dankbar ist. Nur der ist wirklich reich, der dankbar ist. Nur der ist seelisch gesund, der dankbar ist. *Dankbarkeit ist nicht so sehr Folge als vielmehr Ursache des Glücks!*

Lob und Klage[16]: Es hat für uns einen peinlichen Beigeschmack, daß Gott gelobt werden möchte. Doch Gott möchte das Lob nicht so sehr um *seinet-* als vielmehr um *unseretwillen.* Loben tut gut, und zwar nicht nur dem Gelobten, sondern auch und gerade dem Lobenden. Darum loben wir auch, wo wir nur können. Wenn wir Dinge »spitze«, »echt stark«, »super«, ja sogar »geil« finden, dann äußern wir das in der Regel auch. Wenn man sich so richtig über etwas freut, dann *muß* man das unbedingt äußern und weitererzählen.

Das liegt an einer ganz einfachen Tatsache: Wer lobt, *äußert* nicht nur seine Freude, sondern er *vermehrt* sie. Was können wir nicht alles loben mit größter Begeisterung, von einem guten Buch angefangen bis hin zu einem neuen Waschmittel oder einem neuen Auto – aber wenn es um das Lob *Gottes* geht, dann tun wir uns auf einmal unsagbar schwer. Und ich frage mich: Könnte es sein, daß nicht so sehr *Gott* als vielmehr *wir selbst* dabei zu kurz kommen, daß uns Entscheidendes verlorengeht und ein wesentliches Element tiefster Lebensfreude einfach brachliegt? Gott nicht schätzen, ihn nicht loben, nicht mit anderen über ihn schwärmen bedeutet in der Tat einen gewaltigen Verlust an Lebensfreude!

Das wird nicht unbedingt als Verlust erlebt oder empfunden. Es ist wie bei einem Menschen, der noch nie verliebt war. Der empfindet das auch nicht als Verlust, im Gegenteil. Er sieht das merkwürdige Verhalten vieler Verliebter und sagt sich: »Was ein Glück, daß wenigstens *ich* noch vernünftig bin!« Er kennt es ja nicht. Oder einer, der einen guten Witz nicht versteht – der kann darüber nicht lachen, er findet ihn sogar ausgesprochen blöde, aber wenn der Witz wirklich gut ist, hat *er* den Schaden, wenn er die Pointe nicht mitbekommen hat. Wer Gott nicht lobt, geht an der Pointe seines Lebens vorbei! Der empfindet das Leben oftmals als einen schlechten Witz, oder er sucht die Pointe an der falschen Stelle.

Lob ist nichts anderes als hörbare, innere Gesundheit, und das empfinden wir instinktiv: Wir halten uns alle viel lieber bei Menschen auf, die viel loben, als bei Leuten, die ständig jammern und klagen. Wer nichts zu loben hat, ist ein armer, ein verarmter Mensch. Vielleicht hilft Ihnen das etwas zum Verständnis der Tatsache, daß »Himmel« ein Zustand ist, in dem Gott unaufhörlich gepriesen wird.

Das bedeutet nicht: »Das ist ja wie in der Kirche!« und hat mit der Horrorvision des Münchners im Himmel nichts zu tun, sondern ist ein Ausdruck für die ewige, überschäumende, überschwappende Freude, die von uns Besitz ergreifen wird und die sich einfach äußern muß und durch diese Äußerung weiter vermehrt.

In Lob und Klage werden die Dinge, die mir begegnen, transparent auf Gott hin. Auch in der Klage.[17] In Lob *und* Klage werden die positiven wie negativen Dinge, die mir begegnen, zum Anlaß genommen, die Beziehung zu Gott zu intensivieren. »Ich preise dich, Vater, daß du dies und das gemacht hast« – im Vergleich mit dem Dank geht es hier aber primär nicht um das »dies und das«, sondern um das »Du«. Das gleiche vollzieht sich in der Klage: »Herr, warum hast du zugelassen, daß . . .« – auch hier geht es nicht primär um das, was da passiert ist, als vielmehr um das Du Gottes, um die Beziehung zu Gott, die durch das in meinem Gebet Beklagte in eine Krise zu geraten droht.

Die letzte Stufe des Gebets schließlich, die *Anbetung*, bedient sich der Sprache der Verliebten. In der Anbetung sagt der Mensch: »Gott, du bist schön, du bist großartig, ich bete dich an.« Hier geht es dem Beter nur noch um Gott. Gott wird nicht um seiner Werke, sondern um seiner selbst willen gelobt. Anbetung ist die schönste Form des Gebets, gleichsam die einsame Spitze, die allerdings nie die Basis der anderen Gebetsformen verlieren darf.[18]

Eine Sonderform der Anbetung ist das *Schweigen* vor Gott. Das Gebet des Schweigens besteht darin, daß der Heilige Geist auf unseren Geist einwirkt ohne Vermittlung unserer Gedankengänge oder Willensakte.[19] Im Schweigen bin ich ganz präsent vor Gott und lasse mich erfüllen von seiner Gegenwart.

Eines der schönsten Beispiele für Anbetung ist für mich das Lied »Gott ist gegenwärtig« von Gerhard Tersteegen (1697–1769), so wie überhaupt das Singen geistlicher Lieder ein wesentlicher Bestandteil der Anbetung ist.

Gott ist gegenwärtig! Lasset uns anbeten
Und in Ehrfurcht vor ihn treten.
Gott ist in der Mitte! Alles in uns schweige
Und sich innigst vor ihm beuge.
Wer ihn kennt,
Wer ihn nennt,
Schlag die Augen nieder,
Kommt, ergebt euch wieder.

Wir entsagen willig allen Eitelkeiten,
Aller Erdenlust und Freuden;
Da liegt unser Wille, Seele, Leib und Leben,
Dir zum Eigentum ergeben;
Du allein
Sollst es sein,
Unser Gott und Herre,
Dir gebührt die Ehre.

Du durchdringest alles: laß dein schönstes Lichte,
Herr, berühren mein Gesichte.
Wie die zarten Blumen willig sich entfalten,
Und der Sonne stillehalten,
Laß mich so,
Still und froh,
Deine Strahlen fassen,
Und dich wirken lassen.

Mache mich einfältig, innig, abgeschieden,
Sanfte und in stillem Frieden;
Mach mich reines Herzens, daß ich deine Klarheit
Schauen mag in Geist und Wahrheit.
Laß mein Herz
Überwärts
Wie ein Adler schweben,
Und in dir nur leben.

Herr, komm in mir wohnen, laß mein' Geist auf Erden
Dir ein Heiligtum noch werden:
Komm, du nahes Wesen, dich in mir verkläre,
Daß ich dich stets lieb und ehre;
Wo ich geh,
Stitz und steh,
Laß mich dich erblicken,
Und vor dir mich bücken.

Gerhard Tersteegen

Das Schweigen hat im christlichen Gebet – anders als in der östlichen Mystik – nicht den Sinn, sich auf irgendeine transzendentale Bewußtseinsebene zu schwingen, sondern es geht im Gegenteil darum, sich ganz leer zu machen vom eigenen Ego, damit Christus besser Einfluß auch auf unser Unterbewußtes nehmen kann. Diese Art von Gebet basiert auf den anderen Formen des Gebetes. Das Schweigen muß, will es nicht nur die eigene innere Ödnis widerspiegeln, ein beredtes Schweigen, das heißt ein in den Kontext gemeinsamer Sprache eingebettetes Schweigen[20] sein, etwa wie dies bei Verliebten der Fall ist.

Ähnliches gilt für das *Handeln.* Handeln kann manchmal mehr sagen als Reden, aber es kann das Reden im Sinne von Kommunikation nicht ersetzen. Ähnlich wie tatkräftiges Handeln das Gespräch zwischen Liebenden sehr wohl *bereichern,* nicht aber *ersetzen* kann, kann Handeln als bewußte Antwort auf Gottes Reden manchmal mehr sagen als Worte und in diesem Sinne Gebet sein, insofern es andere Formen des Gebetes *ergänzt* und nicht ersetzen will.

Wie beten wir?

Die Frage nach dem Wie ist vor allem die Frage nach der äußeren Form des Gebetes. Prinzipiell können wir natürlich immer und überall und in jeder Form beten: im Bus, neben einer Baustelle, mit Händen in den Hosentaschen und im Zweifelsfalle auch auf der Toilette. Gott ist überall und hört uns. Die Frage ist, ob es für mich *hilfreich* ist, ausgerechnet neben dem Preßlufthammergedröhn einer Baustelle zu beten, und ob ich dort nicht ziemlich stark abgelenkt werde.

Wenn wir nach angemessenen Formen des Gebets fragen, geht es nicht um richtig oder falsch, sondern darum, welche Form mir hilft, mich besser zu konzentrieren. Ein aufgeräumtes Zimmer zum Beispiel mit einer Kerze und einer aufgeschlagenen Bibel auf dem Tisch und eine stille Umgebung ist als Gebetshilfe nicht unabdingbar, aber absolut hilfreich. Wie soll mein Inneres in Ordnung kommen, wenn die Außeneindrücke gleichzeitig ein gewisses Chaos widerspiegeln? Das Äußere wirkt auf das Innere. Ebenso kann es hilfreich sein, *laut* zu sprechen statt nur in Gedanken oder so etwas wie ein Gebetstagebuch zu führen. Wir schweifen in unseren Gebeten so viel und so schnell ab, daß wir solche äußeren Hilfen dringend in Anspruch nehmen sollten.

Zu diesen äußeren Hilfen gehören neben der Gestaltung des Raumes vor allem die Gebetsgebärden.[21] Mein Körper betet mit, und meine Körperhaltung prägt mein Gebet. Am besten weiß man das vielleicht im Fernen Osten, wo mit Yoga und Zen jeweils eine Kunst geschaffen wurde, den menschlichen Körper vorzubereiten und besonders empfänglich zu machen für die hinduistische beziehungsweise die buddhistische Meditation. Undenkbar, mit den Händen in den Hosentaschen Zen-Meditation betreiben zu wollen! Von den fernöstlichen Religionen können wir lernen, wie sehr die äußere Haltung des Körpers auf das Innere der Seele und auf das Gebet wirkt. So schaffen beispielsweise bestimmte Formen des Sitzens oder des Atmens eine meditative Disposition.

Im christlichen Bereich sind wir, was Gebetsgebärden anbetrifft, sehr viel ärmer als andere Religionen. Am verbreitetsten ist vielleicht die Geste des *Händefaltens.* Damit wird ausgedrückt: Ich lasse meine Hände bewußt einmal ruhen von ihrer sonstigen Tätigkeit. Beten hebt sich ab vom Handeln, es geht dem Handeln voraus.[22] Beten heißt: Ich handle jetzt gerade *nicht,* sondern ruhe und frage Gott. Eine kleine Revolution: Der heutige Mensch, der sich normalerweise sehr stark über seine *Arbeit* definiert, läßt als Beter die Hände bewußt ruhen und sagt: Ich will mich nicht mehr von meiner Arbeit, sondern von *Gott* her definieren lassen.

Was Sie wahrscheinlich auch kennen, ist, daß man beim Beten die *Augen schließt.* Das ist eine Konzentrationshilfe. Man schaltet die äußeren Reize sozusagen aus. Die Ohren kann man leider nicht zuklappen. Wenn der Nachbar Klavier übt und mich das ablenkt, dann muß ich woanders hingehen. Aber die visuellen Eindrücke kann man von einer Sekunde auf die andere ausblenden.

Ich kann meine inneren Augen besser öffnen, wenn ich die äußeren Augen schließe. Ich kann die innere Welt besser wahrnehmen, wenn mich die äußere Welt nicht ablenkt. Natürlich sollen Christen mit offenen Augen durch die Welt gehen, aber sie müssen sich auch immer wieder die Zeit nehmen, nach innen beziehungsweise nach »oben« – zu Gott hin – zu schauen. »Man sieht nur mit dem Herzen gut«, sagt der kleine Prinz bei Saint-Exupéry. »Das Wesentliche ist für die Augen unsichtbar.«

Im *Knien* vor Gott drückt sich ein ganz bestimmtes Lebensgefühl aus: Ich bin klein vor Gott. Nun wissen wir alle, wie ungesund es sein kann, wenn ein Mensch sich zwanghaft oder gar künstlich kleinmacht. Das hat mit dem Klein-Werden vor Gott aber nichts zu tun. Es gibt immer wieder Erfahrungen, wo ein Mensch diese Kleinheit empfindet, ohne daß dies ungesund sein muß. Strenggenommen ist das Empfinden, klein zu sein, die natürlichste Sache der Welt, wenn ein Mensch vor den Schöpfer des Himmels und der Erde tritt. Nicht nur im Buß- und Bittgebet, sondern gerade auch im Dank und in der Anbetung, also in Momenten, in denen ich mich völlig im Frieden und geborgen fühle, kann Knien Ausdruck dessen sein, was ich empfinde.

Eine Gebetsgebärde, die in unserer Kultur weitgehend verlorengegangen ist, ist das *Beten mit erhobenen Armen.* Es wird in unseren großen Kirchen kaum mehr praktiziert, namentlich wir Deutschen haben damit große Probleme. Wir haben deshalb so große Probleme damit, weil es eine *sich öffnende* Gebetsform ist. Und wir öffnen uns nicht gerne.

Das brauchen wir auch nicht. Gott kennt uns auch so. Allerdings geht uns selbst dabei eine wichtige Erfahrung verloren. Jesus hat – das war der typisch jüdische Gebetsgestus – mit erhobenen Händen gebetet. In dieser Körperhaltung drückt sich etwas davon aus, daß ein Mensch sich nach Gott ausstreckt, Sehnsucht nach ihm hat, sich nach »oben« hin öffnet. Dies empfiehlt sich vielleicht nicht unbedingt in der Öffentlichkeit, aber versuchen Sie es einmal für sich selbst. Es könnte sein, daß es Ihr Gebet bereichert.

Gebetsgebärden:

bewußtes Sitzen und Atmen	– tiefes Nachdenken, Verinnerlichung
Hände falten	– die Hände ruhen von aller Beschäftigung
Augen schließen	– die äußeren Reize werden ausgeschaltet, die inneren Augen geöffnet
Knien	– ich bin klein; Gott ist mein Herr
Hände erheben	– sich öffnen für Gott, sich ausstrecken nach Gott

Zum Wie des Gebetes gehört schließlich noch die Frage, ob man frei oder mit Hilfe von vorformulierten Gebeten beten soll. Prinzipiell gilt hier, daß man beten kann und soll, »wie einem der Schnabel gewachsen ist«. Nichts wäre unnatürlicher, als wenn ich zu Gott immer nur in vorgefertigten Gebeten spräche. Ich kann mit Gott reden, wie ich mit einem Freund reden würde. Und das wird – zumindest, wenn ich alleine bin, aber auch in der vertrauten Gemeinschaft mit anderen Christen – auch der Normalfall sein.

Es gibt freilich Situationen, in denen ich meine Gedanken und Empfindungen in bestimmten vorformulierten Gebeten viel besser auf den Punkt gebracht finde, als ich das selbst könnte, so wie ein Verliebter von Zeit zu Zeit ein Gedicht oder das Lied eines anderen zur Hilfe nimmt, um sich selbst (!) auszudrücken. Das genannte Lied von Tersteegen ist dafür ein Beispiel. Zu diesen vorformulierten Gebeten zähle ich neben den Liedern des Gesangbuches oder den liturgischen Gebeten vor allem die Psalmen oder auch das Vaterunser.[23]

Ein Sonderfall ist das Beten in der *Sprache des Unterbewußtseins,* biblisch »Zungenrede« genannt. Diese Art des Gebets – das Reden in einer kleinkindähnlichen Lallsprache – wird von den charismatischen Gruppierungen notorisch überschätzt, in der restlichen Kirche hingegen totgeschwiegen. Für Richard Rohr, einen amerikanischen Franziskanerpater, ist die Zungenrede der Weg des Glaubens in die rechte Hirn-Hemisphäre, auf unsere nichtrationale Seite. Rohr hält diese Art des Gebetes für »besonders wichtig für die westliche Gesellschaft, weil diese Erfahrung unser Vertrauen auf die linke Hirn-Hemisphäre untergräbt, also die rational-analytische Seite. Die Gabe der Zungen katapultiert uns – ähnlich, wie es unsere Träume tun – auf die rechte Seite, die für geistliche Erfahrungen weit offener ist als die linke. Das wichtige dabei ist, daß man wenigstens einmal im Leben die Freiheit und Offenheit hat, seine verbale, logische und vernünftige Seite zu vergessen und sich unzusammenhängendem Kindergeplapper zu überlassen.«[24] Mein bißchen Verstand und meine Sprache sind nicht in der Lage, die Gegenwart Gottes zu erfassen. Sie sind nicht einmal in der Lage, mich selbst und das, was mich im Tiefsten bewegt, auch nur annähernd auszudrücken. Darum kann diese Art des Gebetes vor allem für das *persönliche* Gebet eine große Hilfe sein.

Wann beten wir?

Eine Frau wurde einmal gefragt, wann sie bete, und sie antwortete: »Fünfmal täglich und dann eigentlich immer.« Das ganze Leben war für sie eingehüllt in ein Gebet. Sie faltete fünfmal am Tag ihre Hände zu festen Gebetszeiten: vor dem Schlafengehen, nach dem Aufwachen – ihr erster und letzter Gedanke sollte Jesus gelten. Morgens bat sie Gott um Führung, abends legte sie den Tag zurück in seine Hände. Darüber hinaus betete sie zu den einzelnen Mahlzeiten. Feste Gebetszeiten helfen uns, nicht immer nur zufällig zu beten.[25] Wer immer nur zufällig betet, betet eines Tages zufällig nicht mehr.

Auf das *Tischgebet* will ich kurz näher eingehen. Es erscheint vielen Menschen wie eine fromme Pflichtübung, so wie man sich früher als Kind bei einer Tante für ein Geschenk zu bedanken hatte, ohne diesen Dank eigentlich zu empfinden. Doch das Tischgebet hat etwas mit jener für unsere seelische Gesundheit zu kultivierenden Dankbarkeit zu tun, die ich weiter oben erwähnt habe. Zur Sättigung des Leibes muß die Dankbarkeit des Herzens treten, sonst bleibt trotz vollem Bauch das Herz leer. Das Tischgebet rückt unseren leiblichen Hunger in den größeren Zusammenhang eines sehr viel größeren Hungers: Wir Menschen leben

eben nicht nur vom Brot allein, sondern in noch viel stärkerem Maße von dem, der uns dieses Brot gibt.[26]

Die Frau, die ich eben erwähnte, sagte, sie bete »fünfmal am Tag und dann eigentlich immer«. Das heißt nicht, daß sie den ganzen Tag mit gefalteten Händen herumläuft. Zum Händefalten hatte sie die festen Gebetszeiten. Dazu aber kam das andere: die den ganzen Tag, ihr ganzes Reden und Handeln begleitenden Stoß- beziehungsweise ad-hoc-Gebete.

Vielleicht denken Sie, das sei schwer, aber das ist es gar nicht. Wie oft sagen wir gedankenlos vor uns hin: »Ach Gott«, oder: »Gott sei Dank«, oder auch: »Oje«, was ja soviel heißt wie »O Jesus«. Irgend etwas in uns *will* beten. Irgend etwas ist in uns, das will nicht bei sich selbst bleiben, sondern sucht das Gespräch.

Wir müssen nur dem, was ohnehin in uns beten will, eine Adresse geben. Wir können davon ausgehen, daß Gott immer bei uns ist. So werden kurze Gebete aller Art unseren ganzen Tag begleiten: »Herr Jesus, vergib mir!« (Buße) – »Heiliger Geist, leite du mich jetzt bei diesem Gespräch!« (Bitte) – »Jesus, sei jetzt bei Walter und hilf ihm!« (Fürbitte) – »Vater, ich danke dir, daß du das gemacht hast!« (Lob und Dank) – »Gott, du bist so groß!« (Anbetung).

Neben diesen Stoßgebeten und den festen Gebetszeiten kennen wir noch das *gemeinschaftliche Gebet.* Etwa in Gottesdiensten oder auch in Kreisen, teils liturgisch gestaltet, teils mit freien Worten. Auch das Abendmahl gehört zu diesem gemeinschaftlichen Gebet. Die Spiritualität einer Gemeinde wie des einzelnen Christen hängt an der Intensität und der Leidenschaftlichkeit dieses gemeinsamen Gebetes. Es bereichert das eigene Gebet, es ist auch mehr als die Summe von lauter Einzelgebeten. Darum liegt auf ihm auch ein besonderer Segen, denn Jesus sagt: »Wo zwei oder drei versammelt sind in meinem Namen, da bin ich mitten unter ihnen« (Matthäus 18,20).

regelmäßige Gebete	gemeinschaftliches Gebet
Stoßgebete/ ad-hoc-Gebete	das Gebet mit der aufgeschlagenen Bibel in der Hand

Die vierte und letzte Form des Betens ist die unbekannteste, am wenigsten praktizierte und doch gleichzeitig die wichtigste. Wir kennen in der Regel nur die anderen drei Formen. Dabei wird das Gebetsleben erst richtig bereichert und spannend durch das *Gebet mit der aufgeschlagenen Bibel in der Hand.* Die Bibel gibt uns sozusagen das Material in die Hand, mit dessen Hilfe wir eine Anleitung zu intensivem Gebet finden.

Beten mit der aufgeschlagenen Bibel in der Hand

Da nach christlicher Überzeugung Gott durch die Bibel zu uns redet und da jede Beziehung vom intensiv geführten Gespräch lebt, praktizieren viele Christen einen regelmäßigen, betenden Umgang mit der Bibel, die sogenannte »Stille Zeit«. In der ersten oder letzten viertel oder halben Stunde des Tages bringen sie ihre Planungen, Ängste, Fürbitten etc.

vor Gott und erbitten sich seine Wegweisung durch das Wort der Bibel.[27]

Der Grundgedanke ist: Der Tag hat 96 Viertelstunden. Mindestens *eine* davon gebe ich Gott. Das ist ein gutes Prozent. Diese Zeit mache ich mir frei, um die Beziehung zu Gott zu pflegen, um mit Gott zu kommunizieren. »Die erste Viertelstunde ist das Ruder des Tages«, sagt Augustin. Der Tag ist noch frisch, und Gott kann Einfluß auf die Gestaltung meiner Zeit nehmen. Die Alternative ist, daß man die letzte Viertelstunde des Tages nimmt, um Rückblick zu halten. Sie hat den Nachteil, daß man da oft keine Konzentration mehr hat und nur noch müde ist. Sie hat den Vorteil, daß keine Termine mehr drängen, man also die Viertelstunde gut überziehen kann, wenn es spannend wird. Das ist überhaupt eine Erfahrung, daß es bei der Viertelstunde nicht bleiben wird. Sie ist sozusagen nur die Anfangsdosis.

Es geht beim Bibellesen nicht so sehr darum, einen *Text* zu bearbeiten, als vielmehr darum, mit Gott in ein Gespräch zu treten. Wer Bibel liest, versucht, mit Gott in Kontakt zu kommen. Darum ist das Gebet der ständige Begleiter des Bibellesens. Ich lese die Bibel betend. Ich fange schon an, *bevor* ich die Bibel aufschlage, den Kontakt herzustellen: *»Herr, du bist da und willst zu mir reden, willst mir begegnen, willst mir etwas bewußtmachen, willst mich mit einem Auftrag in diese Welt senden. Das und das und das bewegt mich. Herr, laß es mich wenigstens für eine kurze Weile bei dir aufgehoben wissen, daß ich mich jetzt voll auf deine Gegenwart konzentrieren kann.«* – Und dann schlage ich den Text auf. Nehme mir jeden Tag einen Abschnitt vor und bete ihn durch. Das heißt, ich sehe in dem Text eine Anrede, die mich zur Antwort herausfordert.

Am Anfang geht es vor allem darum, Jesus näher kennenzulernen. Ich empfehle Ihnen, neben den auf Seite 65 aufgeführten Kernstellen der Bibel vor allem mit einem Evangelium anzufangen. Beim betenden Lesen dieses Evangeliums werden vor allem Fragen wie diese im Vordergrund stehen: Herr, wer bist du? Was hältst du für mich bereit? Was möchtest du, was ich tun soll? – Fragen, die die Beziehung zwischen Jesus und uns klären und vertiefen helfen. Danach kann man sich ein biblisches Buch nach dem andern vornehmen, am besten nach der Ordnung, wie sie in den vielerlei Bibellesehilfen[28] vorgegeben ist. Mir persönlich ist es eine Hilfe, den Text anhand von vier Grundfragen durchzubeten, die sich an einer kleinen Schrift Martin Luthers orientieren:[29]

Schlüsselfragen beim Bibellesen:

1. Wofür kann ich danken?
2. Was muß sich bei mir ändern?
3. Was soll ich tun beziehungsweise lassen?
4. Worum will ich Gott bitten?

Wichtig ist, daß wir jede dieser Fragen nicht allgemein, sondern zunächst an den Text selbst stellen. Was macht mich in diesem Text dankbar? Welche Aussage des Textes will mich korrigieren, übt an mir Kritik, leitet mich zur Buße? Gibt es etwas an dem Text, das mich zu konkretem Handeln motiviert? Welche Gebetsanliegen erwachsen aus dem Text – anstelle meiner eigenen Wünsche?[30]

Wie unschwer zu merken ist, spiegeln sich in diesen Fragen einige der Grundtypen des Gebets wider: Dank, Schuldbekenntnis, Handeln, Bitte. Auch hier wird deutlich: Die Bibel will uns zum Beten anleiten. Wir können nicht in jedem Text alle vier Fragen beantworten, aber wir bekommen mit ihnen doch wenigstens einen »Fuß in die Tür«.

Es wird immer Dinge geben, die wir nicht verstehen – die sollten wir zunächst getrost weglassen. Vielen Anfängern des Bibellesens geht es wie jenen Kindern, die Fisch deshalb nicht mögen, weil er so viele Gräten hat. Wir sollten die

»Gräten« zunächst beiseite legen und uns auf das konzentrieren, was wir verstehen. Bei dem, was wir nicht verstehen, mag uns später ein Bibelkreis helfen, oder es wird uns zu einem späteren Zeitpunkt unseres Lebens etwas sagen.

Ich persönlich mache das, was ich verstehe und was mich anspricht, irgendwie kenntlich, ich streiche es bunt an, mache ein Ausrufezeichen daneben, damit es mir beim nächsten Lesen ins Auge springt: »Das war mir wichtig, das hat mir was gesagt.« Ferner sehe ich zu, daß ich das Ganze nicht so schnell vergesse. Etwa, indem ich einen Vers, der mich besonders angesprochen hat, auswendig lerne und ihn mir während des Tages immer wieder wachrufe. Dieses mehrmalige Wachrufen am Tag ist eine wichtige Hilfe, denn das Wort soll ja meinen Tag durchdringen. Dazu dient auch das Aufschreiben meiner Gedanken, Gebete, Erkenntnisse und wichtiger Stellen in einer Art geistlichem Tagebuch. Was man aufschreibt, vergißt man weniger leicht, als was man lediglich gedacht hat. Man kann es vor allem immer wieder nachlesen, wenn einem die Frage wieder aktuell erscheint.

Oft erfährt man sehr direkt den »Nutzen« dieser Übung: ein Staunen, eine Freude, ein Ziel, neue Kraft. Aber auch wenn ich scheinbar nichts davon mitnehme, hat die regelmäßige Beschäftigung mit Gottes Wort einen nicht zu unterschätzenden reinigenden und stärkenden Einfluß auf mein Unterbewußtsein. Ideal ist es natürlich, wenn man einen oder mehrere andere Christen hat, mit denen man sich regelmäßig über das Gelesene und die damit gemachten Erfahrungen austauscht und nach weiteren Möglichkeiten der praktischen Umsetzung fragt.

Halten wir fest: Das Bibellesen inspiriert und bereichert nicht nur unser Leben überhaupt, sondern auch und vor allen Dingen unser Gebet. Ohne Bibel wird das Gebet schnell langweilig und im negativen Sinne routiniert. Wenn es denn wahr ist, daß christliches Gebet – anders als das heidnische – vor allem Antwortcharakter hat, muß ich Gott auch die Gelegenheit geben, zu mir zu sprechen.

Das Vaterunser als Leitfaden zum Beten

Jesus hat uns mit dem Vaterunser kein *Gebet* gelehrt, sondern er hat uns gelehrt, wie wir *beten* sollen. Es geht also nicht so sehr darum, daß wir diesen Wortlaut immer wieder rezitieren, um korrekt zu beten, sondern darum, daß sich in all unserem Gebet die im Vaterunser getroffenen *Grundentscheidungen* ein Stück weit widerspiegeln. Diese Grundentscheidungen seien im folgenden hervorgehoben.[31]

1. Christliches Gebet realisiert eine dreifache Beziehung

Vater

Wir leben in einer »vaterlosen Gesellschaft« (Mitscherlich). Das Wort »Vater« ist bei uns meist nicht gerade positiv besetzt. Doch auch der modische Versuch, das prekäre Wort »Vater« durch eine »Mutter unser« zu ersetzen, würde diesen Abstand nicht verringern, denn die Erfahrungen, die wir mit Müttern machen, werden uns den Zugang zu Gott nicht weniger erschweren.

Wer Gott als Vater ist, lernen wir nicht von unseren Vätern. Es ist vielmehr umgekehrt: Was ein guter Vater ist, lernen wir bei Gott.[32] Lassen wir das Störende des Vaterbegriffs daher zunächst einmal beiseite. Deutlich wird: Im Gebet geht es um die Herstellung einer persönlichen Beziehung; ich erfahre Gott als Gegenüber, zu dem ich »du« sagen, zu dem ich Vertrauen haben kann. Es gehört für mich zu den großen Ärgernissen vieler moderner Kirchengebete, daß sie zu diesem Du oft nicht einmal mehr finden, sondern nur noch formulieren: »Wir denken an . . .« oder so etwas. Gebete sind nicht nur warme Gedanken. Gebet ist auch mehr als bloße Meditation oder Autosuggestion. Gebet stellt eine Vertrauensbeziehung her. Im Gebet sage ich »du« zu Gott.

unser

Gerade der Protestantismus stellt dieses »unser« heute weit nach hinten. Wir sind der Meinung, der Glaube sei das Individuellste – reine Privatsache, ginge niemanden etwas an. Ich führe viele Gespräche über den Glauben, aber merkwürdigerweise reagieren die Leute nirgends so gereizt wie bei dieser Frage: Braucht man, um zu glauben, die Gemeinschaft?

Jesus war definitiv dieser Meinung. Sogar im Gebet, sogar im scheinbar allerpersönlichsten Ausdruck des Glaubens, behält er diesen Aspekt der Gemeinschaft der Glaubenden im Blick. Es darf *keiner* zu Gott »Vater« sagen, der verleugnet, daß dieser Vater noch viel mehr Kinder hat, die uns darum als Brüder und Schwestern zugewiesen sind. Das christliche Gebet schafft darum nicht nur eine Verbindung zum himmlischen Vater, sondern auch zu denen, die mit uns zusammen diesen Vater anrufen.

im Himmel

Das Gebet schafft schließlich eine Verbindung zwischen oben und unten, zwischen Himmel und Erde, zwischen unserem kleinen Leben und Gottes ewiger Welt. Wir dürfen und müssen uns nicht aus uns selbst heraus verstehen, sondern unser Leben kommt aus Gott und zielt auf Gott. Gott ist das Geheimnis unseres Lebens – aber das realisieren wir nur im Gebet. Realisieren, das heißt: Wir *merken* das nur als Beter und Beterinnen, und wir *verwirklichen* es erst als Betende. Wer sein Leben nicht in dieser Perspektive sieht, wird es verfehlen. Ohne Gebet schneiden wir uns von unserem Ursprung und Ziel, von dem Geheimnis unseres Lebens ab wie ein Tiefseetaucher, der die ihn versorgende Leitung zum Mutterschiff durchtrennt.

2. *Der Christ bittet darum, daß Gott Gott werde*

Das Vaterunser ist ähnlich aufgebaut wie die Zehn Gebote. Zuerst wird der Blick auf *Gott* gerichtet und erst von dort her auf uns selbst. In den ersten drei Bitten des Vaterunsers beten wir um die Gottwerdung Gottes, in den folgenden drei um die Menschwerdung des Menschen.[33]

Geheiligt werde dein Name.

Der erste Schritt zur Gottwerdung Gottes ist ein neuer, behutsamer Umgang mit dem Wort »Gott«. Ähnlich wie unsere Bilder legen auch unsere Namen und Begriffe das derart »Begriffene« ein Stück weit fest. Es gehört zum Wesen unserer Sprache, daß wir die Dinge, die wir benennen, damit ein Stück weit einordnen, klassifizieren und damit zu beherrschen beginnen. Dies hat in der Beziehung zu Gott jedoch fatale Konsequenzen. Es ist ähnlich wie bei den Bildern, von denen im ersten Kapitel die Rede war: Sobald ich Gott begriffen zu haben meine, habe ich ihn verloren. Nicht Gott, sondern *ich* habe dann allerdings den Schaden.

Darum hat das Judentum im zweiten und dritten Gebot nicht nur die Anbetung von Bildern, sondern auch die unnütze Benutzung des Gottesnamens verboten. Jesus schließt sich im Vaterunser diesem Anliegen voll an und gibt ihm ähnliche Priorität.

Denn bedenken Sie, wie auch heute Gottes Name, wo er denn im Munde geführt wird, in der Regel noch immer wieder mißbraucht und vor den Karren menschlicher Interessen gespannt wird – leider auch und gerade im Gebet! »Gott« wird zum Bedarfsartikel für Krisenzeiten des Lebens, das heißt bei Geburt, Pubertät, Heirat und Tod, er wird zum Mittel für erbauliche Stunden, zum Nothelfer und »Pannendienst« sowie zum Lückenbüßer, der die weißen Flecken unseres Nichtwissens ausfüllen soll, herabgewürdigt. Der Beter des Vaterunsers bezieht sich und sein Leben auf Gott, aber er tut dies nicht pausbäckig-selbstverständlich, sondern er hat große Sorge, diesen Namen unangemessen zu gebrauchen, und bittet Gott diesbezüglich um Bewahrung.

Dein Reich komme.

Es geht im Christentum nicht um ein paar erbauliche Gedanken und fromme Gefühle, sondern um die universale Perspektive: Veränderung, ja Neuwerdung der Welt.

Christen leiden mit ihrem Gott im Ist-Zustand dieser Welt. Diese Haltung hat nichts mit Kläglichkeit zu tun. Ich denke, ein Christ hat viel Grund zur Freude am Leben. Aber es kann ihn eigentlich nicht in Ruhe lassen, daß es Menschen gibt, die trauern, die leiden und hungern.

Der Christ kann sich mit seinem persönlichen Glück nicht zufriedengeben. Und er wird auch seine individuelle Not immer im Kontext der Not der ganzen Welt sehen, er wird sich in seinem persönlichen Leiden nicht als den Nabel der Welt ansehen. Er wird gerade im Hinblick auf andere »hungern und dürsten nach Gerechtigkeit«. Und er wird sich in die Pflicht genommen wissen, seinen Teil dazu beizutragen, daß diese Welt dem Reich Gottes etwas ähnlicher wird. Aber er wird immer auch wissen: Das, was ich mache, ist nur ein Tropfen auf dem heißen Stein – Herr Jesus, komm und schaffe deine Welt neu!

Dein Wille geschehe, wie im Himmel, so auf Erden.

Viele Menschen verstehen unter dieser Bitte einfach die Unterwerfung unter den Willen Gottes, gegen den man ohnehin nichts tun kann. Der Ton dieser Vaterunserbitte aber liegt nicht auf dem »Dein«, sondern auf dem Schluß: Dein Wille *geschehe* – endlich! Es geht nicht um Ergebung, sondern um Gehorsam. Wir rufen Gott an, er selbst möge uns helfen, daß sein Wille, wie er längst im Himmel geschieht, auch auf Erden, auch in unserem Leben geschehe.

Gott wird erst dadurch Gott, daß wirklich sein Wille geschieht. Vorher ist er nicht der Gott dieser Welt, nicht der Gott meines Lebens. Mit der Bitte um die Durchsetzung des Willens Gottes beten wir daher *gleichzeitig gegen uns selber*, die wir lieber nach unserem eigenen Willen leben wollen. Es ist dies das Eingeständnis, daß unser Eigenwille allemal Leid und Unheil über diese Welt gebracht hat und daß wir aus eigener Kraft nicht dazu in der Lage sind, Gottes Willen zu erfüllen. Wir sind zu sehr mit der Wahrnehmung unserer eigenen Interessen beschäftigt. Und selbst, ja *gerade* dort, wo viel von Gott und seinem Willen die Rede ist, muß diese Bitte um so leidenschaftlicher ausgesprochen werden, daß es wirklich sein Wille – und nicht doch wieder eine fromm getarnte Spielart unseres Eigenwillens – ist, der sich da durchsetzt.

Ein Kriterium dafür wird sein, daß diese Gottwerdung Gottes immer zu einer verstärkten Menschwerdung des Menschen führt; davon reden die nächsten drei Bitten.

3. Der Christ bittet darum, daß der Mensch Mensch bleibe

Unser täglich Brot gib uns heute.

Die Beziehung zu Gott ist nie nur eine innerliche. Der Mensch lebt nicht vom Brot allein – aber auch nicht ohne. Der Glaube erhebt sich nicht über die »niederen Sorgen des Alltags«, sondern schließt diese mit ein und bezieht auch diese auf Gott. »Brot«, so sagt Luther bereits in seinem Kleinen Katechismus, ist dabei ein Bild für alles Lebensnotwendige: Essen und Trinken, Kleidung und ein Dach über dem Kopf, Arbeit und Menschen, die einem Geborgenheit geben. Auch in unserem reichen Land ist die Bitte um das tägliche Brot, wenn man sie so umfassend versteht, also keineswegs überflüssig.

Wir bitten um das *tägliche* Brot und widersprechen damit unserer eigenen Sicherungs- und Sicherheitsmentalität. Es ist eine Illusion zu meinen, man könne sein Leben und das, was die Qualität eines Lebens ausmacht, nachhaltig sichern, statt es Tag für Tag neu dankbar aus der Hand Gottes zu empfangen.[34] Außerdem vergißt man über dieser Sicherungsmentalität in der Regel Gott, beziehungsweise man baut ihn bestenfalls irgendwo am Rande des eigenen Sicherheitssystems ein.

Die Bitte um unser täglich Brot beinhaltet aber noch ein weiteres kritisches Element. Hier ist nicht die Rede von »meinem« Brot, sondern von »unserem« Brot. Wir beten nicht um das persönliche Glück oder den Wohlstand weniger, sondern um das Notwendige, Notabwendende für jedermann. Und man kann nicht gut Gott darum bitten, ohne seinen eigenen Teil dazu beizutragen und von dem Brot, das man selbst im Überfluß hat, abzugeben und zu teilen.

Und vergib uns unsere Schuld, wie wir vergeben unsern Schuldigern.

Wir tun uns heute schwer, von Schuld und Sünde zu sprechen. Natürlich haben wir alle »unsere kleinen Fehler«, aber wir haben nicht den Eindruck, daß wir über die Maßen schuldig seien. Da gibt es ganz andere ... – was haben wir schon getan?

Wir tun gut daran, bei unserem Schuldbekenntnis nicht nur nach dem Bösen Ausschau zu halten, das wir *getan* haben, sondern vor allem auch nach dem Guten, das wir *unterlassen* haben. Wie viele Dinge hat uns Gott in die Hände gegeben, die wir – aus verschiedensten Gründen – dann unterlassen haben. Unsere Unterlassungssünden überwiegen vermutlich oft unsere Tatsünden. Wieviel Liebe sind wir in unserem Leben schuldig geblieben?!

Es ist eine grundlegende Überzeugung des ganzen Neuen Testaments, daß *Selbstkritik*, daß die Einsicht in die eigene

Schuld und die damit verbundene Bitte um Vergebung der Schlüssel zu jedem umfassenden Neuanfang ist. Das Schuldeingeständnis ist die Basis dafür, daß ich bereit bin, etwas bei mir zu ändern. Es ist die Basis dafür, daß sich zwei Menschen, zwischen die sich die Last der Vergangenheit wie eine Wand aufgebaut hat, wieder in die Augen sehen können. Aus dem gleichen Grund ist die selbstkritische Bitte um Vergebung die Basis zu einer neuen und neu gearteten Gottesbeziehung.

Daß bei mir wirklich etwas neu geworden ist, äußert sich in einem Entschluß: Ich will das, was mir Gott gegeben hat, in diese Welt zurückspiegeln. Ich habe Brot empfangen – darum teile ich dieses Brot. Ich habe Vergebung erfahren – darum vergebe ich auch anderen. Gott hat mit mir einen neuen Anfang gemacht – darum bin auch ich mit meinem Mitmenschen nie am Ende.

Und führe uns nicht in Versuchung,
sondern erlöse uns von dem Bösen.

Ich würde diese Bitte so übersetzen: Und bewahre uns vor Glaubensabfall. Es ist so vieles in unserem Leben, was sich zunächst in die Beziehung zwischen Gott und uns einnistet und was dann immer größer wird, so daß wir nicht mehr zu Gott kommen und, schlimmer noch: daß Gott nicht mehr an uns herankommt.

Bei dem Wort »Versuchung« geht es um all das, was sich zwischen Gott und mich schieben will: mein Ehrgeiz, unerfüllte Wünsche, also ganz offensichtliche »Versuchungen«. Aber es können auch ganz unverfängliche, ja zunächst sogar ganz positiv aussehende Dinge aus den Bereichen Familie, Beruf oder Freizeit sein, denen ich aber eine unangemessene Priorität einräume. Schließlich kann mich die Erfahrung von Kummer und Leid von Gott abbringen und so zur Versuchung werden. All dem gegenüber spricht der Beter die tägliche Bitte um Bewahrung vor Glaubensabfall aus.

Sondern erlöse uns von dem Bösen – die Erlösung von dem Bösen vollzieht sich in drei Stufen. Die *erste* Stufe besteht darin, daß all die versuchlichen Dinge, die ich eben genannt habe, *objektiv* ihr Ziel nicht erreichen, den Faden zwischen Gott und mir ganz zu durchtrennen. Trotz meines Kummers, trotz meiner Sünde, trotz meiner falschen Prioritäten, trotz meiner Gottlosigkeit und obwohl ich es wirklich verdient hätte, läßt Gott den Faden zwischen ihm und mir nicht ganz abreißen, ich kann über dieses Wunder nur staunen. Die *zweite* Stufe der Erlösung besteht darin, daß dies zu einem positiven Teil meines subjektiven Bewußtseins wird. Ich trauere vielleicht, aber es zerstört nicht meine Gottesbeziehung, sondern führt mich tiefer in sie hinein. Ich bin vielleicht sehr beschäftigt, aber ich nehme mir dennoch und gerade deswegen bewußt die Zeit für Gott. Ich weiß um meine Schuld und Sünde, bitte aber um Vergebung und lasse Gott an mir arbeiten. Die *dritte* und letzte Stufe der Erlösung schließlich wird sein, wenn Gott am Ende der Zeit nicht nur die *Folgen* der Versuchung, sondern *die Versuchung selbst* beseitigen wird. Erlösung heißt: Es wird dann nichts mehr sein, was mich von mir selbst entfremdet, was mich von meinem Mitmenschen trennt und was sich zwischen mich und Gott schieben kann. Darum mündet das ganze Vaterunser mit innerer Notwendigkeit in einen gewaltigen Lobpreis, in eine nicht zu überbietende Perspektive der Hoffnung:

4. Die alles begründende Perspektive der Hoffnung

Denn dein ist das Reich und die Kraft und die Herrlichkeit, in Ewigkeit. AMEN.[35]

Den Ton, auf dem das Gebet endet, nimmt man in der Regel mit in den Alltag. Der prägt die Psyche. Darum ist es wichtig, daß der Beter, nachdem er vor Gott seine Sorgen, seine Schuld und Erlösungsbedürftigkeit ausgebreitet hat, seine

Augen davon noch einmal abwendet. So wichtig das auch war und so sehr wir das auch vor Gott bringen sollen – es ist mindestens genauso wichtig, daß wir dann noch einmal wegblicken von uns selbst und aufschauen auf Gott. Denn nicht die eigene Not und Armut soll das letzte Wort behalten und in unserer Seele nachklingen, sondern Gottes Größe. *So* wird das Gebet Ausdruck einer Hoffnung, ja mehr noch: Ausdruck eines unerschütterlichen Optimismus.

Wer seine Augen – und sei es nur kurz am Schluß seines Gebetes – wegrichtet von der eigenen Not, um die Majestät Gottes zu loben, der macht eine erstaunliche Erfahrung: Loben zieht nach oben. Der Mensch, der ganz von sich absieht, um über Gott zu staunen, kommt am Ende bei sich selbst an. Nie ist der Mensch so sehr bei sich selbst, als wenn er im Lob ganz bei Gott ist.

Es ist schon erstaunlich, in welchen Kontext Jesus das Gebet einbettet. Wie sehr verblaßt unsere übliche Gebetspraxis vor diesem Hintergrund! Da ist zunächst die Beziehung zum Vater, die hergestellt und bedacht wird. Dann geht es ihm vor allem um die Gottwerdung Gottes. Dann erst geht es um uns selbst, aber charakteristischerweise so, daß wir um die eigene Menschwerdung zu beten lernen, die eigene Not in die Not der ganzen Welt einbetten, um schließlich das ganze Gebet einmünden zu lassen in einen einzigen Lobpreis, in dem Gott um seiner selbst willen gelobt wird. »Der Lobpreis am Abschluß bildet die eigentliche Begründung unseres Betens. Weil alle Macht und die Herrlichkeit und das Reich unseres Gottes ist, darum können wir so beten« (Artur Richter).

Praktische Übung:

Beten mit der aufgeschlagenen Bibel in der Hand

Bitte formulieren Sie ein Gebet. Nehmen Sie dazu einen der unten aufgeführten Bibeltexte. Sagen Sie dabei »du« zu Gott. Auch wenn Sie nicht an Gott glauben, versuchen Sie es einmal! Tun Sie so als ob.

Ich nenne Ihnen noch einmal die vier Fragen, die Martin Luther formuliert hat, um einem Bibeltext »zu Leibe zu rükken«:

1. Wofür kann ich danken?
2. Was muß sich bei mir ändern?
3. Was soll ich tun beziehungsweise lassen?
4. Worum will ich Gott bitten?

Beziehen Sie die vier Fragen Luthers auf den von Ihnen gewählten Text, und schreiben Sie das Ergebnis in Gebetsform nieder.

Der Sinn der Übung ist: Sie sollen sehen, daß sich mit den vier Fragen ein Bibeltext relativ schnell erschließt, auch wenn Sie nicht immer alle vier beantworten können. Außerdem soll deutlich werden, wie das aussehen kann, daß Gott in der Bibel Kontakt zu uns aufnimmt und wir ihm antworten: mit Worten und Taten.

Psalm 8
Psalm 23
Lukas 5,1–11
Lukas 10,38–42
Lukas 18,9–14
Lukas 19,1–10

Was hindert Sie daran, diese Übung – etwa anhand der am Ende von Kapitel 2 aufgelisteten Zentraltexte oder anhand eines Evangeliums – öfter auch für sich zu praktizieren und die Ergebnisse in einer Art geistlichem Tagebuch niederzuschreiben? Ich bin überzeugt: Bereits nach wenigen Wochen regelmäßiger Übung wird das innere Wachstum für Sie spürbar sein.

8. Das Handeln des Christen – zwischen Normen und Freiheit

In diesem Kapitel lesen Sie, warum es im Grunde genommen gar keine »christliche Ethik« gibt. Nicht ein Verhalten, sondern ein Verhältnis macht einen Menschen zum Christen. Das Handeln des Christen ist, was die konkrete Gestalt angeht, sehr viel weniger festgelegt, als wir oftmals meinen. Es geht beim ethischen Handeln des Christen nicht um ein fest fixiertes Normensystem, auch nicht so sehr um Richtig oder Falsch, sondern vielmehr darum, in zunehmendem Maße von der Person und der Liebe Jesu beeinflußt und durchdrungen zu werden. Wie wir sehen werden, geht es dabei nicht ohne Normen, aber ihr Wirkungsbereich ist begrenzt und relativ. Weder macht uns das Einhalten von Regeln zu guten Menschen, noch muß man Christ sein, um ein guter Mensch zu sein; vielmehr können Christen bei Nichtchristen in dieser Hinsicht sehr viel lernen. Christsein bedeutet allerdings nicht nur, sich vergeben zu lassen, sondern auch, einen neuen Lebensstil zu entwickeln. Darum lesen Sie am Schluß dieses Buches, woran sich Christen von anderen Menschen unterscheiden.

Was ist eine christliche Tat?

Kein Mensch kann auf Dauer die Liebe Gottes erfahren, ohne daß sein Panzer der Selbstbezogenheit aufbricht und ohne daß er selbst ein Liebender wird. »Kein Mensch kann in die Sonne blicken, ohne daß sein Angesicht hell wird« (Bodelschwingh). Indem der Mensch die Liebe Jesu in seinem

Leben erfährt, wird er befreit, Liebe weiterzugeben an andere. Dies geschieht nicht aufgrund eines äußeren Zwangs und äußerer Gebote, sondern aufgrund einer inneren Notwendigkeit. Der Christ verhält sich wie ein Spiegel, der die im eigenen Leben erfahrene Liebe in diese Welt zurückreflektiert.

Im Grunde könnte man alle christliche Ethik auf diesen einen Satz zurückführen: Der Christ versucht, in seinem Handeln die Liebe Gottes abzubilden, die ihm zuvor zuteil wurde. Dies ist für ihn keine Sache des Müssens, sondern eine Sache des Wollens. Solange ein Mensch dies nicht wirklich will, kann man davon ausgehen, daß die Liebe Gottes sein Herz noch nicht wirklich erreicht hat. Darum gibt es prinzipiell kein unethisches Christentum. Christentum zielt nicht nur auf Vergebung unserer Sünden, sondern auf *Neuwerdung* des Menschen. Die durch Jesus Christus vermittelte Versöhnung mit Gott will ausstrahlen auf alle Bereiche unserer Existenz.

Weil dies so ist, hat die Ethik innerhalb des Christentums immer eine wichtige Rolle gespielt. Und weil es vom bloßen *Wollen* zur praktischen *Umsetzung* der Liebe oftmals ein weiter Weg ist, sind in der Geschichte des Christentums immer wieder Regeln und Gebote aufgestellt worden. Dies geschah *nicht* in der Absicht, ein *Müssen* an die Stelle des Wollens zu setzen. Die Gebote sollten vielmehr praktische Handlungsanweisungen sein, die dem Christen einen Weg zeigen, wie das konkret aussehen kann: die Liebe Gottes in diese Welt hinein abzubilden.

Man spricht darum gerne von »christlicher Ethik« oder einem »christlichen Handeln«. Diese Wortwahl ist allerdings ausgesprochen mißverständlich, ja manchmal sogar verhängnisvoll. Denn diese Begriffe nähren die irrige Auffassung, daß sich ein Mensch durch ganz bestimmte Verhaltensweisen als Christ auszeichnet. Die Folge dieser Ansicht sind Aussagen, wie man sie oft hören kann: »Ich gehe zwar nicht in die Kirche, aber ich bin trotzdem ein guter Christ«, oder: »Herr Müller glaubt zwar nicht an Gott, aber er ist ein besserer

Christ als viele andere, die sonntags in die Kirche rennen.« Es kann tatsächlich sein, daß Herr Müller viel mehr gute Taten aufzuweisen hat als die meisten Kirchgänger, aber diese guten Taten machen ihn nicht zum Christen. Ein Handeln an sich kann nie christlich sein.

Lassen Sie mich dazu ein Bild entwickeln: Ein Mann bringt seiner Frau einen Strauß Rosen mit. Er tut dies, weil er seine Frau liebt. Die Rosen sind ein Zeichen seiner Liebe. Ein anderer Mann, der seine Frau *nicht* liebt, bringt seiner Frau ebenfalls Rosen mit. Er tut dies vielleicht, weil er ein schlechtes Gewissen hat, um zu kompensieren, daß er sich sonst kaum Zeit für seine Frau nimmt. Beide Männer tun also das gleiche. Aber sie tun nicht dasselbe. Sie unterscheiden sich in ihrer *Motivation* beziehungsweise in dem ihrer Tat zugrundeliegenden *Verhältnis* zu ihrer Frau. Das mag zwar für den außenstehenden Betrachter unsichtbar sein, aber für den Charakter der Tat ist es mindestens ebenso wichtig wie die bloße Handlung selbst. Ja man muß sogar sagen, es ist das *Entscheidende.*

So kann man nicht behaupten, ein guter Ehemann sei jemand, der seiner Frau Rosen mitbringt. Nein, ein guter Ehemann ist einer, der seine Frau *liebt* und der aus dieser Liebe praktische Konsequenzen zieht. Aber das, was für *ihn* praktische Folgerung seiner Liebe ist, kann jemand anderes aus einer völlig anderen Motivation heraus genauso betreiben. Und umgekehrt können aus dem gleichen positiven Verhältnis heraus scheinbar völlig verschiedene Konsequenzen gezogen werden. Statt Blumen mitzubringen, lädt der Mann seine Frau vielleicht zum Essen ein, oder er bindet sich eine Schürze um und spült das Geschirr. Das Entscheidende ist nicht die Tat an sich, sondern das Verhältnis beziehungsweise die Motivation. Keiner kann sich darauf berufen und sagen: »Ich spüle immer ab, daher bin ich ein guter Ehemann.«[1] Natürlich wird sich ein guter Ehemann um praktische Konsequenzen seiner Liebe mühen, aber die isolierte Tat macht noch nicht das gute Verhältnis.

Ebensowenig Sinn macht es, losgelöst von einer persönlichen Beziehung eines Menschen zu Christus, von einer vermeintlich »christlichen Ethik« zu sprechen. »Christlich« ist nie eine Tat an sich. Christlich ist immer nur etwas, was aus der Liebe eines Menschen zu Jesus beziehungsweise zu Gott resultiert.[2] Darum behaupte ich, daß den ethischen Regeln und Geboten in der Wirkungsgeschichte des Christentums ein viel zu hoher Stellenwert eingeräumt wurde. Nicht daß ich diese auch nur annähernd für unwichtig halte, aber die Fixierung auf die Tat hat im allgemeinen Bewußtsein verdrängt, daß es im Christentum zunächst und zuerst um unser Verhältnis zu Gott geht. Kein Zweifel – die Bibel ist voller Gebote, Regeln, Gesetze und Weisungen. Und doch sind diese nicht das Entscheidende, sondern sie sind lediglich *Folge* des Eigentlichen.

Nicht ein *Verhalten*, sondern ein *Verhältnis* macht einen Menschen zum Christen. Darum wäre es hilfreicher, statt von »christlichen« lieber von »guten« Taten und statt von »christlichem Handeln« lieber vom »Handeln des Christen« zu reden. Denn dann wird deutlich, daß das Einhalten irgendwelcher isolierter Normen und Regeln den Menschen nicht zum Christen macht. Ich kann die *Glaubensrichtlinien* des Christen nicht von der ihnen zugrundeliegenden *Glaubensbeziehung* trennen. Selbst wenn die Glaubensrichtlinien in sich selbst sinnvoll sind – sie sind ohne Glaubensbeziehung jedenfalls nicht mehr *christlich.* Christlich wird eine Tat allein dadurch, daß ein Mensch durch dieses sein Verhalten seine Dankbarkeit und sein Vertrauen, ja seine *Liebe* gegenüber Gott ausdrückt.

Wie das in der Praxis dann faktisch aussieht, ist gegenüber dieser Motivation relativ zweitrangig und auf jeden Fall situationsabhängig. Das Handeln des Christen ist, was die konkrete Gestalt angeht, sehr viel weniger festgelegt, als wir oftmals meinen. Gott will, daß wir ihn über alles und unseren Nächsten wie uns selbst lieben. Er hat uns aber gleichzeitig die Freiheit gegeben, selbst zu entscheiden, welche konkrete

Gestalt wir dieser Liebe geben wollen. Wir haben sozusagen die Wahl zwischen »Rosen« und »Abspülen«. Darum faßt der Kirchenvater Augustin die Ethik des Christen in einem einzigen Satz zusammen: »Liebe – und (dann) tu, was du willst!« Und Meister Eckhardt, der große christliche Mystiker des Mittelalters, sagt: »Gott befiehlt nicht ausdrücklich das äußere Werk.«

Welche Rolle spielen die Normen?

Ich kann mir gut vorstellen, daß diese Aussage den einen oder den anderen schockiert. Haben wir denn nicht klare Gebote von Gott bekommen, Weisungen, die uns dazu gegeben sind, den Willen Gottes zu erkennen und in die Tat umzusetzen? Was soll dann das ganze Gerede von Freiheit? Was soll das heißen: »Gott befiehlt nicht das äußere Werk« oder gar: »Tu, was du willst«? Um diese Frage zu beantworten, müssen wir zuerst überlegen, welchen Sinn Normen überhaupt haben. In einem zweiten Schritt werden wir dann auf die Funktion der *biblischen* Normen – allen voran der Zehn Gebote – zu sprechen kommen, um anschließend aber auch zu schauen, wo die *Grenzen* einer normgeregelten Ethik liegen.

Lassen Sie mich zunächst sagen: Normen sind wichtig. Wenn ich vor der Entscheidung stehe, wie ich mich in einer bestimmten Situation verhalten soll, werde ich in den seltensten Fällen die Zeit haben, mein ethisches Verhalten von Grund auf zu bedenken und gedanklich zu entwickeln. Ich kann nicht in jeder Situation meines Lebens die Moral neu schultern. Ich muß in der Praxis meines Lebens zurückgreifen können auf kurze, praktikable Handlungsweisungen, die sich in der Vergangenheit bereits bewährt haben und denen ich daher die Kraft zutraue, mich in meiner gegenwärtigen Entscheidung sicher zu leiten.

Das Leben stellt uns überdies immer wieder vor ähnliche oder gleichgeartete Entscheidungen. Welchen Sinn sollte es haben, in jedem dieser Fälle immer wieder die gleichen Grundsatzüberlegungen antreten zu müssen? Ich muß nicht jedesmal, wenn ich eine U-Bahn betrete, entscheiden, ob ich schwarzfahren will oder nicht. Bis auf Widerruf genügt es, wenn ich die Frage *einmal* durchdacht und für mich beantwortet und in Gestalt einer Norm formuliert habe: Ich fahre nicht schwarz.

Ein weiterer Vorteil von Normen ist es, daß sich in ihnen – wenn auch noch so relativ – ein *sozialer Konsens* darüber ausdrückt, was allgemein als gut und was als schlecht angesehen wird. Es ist wichtig, daß Normen ein überindividueller Charakter anhaftet. Es geht nicht an, daß jeder seine private Ethik mit ihren jeweils eigenen Schwerpunkten und blinden Flecken entwickelt. Der soziale Konsens darüber, was gut und was böse ist, ist nicht unfehlbar, aber er ist ein wichtiges Korrektiv für das Individuum. Die gute Absicht allein reicht für ein sittlich verantwortliches Handeln nicht aus. Das Tun muß auch *richtig* im Sinne von verantwortbar sein. Hierfür sind sozial vereinbarte Normen wichtig.

Am Anfang unseres Lebens übernehmen wir unsere Handlungsanweisungen zu 100 Prozent von unseren Eltern. Normen, die wir von anderen übernehmen, helfen uns zu handeln, solange wir selbst noch nicht über die Sache nachgedacht haben. Im Laufe unseres Erwachsenwerdens lernen wir es zusehends, die Moral in unsere eigene Hand zu nehmen. Das Erwachsensein besteht aber nicht darin, gar keine Normen mehr zu haben, sondern zwischen brauchbaren und unbrauchbaren Normen zu unterscheiden und gegebenenfalls eigene Normen zu entwickeln. Wir tun allerdings gut daran, dies nicht für uns allein zu tun, sondern in diesem Prozeß im Gespräch mit unseren Mitmenschen zu bleiben.

Vorteile von Normen:

- Normen entlasten mich davon, in jeder Situation die Moral neu schultern zu müssen.
- Normen ermöglichen es mir, eine einmal getroffene Entscheidung auf andere, ähnliche Situationen zu übertragen.
- In Normen drückt sich ein sozialer Konsens darüber aus, was allgemein als gut und böse angesehen wird.
- Normen, die ich von anderen übernehme, helfen mir zu handeln, wenn ich selbst noch nicht über die Sache nachgedacht habe.

Ich fasse zusammen: Normen sind praktikable Handlungsanweisungen, in denen sich individuelle wie überindividuelle Erfahrungen niederschlagen, um uns ein rasches, entschiedenes ethisches Handeln zu ermöglichen. Das gilt auch für die Normen der Bibel. In ihnen schlägt sich die Lebenserfahrung vieler Generationen und Völker nieder, und wir tun gut daran, uns dies zu vergegenwärtigen, bevor wir uns einfach über sie hinwegsetzen. Viele dieser Normen sind sicherlich umständebedingt und zeitgebunden – darauf werde ich noch zurückkommen. Aber je älter und weiter gefaßt der Konsens über gut und böse ist, desto triftiger müssen die Gründe sein, wenn wir meinen, auf sie verzichten zu können.

Viele von uns stellen sich unter einem christlichen Leben ein durch Vorschriften und Normen streng reglementiertes und darum ausgesprochen *unfreies* Dasein vor. Eine solche Existenz erscheint uns alles andere als erstrebenswert. Wir möchten unser Leben lieber so führen, wie wir wollen, und die Bibel, so scheint uns, hindert uns daran, das Leben zu genießen.

Aber das genaue Gegenteil ist der Fall. Die Zehn Gebote sind keine *Hindernisse,* sondern *Hilfen* auf dem Weg zur Freiheit, indem sie uns in vielen Situationen unseres Lebens ein rasches, sicheres Handeln ermöglichen. Kein Mensch würde auf den Gedanken kommen zu sagen, daß die Fußballregeln das Fußballspiel behindern. Vielmehr ermöglichen sie allererst den Fluß des Spiels, indem sie verhindern, daß jeder nach seinen eigenen Regeln spielt und es zu chaotischen Auswüchsen beziehungsweise zu einer allgemeinen Verwirrung kommt.

In vergleichbarer Weise hindern uns auch viele biblische Normen daran, einfach nach dem Lustprinzip und unseren persönlichen Regeln zu leben. Aber wo dies geschieht, ist dies immer nur ein scheinbarer oder kurzfristiger Nachteil zugunsten eines mittel- oder langfristigen Vorteils, den wir davon haben. Die Gebote wollen uns nichts nehmen, sondern etwas schenken. Die ethischen Weisungen der Bibel sind Anleitungen dazu, ein *menschliches* Leben zu führen. Ein solches menschliches Leben kommt nicht nur unseren Mitmenschen, sondern auf mittlere und längere Frist auch uns selbst zugute.

In Michael Endes »Unendlicher Geschichte« findet Bastian, der junge Held der Geschichte, ein Amulett mit der Aufschrift »Tu, was du willst«. Er muß erst eine lange Entwicklung durchmachen, bis ihm der Sinn dieses Satzes aufgeht. Er ist sich durchaus nicht darüber im klaren, was er eigentlich und im Tiefsten will. Zunächst identifiziert er diesen Willen recht oberflächlich mit seinen spontanen Affekten. Dabei bringt er aber nicht nur andere, ja die ganze Welt in Gefahr, sondern isoliert sich mehr und mehr selbst. Erst langsam reift in ihm eine neue Sicht heran. Er erkennt, daß er das, was er bislang zu wollen glaubte, nicht wirklich will. Er erkennt, daß ein »wohlverstandenes Eigeninteresse« die Liebe zu anderen nicht aus-, sondern einschließt.

Die biblischen Gebote sind C. S. Lewis zufolge »Gebrauchsanweisungen zum Betrieb der Maschine Mensch«. Sie dienen dazu, »Betriebsstörungen, Überlastungen oder Heißlaufen dieser Maschine zu verhüten. Das ist der Grund, weshalb diese Gesetze auf den ersten Blick mit unseren natürlichen Neigungen ständig in Konflikt zu geraten scheinen. Wenn man an einer neuen Maschine angelernt wird, wird der Lehrmeister immer wieder sagen: ›Nein, nicht so.‹ Denn es gibt natürlich mancherlei Arten, die Maschine zu behandeln, die sich zunächst ganz vernünftig anlassen und sich natürlich zu ergeben scheinen, tatsächlich aber nicht zum Ziel führen.«[3]

Dabei sind es vor allem drei Bereiche, in denen Probleme auftreten können. Zum einen kann das *Zusammenspiel* mit den anderen Menschen mißlingen, so wie zwei Autos zusammenstoßen können. Zum andern kann eine *Störung innerhalb der »Maschine« selbst* auftreten, so wie ein Auto, das kaputt und darum nicht fahrtüchtig ist. Drittens aber kann das Auto auch sein angestrebtes *Ziel verfehlen*: Es will nach München fahren und kommt statt dessen in Hamburg an.

Vielleicht ist Ihnen das Beispiel zu technisch. Dann lassen Sie uns das menschliche Leben mit einem *Orchester* vergleichen, in dem einerseits die Instrumente zusammenstimmen müssen, was wiederum voraussetzt, daß jedes einzelne Instrument in sich gestimmt ist und daß jeder Spieler weiß, welches Musikstück gespielt wird. Oder: In einem *Fußballspiel* kommt es auf das Zusammenspiel aller Mitspieler an. Dieses aber beruht darauf, daß jeder einzelne Spieler fit und gesund ist. Darüber hinaus muß jeder Spieler eine genaue Vorstellung davon haben, worum es in dem Spiel überhaupt geht.

Die Normen der Bibel wachen über das Zusammenspiel der Menschen untereinander, über die innere Übereinstimmung jedes einzelnen mit sich selber sowie über den Sinn und die Zielgerichtetheit des Ganzen. Wenn man es so sieht, dann schränken die Normen der Bibel unsere Freiheit nicht ein, sondern ermöglichen sie allererst.

Da wäre zunächst das *Zusammenspiel* von Mensch und Mitmensch. Die Freiheit des Menschen ist für die Bibel ein sehr hohes Gut. Aber sie hat eine prinzipielle Grenze, nämlich dort, wo meine Freiheit die Freiheit meines Mitmenschen einschränkt oder gefährdet. Das Gebot »Du sollst nicht stehlen« schränkt zweifellos meine persönliche Freiheit ein, wenn mir gerade der Sinn danach steht, mich bei jemand anderem kräftig zu bedienen. Aber gerade indem dieses Gebot meine Freiheit in diesem Punkt einschränkt, schützt es die Freiheit meiner Mitmenschen. Vergleichbares gilt für die Gebote, nicht zu töten, nicht die Ehe zu brechen oder nicht zu lügen. All diese Gebote schränken zwar die individuelle Freiheit ein, aber sie tun es mit der Absicht, die Freiheit einer größtmöglichen Anzahl von Menschen zu schützen. Und selbst wenn ich diese Einschränkung vielleicht hier und da nur zähneknirschend hinnehme, muß mir doch bereits im nächsten Moment bewußt werden, wie gut und wie wichtig dieses Gebot auch für mich ist, nämlich dann, wenn jemand *mir* etwas wegnehmen will und das Gebot *ihn* daran hindert.

Sodann schützen die Zehn Gebote die menschliche Freiheit im Hinblick auf die *Übereinstimmung des Menschen mit sich selber.* Alles, was wir anderen tun, wirkt zurück auf uns selber. Ein Auto, das mit anderen zusammenstößt, wird immer selbst einen Schaden davontragen. Wann immer wir einem anderen Menschen schaden, wirkt dies negativ auf unsere Seele zurück.

Aber nicht alle Probleme der »Maschine Mensch« ergeben sich aus dem Zusammenspiel mit anderen. Manche Störung beruht auch auf »Wartungs- und Bedienungsfehlern«. Darum geht es zum Beispiel in dem Gebot, den Feiertag zu heiligen.[4] Gerade dieses Gebot, in dem der Rhythmus von Arbeit, Ruhe und Feiern festgelegt wird und das so für unsere »innere Gestimmtheit« sorgt, ist ein besonderes Zeichen der Liebe Gottes. Daß wir es damit heute nicht mehr so genau nehmen, hat enorme Konsequenzen für das Individuum wie für die Gesellschaft. Streß, Hetze und Leistungsdruck bestimmen unseren Alltag, und die gesundheitlichen Folgen sind ebenso gravierend wie die Auswirkungen für das soziale Klima. Denn ein Mensch, der innerlich nicht im Frieden ist, wird erhebliche Probleme haben, ein ausgewogenes Verhältnis zu seinen Mitmenschen zu finden.

Der Mensch kann, sowohl was das Zusammenspiel mit anderen als auch was seine »innere Gestimmtheit« anbetrifft, aus Erfahrung lernen. Die Zehn Gebote sind eine Hilfe, manche schlechte Erfahrung nicht selbst machen zu müssen. Aber prinzipiell kann der Mensch auch von sich aus auf diese Dinge kommen.[5] Was der Mensch sich aber nicht selbst sagen kann und was er auch nicht durch Versuch und Irrtum herausfindet, ist die Antwort auf die Frage nach dem *Sinn und Ziel dieses Lebens.* Wohin die Reise führt beziehungsweise worum es in dem »Spiel« überhaupt geht, ist ein Wissen, das nicht aus uns herauskommt, sondern das uns gesagt werden muß von Gott. Das Ziel des menschlichen Lebens ist nicht beliebig. Davon reden in gewisser Weise wiederum *alle* Zehn Gebote, besonders aber die Gebote der sogenannten »Ersten Tafel«, in denen das Verhältnis zwischen Mensch und Gott geordnet wird. Auch diese Gebote hindern nicht unsere Freiheit, sondern ermöglichen sie allererst.

So kommt etwa das erste Gebot nicht so sehr *Gott* zugute als vielmehr uns. Andere Götter neben diesem Gott zu haben heißt, einer Lebenslüge aufsitzen, heißt, sich Mächten anheimgeben, die wohl viel versprechen mögen, uns in Wirklichkeit aber versklaven. Gott braucht keinen Monopolschutz; aber *wir* müssen geschützt werden vor allem, was sich vor diesen Gott zu schieben droht, denn all das schadet uns unermeßlich. Insofern ist auch und gerade das erste Gebot ein wichtiger Garant unserer Freiheit.[6]

Was regeln die biblischen Normen?

1. Sie koordinieren die zwischenmenschlichen Beziehungen.
2. Sie schaffen eine innere Übereinstimmung des Menschen mit sich selbst.
3. Sie zielen auf den Sinn des menschlichen Lebens, den Zweck, wozu er erschaffen wurde.

Fünf Grenzen der biblischen Normen

Wir haben uns den Sinn und die Wichtigkeit und die Stellung von Normen innerhalb des Christentums vor Augen geführt. Allerdings müssen wir jetzt auch von ihren *Grenzen* reden. Normen sind wichtig, aber ihr Wirkungsbereich ist begrenzt und relativ.

1. Die wichtigste Grenze der biblischen Gebote ist die, daß das *Einhalten von Regeln uns nicht zu guten Menschen macht.* Dies wird vor allem deutlich, wenn wir uns das Beispiel der *Pharisäer* vor Augen führen. Es ist bemerkenswert, daß Jesus gerade mit ihnen so stark aneinandergeriet, obwohl sie sich doch so offensichtlich bemühten, ein Leben in Übereinstimmung mit den Geboten Gottes zu führen. Man darf sich über den vielen Klischees, die über das Pharisäertum herrschen[7], nicht über dessen innere Ernsthaftigkeit, seine Opferbereitschaft, seinen enormen Einsatz und seine hohen sittlichen Ideale hinwegtäuschen lassen. Die landläufige Meinung, die Pharisäer seien gemeinhin Heuchler gewesen, greift dabei zu kurz.

Das Problem liegt vielmehr woanders. Wohl hält sich die Liebe an bestimmte Spielregeln, *aber das Einhalten dieser Spielregeln ist noch keine Liebe.* So wenig wie mich das Einhalten der Fußballregeln zu einem guten Fußballer macht, so wenig macht mich das Einhalten der Zehn Gebote zu einem guten Menschen.

Der Irrtum der Pharisäer war, daß sie das Leben als eine Kette von Regelbefolgungen ansahen. Nichts kann einem ein so gutes Gewissen geben, als wenn man eine Anzahl von Regeln und Normen sorgfältig einhält – selbst wenn es einem dabei völlig an wirklicher Liebe mangelt. Die Pharisäer merkten gar nicht, daß ihnen über der äußeren Erfüllung der Gebote das Entscheidende abhanden gekommen war, nämlich echte Menschlichkeit und lebendiger Glaube.[8] Darum sagt

Jesus: »Wenn eure Gerechtigkeit nicht besser ist als die der Schriftgelehrten und Pharisäer, so werdet ihr nicht in das Himmelreich kommen« (Matthäus 5,20).

Ich glaube, daß nur wenige das tiefer begriffen haben als Martin Luther, als er in den Erklärungen zu den Zehn Geboten im Kleinen Katechismus diese samt und sonders ins Positive wendete. »Du sollst nicht töten« heißt bei ihm: Du sollst dem andern »helfen und (ihn) fördern in allen Leibesnöten«. Wenn man das so versteht, fällt es uns mit einemmal schwer zu behaupten, wir hätten dieses Gebot gehalten. – »Du sollst nicht ehebrechen« heißt dann positiv: Jeder soll seine eigene Ehe pflegen, »sein Gemahl lieben und ehren«. – »Du sollst nicht falsch Zeugnis reden wider deinen Nächsten« heißt dann nicht nur, »du sollst nicht tratschen oder gar den andern belügen«, sondern du sollst ihn »entschuldigen, Gutes von ihm reden und alles zum besten kehren«. Erst damit ist das Gebot erfüllt! Doch wer könnte das je von sich behaupten?

2. *Normen sind oft zeitgebunden.* Ein Kritiker des Christentums hat die Zehn Gebote einmal spöttisch als »Sippenethos eines Nomadenstammes« bezeichnet, das für unsere städtische Kultur keinerlei Weisungskraft mehr besitze. Diese Beurteilung erscheint in bezug auf die Zehn Gebote recht boshaft, trifft aber, was viele andere Gebote der Mosebücher anbetrifft, durchaus den Kern der Sache.[9] Ja bis ins Neue Testament hinein werden oft soziale Verhältnisse vorausgesetzt, die sich mittlerweile – Gott sei Dank! – überlebt haben, etwa die Sklaverei, die Herrschaft des Mannes über die Frau oder auch ein in der Regel recht autoritäres Staatswesen. Werden damit aber nicht auch die in diesem Zusammenhang formulierten Normen hinfällig?

Die Zehn Gebote und andere ethische Leitlinien der Bibel fallen größtenteils in den Bereich der sogenannten »*Individualethik*«, das heißt, sie geben der Einzelperson Richtlinien des Zusammenlebens mit anderen. In diesem Bereich haben die biblischen Normen bis heute eine hohe Akzeptanz. Mord, Lüge oder Ehebruch werden bis heute allgemein als Fehlverhalten angesehen. Die diesbezüglichen Gebote sind wie Naturgesetze, bei denen der Versuch, sie zu durchbrechen, folgenschwer auf den Menschen zurückschlägt. Mit Recht sagt Cecil de Mille in seinem Monumentalfilm Die Zehn Gebote: »Wir können unmöglich das Gesetz brechen. Wir können nur uns selbst gegen das Gesetz brechen.«

Das Problem ist nur: Wo immer in den ethischen Weisungen der Bibel *Strukturen* in den Blick kommen, beziehen sich diese auf eine Gesellschaftsform, die wir heute so nicht mehr kennen und die nicht ohne weiteres übertragbar ist. Das fängt an beim Staatssystem und führt über das berufliche Leben bis hin in die Struktur der Familie. Selbst wenn die Bibel vom »Krieg« oder von der »Ehe« redet, redet sie von etwas anderem, als wenn wir diese Begriffe benutzen.[10]

Nicht daß es dem Menschen gelungen wäre, ein seit der Zeit der Bibel völlig verändertes Wertesystem zu erfinden. Dazu hat er ebensowenig die Macht wie dazu, eine neue Primärfarbe zu erfinden. Hier gilt nach wie vor das Wort des Propheten Micha, in dem es heißt: »Es ist dir gesagt, Mensch, was gut ist« (6,8). Aber die Welt ist eine andere geworden. Die *Anwendungsbereiche* der alten Normen und Werte haben sich geändert. Da sind die Fragen der Industrialisierung, der Computertechnologie, der medizinischen Ethik, des Freizeitverhaltens, des Weltwirtschaftssystems oder der Ökologie, die vor 2000 oder gar 3000 Jahren einfach noch nicht abzusehen waren.[11] Das heißt, neue Normen sind nötig, und viele alte ethische Leitlinien greifen heute nicht mehr oder haben sich überlebt. Dazu kommt:

3. *Einfache Normen sind nicht immer ohne weiteres auf komplexe Situationen anwendbar.* Die Situation der Moderne ist durch ihre hohe Komplexität gekennzeichnet, in der eins oft

ins andere greift und in der an sich gute Normen und Werte sehr leicht miteinander in Konflikt geraten. Und hier hilft die Berufung auf die Bibel leider auch nicht viel. Eine glatte ethische Lösung ist – gerade auf »sozialethischem« Gebiet – manchmal einfach nicht möglich.[12] Wer in diesen Fällen trotzdem eine solche anbietet und sich dabei auch noch auf die Bibel beruft, macht sich einer unzulässigen Vereinfachung schuldig.

Es ist an der Zeit, daß wir ehrlich werden: Der Christ weiß auch nicht immer, was gut und richtig ist. Er kann sich nur zusammen mit anderen bemühen, einen Weg zu gehen, der dem, was man unter »gut« verstehen will, möglichst nahekommt, aber sehr oft wird dieses »Gute« nur das Geringere zwischen zwei Übeln sein. Die Bibel ist auf diesem Weg ein verläßlicher Wegweiser, indem sie uns in ein Wertsystem einführt, das bis heute nicht überholt ist. Aber die ethischen Leitlinien der Bibel müssen heute immer wieder neu in die verschiedenen Situationen hinein »übersetzt« werden.

4. *Für viele gute Handlungsanweisungen brauchen wir die Bibel nicht.* Es läßt sich nicht bezweifeln, daß es auch außerhalb des Einflußbereichs des Juden- beziehungsweise Christentums bis in die heutige Zeit hinein beeindruckende und überzeugende ethische Konzepte gibt. Vielleicht ist es gerade das, was die Menschen am meisten an den Zehn Geboten anspricht, daß sich in ihnen – zumindest auf der sogenannten »Zweiten Tafel«[13] – kein spezifisch jüdisches oder christliches Glaubenswissen, sondern etwas zutiefst Menschliches, ein *universales* Wissen um Gut und Böse, ausspricht.

Irgendwo ist das auch einleuchtend. Ehebruch, Mord und Lüge sind entweder für *alle* Menschen schlecht oder für *niemanden.* Hier wird keine christliche Speziallehre verhandelt, sondern Parallelen zu den Zehn Geboten finden wir schon lange vor Mose in Babylonien und bis heute über die ganze

Welt verstreut. Die Gebote der sogenannten »Zweiten Tafel« sind nicht in Israel entstanden, sondern reichen in ihrer Entstehung weit in die vorisraelitische Zeit zurück und wurden erst sekundär mit dem Heilsglauben Israels, das heißt mit der sogenannten »Ersten Tafel« der Gebote, zusammengebracht.

Und auch die ethischen Weisungen des *Neuen Testamentes* sind keineswegs so spezifisch christlich, wie man denken möchte. Lange Zeit hat man angenommen, daß zumindest einige der ethischen Forderungen *Jesu* beispiellos und damit spezifisch christlich seien: das Gebot der Feindesliebe etwa, die Goldene Regel (»Tu, wie du willst, daß man dir tut«) oder die Verbindung von Gottes- und Nächstenliebe. Mittlerweile wissen wir, daß sich diese Forderungen schon Jahrhunderte vor Christus aufweisen lassen, teils bei jüdischen, teils bei heidnischen Schriftstellern.[14] Auch Paulus hat in ethischen Fragen völlig unbefangen von der zeitgenössischen philosophischen Ethik – vor allem der Stoa – Gebrauch gemacht.

In keinem dieser Fälle ist die biblische Ethik etwas spezifisch Jüdisches oder Christliches. Die Bibel *erinnert* die Menschen mehr an das, was gut und gefordert ist, als daß es sie darüber *belehrt.* Was wirklich neu ist, ist die Auswahl, Integration und Zuspitzung dieser anderweitig gewonnenen ethischen Weisungen auf einen neuen Sinnhorizont hin. Sie alle werden zum Ausdruck der Liebe des Menschen zu Gott, die sich im geordneten Umgang mit dem Mitmenschen und der Welt verifiziert.

Doch weder Mose noch die jüdische Weisheit, noch Jesus, noch Paulus haben eine eigene Ethik entwickelt, sondern sie haben vorhandene ethische Weisungen aufgegriffen, ausgewählt und zu einem neuen Ganzen zusammengefügt. Diese Weisungen sind – zumindest was die *Inhalte* anbetrifft – keineswegs vom Himmel gefallen, sondern können samt und sonders auf zum Teil lange Traditionen und zahlreiche Parallelen verweisen. Zu keiner Zeit ist es den Autoren der Bibel darum gegangen, aus dem christlichen beziehungsweise jüdischen Glaubenswissen heraus eine spezifisch christliche, materiale (= auf konkrete Inhalte bezogene) Ethik zu entwerfen.

Auch der Christ kann auf dem Gebiet der Ethik nicht *mehr* wollen, als was die großen Sittenlehrer zu allen Zeiten zu erreichen suchten, nämlich Menschlichkeit. Für ihn gibt es keine Sonderregeln. Was nicht für *alle* Menschen gut ist, ist es auch nicht für den Christen. Was für den Christen Gültigkeit haben soll, muß auch den Kriterien der Menschlichkeit und Vernünftigkeit standhalten können. Und eine ethische Forderung, die diesen Kriterien entspricht, ist auch für den Christen so verbindlich, als ob sie in den Zehn Geboten stünde – auch wenn sie erst in jüngster Zeit und innerhalb eines völlig unchristlichen Kontextes aufgestellt wurde. Ja man muß sogar sagen:

5. *Viele Normen der Bibel erfüllen dieses Kriterium der Menschlichkeit gerade nicht (mehr).* Es gibt kein höheres Ethos als dasjenige der Menschlichkeit. Auch eine »biblische Ethik« kann nicht mehr wollen und nicht mehr erreichen als eben dieses: Liebe und Menschlichkeit. Nun zeigt sich allerdings, daß man von vielen – um nicht zu sagen von den *meisten* – ethischen Weisungen der Bibel oder auch der kirchlichen Tradition heute nicht mehr behaupten kann, daß sie den Kriterien der Menschlichkeit und der Vernunft wirklich standhalten. Dies ist ganz sicherlich ein Urteil, das man nur mit größter Vorsicht aussprechen können wird; nicht alles, was uns unzeitgemäß erscheint und nicht in den Kram paßt, ist deswegen bereits überholt.

Aber es gibt, durch nahezu alle genannten Bereiche biblischer Ethik hindurch – ausgenommen sind die Worte Jesu, die tatsächlich in gewisser Zeitlosigkeit zu uns sprechen –, ethische Weisungen, bei denen in aller Offenheit gefragt werden muß, ob sie heute noch menschlich oder vernünftig sind. Und das liegt einfach an den soziologischen Voraussetzungen, die zur Zeit ihrer Abfassung vielleicht gültig und vielleicht sogar Ausdruck der Liebe waren, die aber für uns heute einfach nicht mehr stimmen.

So war zum Beispiel die berühmte alttestamentliche Forderung »Auge um Auge, Zahn um Zahn«, die uns heute so unmenschlich erscheint, zur Zeit, als sie formuliert wurde, Ausdruck der Liebe. Denn diese Formel schränkte das seinerzeit nahezu uneingeschränkt geltende Prinzip der Rache und Vergeltung ein: Du darfst dem anderen nicht *mehr* nehmen, als er dir genommen hat. Für Jesus aber war dies nicht genug. Wahre Liebe, so sagte er, geht weiter. Sie beschränkt nicht nur die Rache, sondern sie verzichtet ganz und gar darauf: »Ich aber sage euch, daß ihr nicht widerstreben sollt dem Übel, sondern: Wenn dich jemand auf deine rechte Backe schlägt, dem biete die andere auch dar« (Matthäus 5,38 f.). Hier sehen wir, wie sich bereits innerhalb der Bibel Normen wandeln. Nicht die Norm ist das Entscheidende, sondern die Liebe und die Menschlichkeit, die durch sie »transportiert« werden soll. Wenn die Norm dieses Kriterium nicht mehr erfüllt, muß sie weitergeschrieben und geändert werden.

Ist man heute nicht weiter, als daß man zur Sklavenfrage lediglich den Titusbrief zitieren könnte, wo es heißt: »Den Sklaven sage, daß sie sich ihren Herren in allen Dingen unterordnen, ihnen gefällig seien, nicht widersprechen . . ., damit sie der Lehre Gottes, unseres Heilandes, Ehre machen in allen Stücken«[15]? Hat sich die Welt nicht doch einige Male gedreht, seitdem Paulus unwidersprochen den Frauen in der Gemeinde das Wort verbieten konnte?[16]

Diese Gebote haben zu einer bestimmten Zeit innerhalb eines ganz konkreten sozialen Umfeldes ihre Gültigkeit und Wahrheit gehabt. Aber es war eine *bedingte* Wahrheit und keine zeitlose. Sie hatten eine *begrenzte* Gültigkeit und keine absolute. Wir dürfen uns die Bibel und ihre Normen nicht wie eine *topographische Karte* vorstellen, die uns jeden Schritt unseres Weges vorzeichnet. Sie gibt uns vielmehr eine

Art *Kompaß* an die Hand, der uns die Richtung weist. Der Weg wird in den seltensten Fällen stur geradeaus führen, sondern wir müssen unseren Weg dem Gelände anpassen. Nur die Richtung ist uns vorgegeben.

Die Relativität der biblischen Normen:

- Das Einhalten von Regeln macht uns nicht zu guten Menschen.
- Normen sind oft zeitgebunden.
- Einfache Normen sind nicht immer ohne weiteres auf komplexe Situationen anwendbar.
- Auch außerhalb der Bibel finden sich überzeugende ethische Handlungsanweisungen.
- Viele Normen der Bibel erfüllen heute das Kriterium der Menschlichkeit nicht mehr.

Interessanterweise war es kein geringerer als Martin Luther, der solcherlei »ketzerische« Gedanken bereits 1525 in seinem »Unterricht, wie sich die Christen in Mose schicken sollen« äußerte. Ihm dienten die biblischen Normen lediglich als Modell und als Korrektiv für eine ansonsten von der *Vernunft* zu formulierenden Ethik.

»Ich wollte eher mein Leben lang nicht mehr predigen, ehe ich Mose wieder einlasse und Christus uns aus dem Herzen reißen lassen wollte. Wir wollen Mose nicht mehr als einen Regenten oder Gesetzgeber haben, ja, Gott will es auch selber nicht haben . . . Wer ihn liest, müßte zu begreifen wissen, daß die Gebote für uns nicht mehr gelten, ausgenommen für den Fall, daß ich mich freiwillig einem von diesen Geboten unterwerfe und sage: ›So und so hat Mose das Volk regiert; mich dünkt, es wäre fein, wenn wir das nachahmen würden‹, dann würde ich ihn also freiwillig als Vorbild nehmen.« Sogar das Argument, die Gebote des Mose seien lediglich ein nomadisches Sippenethos, hat Luther bereits vorweggenommen: »Mose ist der Juden Sachsenspiegel.«[17] Aus anderen Schriften Luthers wissen wir, daß er auch die *neutestamentlichen* ethischen Regeln von seiner Kritik nicht ausnahm.

Fällt damit nicht alles hin? Ist damit der Willkür nicht Tor und Tür geöffnet? Kann sich dann nicht jeder aus der Bibel gerade das herauspicken, was ihm gefällt? – Man wird diese Fragen sehr ernst nehmen müssen. Die Gefahr des Mißbrauchs, wenn man den biblischen ethischen Weisungen keinen inhaltlich verbindlichen Charakter mehr, sondern »nur noch« *Modellcharakter* zubilligt, ist mit Händen zu greifen. Doch die Gefahr des möglichen Mißbrauchs ist noch kein Argument gegen den rechten Gebrauch.

Denn Gefahren birgt auch eine sich streng auf die Bibel beziehende Normethik. Es ist ja nicht gerade so, daß eine biblizistische Ethik die Menschen unbedingt lebensfroher oder auch nur lebensfähiger macht. Im Gegenteil – die Nervenheilanstalten sind voll mit Menschen, die aufgrund eines gesetzlichen Bibelverständnisses »frommgeschädigt« wurden und darüber zahllose sogenannte »ekklesiogene (= speziell im Milieu der Kirche entstehende) Neurosen« entwikkelt haben.

Die biblische Normfindung als ein Modell zu begreifen bedeutet keineswegs einen zwangsläufigen Absturz ins Bodenlose.[18] Die Aufhebung der Gesetzlichkeit ist keineswegs ein Freibrief zur Unverbindlichkeit. Die Verbindlichkeit liegt jetzt lediglich auf einer anderen Ebene. Nicht mehr die reinen *Inhalte* sind auf jeden Fall bindend, sondern vielmehr das, was durch diese Inhalte ausgedrückt und was damit »transportiert« werden soll. Und das ist letzten Endes nichts anderes als die Liebe. Darum sagt Paulus: »Die Liebe ist des Gesetzes Erfüllung« (Römer 13,8.10).

Die christliche Ethik – ein kommunikativer Prozeß

Wir stehen vor einem Dilemma. Auf der einen Seite wird man konstatieren müssen, daß Normen immer zeit- und umständegebunden sind.[19] Auf der anderen Seite läuft man ohne Normen Gefahr, daß sich die Ethik im Unkonkreten und Beliebigen verflüchtigt. Ein Satz wie »Liebe – und dann tu, was du willst« führt uns in Versuchung, letztlich dem Lustprinzip nachzuleben, solange wir unser Handeln nur irgendwie durch den ja äußerst strapazierfähigen Begriff der »Liebe« abdecken können. Darum wird man auf Normen nicht verzichten dürfen, wird aber der Liebe immer den Vorrang vor irgendwelchen starr fixierten Handlungsanweisungen geben müssen.

Liebe im christlichen Sinne bedeutet, die Liebe Gottes, die man selbst erfahren hat, in möglichst ungetrübter Weise in diese Welt hinein widerzuspiegeln. Wenn wir dabei meinen, über biblische Normen hinweggehen zu können, so müssen wir zeigen, daß unser Handeln deswegen nicht *weniger*, sondern *mehr* Liebe »transportiert«. Augustin spricht in seinem Satz nicht dem Lustprinzip das Wort, sondern er zielt auf die Tatsache, daß uns nicht für jede einzelne Situation vorgeschrieben ist, wie Liebe konkret auszusehen hat. Das würde dem Wesen von Liebe auch völlig widersprechen. Vielmehr dürfen und müssen wir in unseren ethischen Entscheidungen Vernunft und Phantasie walten lassen und haben ein hohes Maß an Freiheit der Entscheidung.

Wir haben gesehen, daß die biblischen Normen größtenteils »Leihgut« beziehungsweise universales Wissen aus einer Vielzahl von Völkern sind. Man muß kein Christ sein, um ein ethischer oder auch ein guter Mensch zu sein, ja: Christen können bei Nichtchristen in dieser Hinsicht sehr viel lernen. In welcher Weise aber wirkt sich der christliche Glaube auf die Ethik eines Menschen aus? Auf diese Frage hat der katholische Moraltheologe Alfons Auer, von der Öffentlichkeit und meines Wissens auch von der Theologie leider weitgehend unbeachtet, eine dreifache Antwort gegeben.[20]

Zum einen redet er von der *integrierenden* Funktion des christlichen Glaubens. Damit gemeint ist jener Vorgang, den wir bereits bei Mose oder Paulus beobachten konnten. Sie haben vorhandene ethische Weisungen aufgegriffen, eine Auswahl daraus getroffen und sie in den Horizont der Heilsgeschichte eingezeichnet, und zwar in dem Bemühen, dem Ausdruck zu verleihen, was sie mit Gott erfahren hatten.

Die entscheidende Frage für den Christen lautet: Wie bilde ich die Liebe Gottes, die ich erfahren habe, so angemessen wie möglich in diese Welt hinein ab? Die Welt kommt von Gott her, sie ist von Gott geliebt, und sie geht auf Gott zu. In diesen Horizont werden die einzelnen ethischen Weisungen eingezeichnet, beziehungsweise was sich damit nicht in Übereinstimmung bringen läßt, wird außen vorgelassen, selbst wenn es sich noch so »vernünftig« oder »natürlich« gebärdet (wie etwa die »Ethik« des Sozialdarwinismus oder Friedrich Nietzsches).

Da ist als zweites die *stimulierende* Funktion. Man mag sich auch innerhalb des Christentums über einzelne ethische Fragen und Verhaltensweisen uneins sein. Als Beispiel seien nur die leidigen Fragen des Wehr- und Zivildienstes, der nichtehelichen Lebensgemeinschaften oder der Homosexualität genannt. In *einem* aber besteht auf alle Fälle Einigkeit: *daß* man nämlich ethisch sein will, *daß* man die erfahrene Liebe Gottes an andere Menschen weitergeben will.

Wir neigen gerne dazu, unsere ethischen Maximen zu relativieren, wenn es uns zum Vorteil gereicht. Warum sollten wir auch anders handeln? Es hat mir persönlich noch nie eingeleuchtet, wie eine Ethik anders als religiös – oder allenfalls aus Angst – motiviert werden kann.[21] Denn warum sollte ein Mensch auch dann ethisch handeln, wenn es ihm zum Nachteil gereicht? Das Christentum hat hierzu einen bleibenden Anreiz: die immer wieder erfahrene Liebe Gottes, das Wachhalten der Perspektive, daß dieses Leben nicht alles ist, sondern das eigentliche erst vorbereitet. Das Christentum ist selbst stimuliert und stimuliert daher auch andere.

Daraus resultiert die dritte, die *kritisierende* Funktion des Christentums gegenüber jedem real existierenden Ethos. Es ist das Wesen der Liebe, daß man sich nie zurücklehnen und die Gebote gleichsam »abhaken« und sich sagen kann: »Ich habe ihre Forderung erfüllt.« Die Liebe sucht immer nach Möglichkeiten, das Ur-Bild der Liebe Gottes noch reiner und noch vollkommener abzubilden. Darum gibt sich eine christliche Ethik mit dem Erreichten nie so recht zufrieden. (Ich verweise noch einmal auf das Beispiel, wie Jesus das Gebot »Auge um Auge, Zahn um Zahn« weitertreibt.)

Viele ethische Konzeptionen stimmen überdies nicht mit dem biblischen Menschenbild überein. Sie haben entweder eine naiv utopische oder eine hoffnungslos pessimistische Sicht vom Menschen zur Grundlage, weswegen sie sich für einen christlichen Gebrauch nicht empfehlen. Das Christentum wird sich solchen Konzeptionen gegenüber sehr *kritisch* verhalten, nicht, weil sie nicht christlich, sondern weil sie zum Scheitern verurteilt sind. Wir wissen aufgrund der Bibel, woher wir kommen und wohin wir gehen – das setzt ein enormes kritisches Potential frei!

Der Einfluß des christlichen Glaubens auf die Ethik eines Menschen (nach Alfons Auer):

Der christliche Glaube *integriert* ethische Konzeptionen in einen christlichen Sinnhorizont.

Der christliche Glaube *stimuliert* Menschen, sich um Ethik zu mühen.

Der christliche Glaube *kritisiert* ethische Konzeptionen, die der Liebe oder dem christlichen Menschenbild nicht gerecht werden.

Es gibt kein abgeschlossenes ethisches System, auch nicht im Rahmen des christlichen Glaubens. »Die Geschichte der Ethik ist eine Geschichte ihres Scheiterns«, sagt der Philosoph und Rhetoriker Jürgen Werner. Dann fährt er fort: »Das spricht jedoch nicht gegen sie, sondern ist ein Grundzug ihrer Erträglichkeit.«

Jede Ethik hat den Charakter eines Versuches, insofern sie immer nur aussagen kann, was in einer ganz bestimmten Zeit und Situation als menschlich anzusehen und als allgemeinverbindlich zu formulieren ist. Nur so, als Versuch, wird Ethik erträglich. Ein starres, ein für allemal festgeschriebenes Normensystem, das Gültigkeit für jeden Menschen und für jede Situation beansprucht, bekommt totalitäre und damit unmenschliche Züge. Jeder Versuch, mittels eines ethischen Rigorismus – gerade auch, wenn er religiös begründet wurde – den Himmel auf Erden zu schaffen, hat regelmäßig die Hölle auf Erden gebracht. Gerhard Szczesny hat einmal gesagt, daß die meisten Übel dieser Welt nicht auf böse Absichten, sondern auf die bösen Folgen eines unbegrenzten Willens zum Guten zurückzuführen seien. Es ist paradoxerweise das immer wieder erfolgende Scheitern, das die Ethik offenhält und sie so menschlich bleiben läßt.

Auch die Ethik der Christen ist ein *Versuch*, und sie sollte auch nicht den Anspruch erheben, mehr zu sein. Sie ist ein ungemein *kommunikativer* Versuch. Sie entwickelt sich im genauen Hineinhorchen in die Situation, im Hören aufeinander und auf andere sowie im Miteinander-Hören auf die Heilige Schrift. Christliche Ethik ist weniger durch konkrete *Inhalte* als vielmehr durch die Vorgabe der Richtung und durch diesen *kommunikativen Prozeß* gekennzeichnet.

»Rezeptives Handeln«

Die Grundfrage aller Ethik heißt bekanntlich: Was soll man tun? Eugen Drewermann hat darauf hingewiesen, daß in diesen vier Worten – Was soll man tun? – nicht weniger als vier Fehler liegen[22]:

1. Es geht niemals um »etwas«; es geht um uns, im ganzen, als Menschen. Gott will nicht »etwas«, er will uns, er will unser ganzes Leben, unsere ganze Existenz. Mit »etwas«, was wir tun, gibt er sich nicht zufrieden.

2. Es geht auch nicht um »sollen« und »müssen«; nichts ist gut, wenn wir es tun, weil wir es tun müssen, weil Gott oder irgendein Moralkodex es so verlangt. Das wirklich Gute ist kein Sollen, sondern ein Wollen. Wir brauchen keine neuen Regeln von außen, wir brauchen die Fähigkeit, das Herz von innen weit zu machen.

3. Es geht auch nicht um das, was »man« zu machen hat; es geht um uns als einzelne, unverwechselbare und unaustauschbare Existenzen, jede auf der Welt mit einem eigenen Horizont, in dem Gott sichtbar werden möchte.

4. Und am wenigsten geht es um ein »Machen« oder Tun. Es geht vielmehr ums »Leben«, ums Sein-Dürfen, es geht um Entfaltung, um Aufblühen, es geht um Reifung zu der wesensmäßigen Schönheit, zu der wir eigentlich geschaffen sind.

Die Frage »Was soll man machen?« zeigt einen guten Ernst, aber sie zieht die falsche Konsequenz. Die eigentliche Frage lautet: »Wer sind wir eigentlich? Wozu sind wir geschaffen? Was schlummert in uns und wartet darauf, geweckt und zum Leben gebracht zu werden?« Dies wird jeden ethischen Rigoristen enttäuschen. Moralische Dressur und Bußpredigt kann da auf viel beachtlichere Ergebnisse verweisen. Und doch, soviel wir *äußerlich* auch verändern mögen – es beginnt auf diese Art nichts wirklich zu leben! Darum hat Jesus nicht eine neue Moral gebracht, sondern ein Reifen im Vertrauen, das uns lehrt, von innen heraus zu leben, was alle äußere Moral nicht in uns zu wecken vermag: Liebe, Freiheit, Vertrauen.

Zugegeben, das sieht bei uns oft sehr unfertig und bruchstückhaft aus. Und doch beginnt hier etwas zu *leben*, keimt von innen heraus etwas auf, was alle von außen vermittelte Moral nicht hervorzubringen vermag. Wir dürfen nicht vergessen, daß der Mensch nicht nur ab und zu sündigt, sondern *Sünder* ist. Das Sündigen kann man von außen abstellen oder zumindest einschränken. Das Sündersein aber kann nur *von innen heraus* verändert werden.

Solange diese Änderung von innen nicht erfolgt ist, wird die Sünde durch alles, was man tut, nur noch schlimmer. Die Lösung des Problems, die Befreiung aus dem Dilemma, die Rettung aus der Sünde geschieht nicht durch etwas, was wir für Gott tun, sondern durch etwas, was er für uns getan hat. Paulus sagt: Nicht durch des Gesetzes Werk oder aus eigenem Verdienst, nicht durch menschliches Tun, sondern allein aus *Gnade* bekommt unser Leben eine neue Richtung.[23]

Das klingt gut und schön. Aber, so wird man einwenden müssen, irgend etwas *muß* der Mensch doch tun. Die Antwort auf die Frage nach dem christlichen Handeln kann doch nicht in reiner Passivität bestehen.

Es geht auch nicht um Passivität. Aber das neue Leben der Christen wird nicht auf dem aufgebaut, was *wir* tun, sondern auf dem, was Gott in Jesus Christus *an uns* tut. Und es wird aufgebaut auf dem, was Gott in Jesus Christus *durch uns hindurch* tut.

Paulus sagt: »Nicht ich lebe, sondern Christus lebt in mir« und durch mich (Galater 2,20). Gerade wir Menschen der Leistungsgesellschaft definieren uns sehr stark von unserem *Tun* her. Die Alternative, die Paulus dazu aufzeigt, lautet nun nicht, die Hände in den Schoß zu legen und gar nichts mehr zu tun – nach dem Motto: »Wer schläft, sündigt nicht« – oder den Kopf in den Sand zu stecken, sondern eben –

»glauben«. Glauben ist ein Handeln des Menschen, das zutiefst geprägt ist durch das Handeln Gottes. *Es ist ein rezeptives, ein empfangendes Handeln.* Ich möchte das, was ich damit meine, deutlich machen, indem ich fünf wesentliche Äußerungen des Glaubens nenne:

Die erste Grundäußerung des Glaubens ist das *Hören.* Hören auf die Stimme Gottes. Hören auf das Wort der Heiligen Schrift, Hören aber auch auf das, was Christus uns durch unsere Brüder und Schwestern zu sagen hat. Kein Zweifel – Zuhören ist etwas höchst Aktives, aber gleichzeitig und wesentlich ist der Zuhörende ein Empfangender, ganz orientiert und angewiesen auf das Wort beziehungsweise auf den, der dieses Wort spricht. Wer das Wort Gottes hört und beherzigt, aktiviert alle seine Sinne, und doch geht die entscheidende Aktivität von Gott aus.

Die zweite Äußerung des Glaubens ist das *Loslassen.* Ich darf meine Schuld loslassen. Ich darf mich selbst loslassen. Ich darf meine falschen Götter, die mich doch zeitlebens nur versklavt haben, loslassen. Da ist einer, der mir zuspricht: Du bist frei. Du kannst deinen ganzen seelischen Müll bei mir abladen. Ich habe alles am Kreuz von Golgatha für dich getragen. Du darfst noch einmal neu beginnen. – Auch hier wird deutlich: Loslassen, das ist zwar etwas, was *ich* tue, und doch geht die entscheidende Aktivität von dem aus, der mich freispricht und mich zum Loslassen ermutigt und autorisiert.

Die dritte Äußerung des Glaubens ist das *Empfangen.* Ich halte Gott die nun leer gewordenen Hände hin und bitte ihn, daß er sie füllt. Erst wenn ich die Hände geleert habe, kann Gott sie neu füllen. »Herr, mach aus mir, was du willst, aber mach was aus mir. Sei du der Herr meines Lebens.« Wer sich so öffnet für Gott, wird empfangen: Er empfängt eine neue Ausrichtung seines Lebens. Wenn wir Christen werden, empfangen wir neue Aufgaben. Wir empfangen auch neue Gaben. Und wir empfangen eine neue Familie, neue Brüder und Schwestern, mit denen zusammen wir unseren Glauben leben dürfen – aber auch sollen.

Die vierte Grundäußerung des Glaubens ist das *Danken.* Nicht *die* Art von Dankbarkeit, die man uns als Kind beigebracht hat, wenn wir uns für Dinge höflich bedanken mußten, für die wir überhaupt nicht dankbar waren! Nein, Dankbarkeit ist ein Grundgefühl des Christseins, das Wissen: Was ich habe, ist Geschenk, ist alles andere als selbstverständlich. Und selbst wenn ich äußerlich vielleicht wenig Grund zur Dankbarkeit zu haben scheine, so ist Jesus Christus dennoch für mich gestorben und hält für mich eine Zukunft bereit, trotz meiner Sünde, trotz meiner Schuld. Allein dies ist Grund zum Danken. Darum ist das christliche Gebet wesentlich durch Hören und Danken geprägt, und erst dann kommen die Bitten.

Die fünfte und letzte Äußerung des Glaubens baut auf alledem auf. Es ist das *Weitergeben* dessen, was wir empfangen haben. Gott hat mir vergeben, und so vergebe ich auch anderen. Gott hat mir soviel Liebe erwiesen, darum gebe ich diese Liebe weiter. Gott hat zu mir gesprochen, und dieses Wort sage ich weiter. Auch hier handelt es sich um eine Aktivität, die aus dem Empfangenen heraus lebt. Jegliches Handeln, das nicht aus diesem Empfangen heraus lebt, geschieht nicht aus Glauben, ist nicht christlich, auch wenn es noch so sehr mit den Zehn Geboten übereinstimmt.

Hören, Loslassen, Empfangen, Danken, Weitergeben – das heißt aus Glauben heraus leben statt aus eigenen Werken. Nur so kann das Leben noch einmal beginnen, bekommt es eine neue Richtung. Nur so, weniger im Handeln als vielmehr im Empfangen – aus dem allerdings ein Handeln resultiert –, wird unser Leben noch einmal zu dem, wovon es sich durch die Sünde meilenweit entfernt hatte: zu einem wenn auch noch so schwachen Abglanz Seiner Herrlichkeit.

»Rezeptives Handeln«:

- Hören
- Loslassen
- Empfangen
- Danken
- Weitergeben

Einen Unterschied machen

Vielleicht ist Ihnen das immer noch nicht konkret genug. »Gut«, sagen Sie, »ich sehe ein, daß eine ›christliche Moral‹ auch nicht mehr sein kann als menschlich, daß es also keine spezifisch christliche Ethik gibt. Ich sehe auch ein, daß die Antwort auf die Frage, was richtig und was falsch ist, nicht durch einfaches Zitieren der Bibel zu lösen ist und daß alles bewußte Handeln des Christen irgendwie rezeptiven Charakter hat. Aber irgendwie befriedigt mich das nicht. Es ist mir noch nicht konkret genug. Es muß doch auch in der Lebensführung einen *Unterschied* zwischen Christen und Nichtchristen geben!« – Ich verstehe und teile Ihr Unbehagen. Christsein bedeutet in der Tat nicht nur, sich vergeben zu lassen, sondern auch, einen neuen Lebensstil zu entwickeln. Und dieser Lebensstil wird sich von dem absetzen, wie man früher gelebt hat; er wird sich aber auch von dem absetzen, wie andere Menschen leben.

Einige Konsequenzen dieses neuen Lebensstils, vor allem die der Spiritualität, hatten wir bereits betrachtet. Die Frage ist, inwieweit sich das neue Leben des Christen auch jenseits dieser spezifisch *religiösen* Übungen von dem früheren Leben absetzt. Anders gefragt: Woran erkennt man einen Christen als Christen, wenn er nicht gerade betet oder in der Bibel liest? Gibt es einen signifikanten Unterschied? – Irgendwo muß es einen geben, denn Jesus sagt: »Lasset euer Licht leuchten vor den Menschen, damit sie eure guten Werke sehen und euren Vater im Himmel preisen« (Matthäus 5,16).

Wir saßen mit Freunden zu Hause und erörterten diese Frage. Wir waren uns darüber einig, daß dieser Unterschied *nicht* auf der Ebene der Moral liegen kann. Natürlich wird sich ein Christ darum mühen, seinen Mitmenschen zu lieben, und das wird ihn immer auch zu einem moralisch hochengagierten Menschen machen, aber unverwechselbar *christlich* ist dieses Bemühen, wie wir gesehen haben, nicht.

Und so suchten wir nach einer Analogie: Woran erkennt man eigentlich, daß jemand verheiratet ist, mal abgesehen davon, daß er einen Ring trägt? Die Antworten waren für mich sehr erhellend. Eine Frau sagte: »Daran, daß man oft von seinem Partner redet.« Oder: »Daß man Entscheidungen nicht mehr allein fällt.« Einer sagte: »An einer ganz bestimmten Freude, die mein Leben prägt und die ich nicht hätte, wenn ich nicht verheiratet wäre.« Sarkastisch warf ein anderer ein: »Manchmal aber auch an den Ringen unter den Augen, die man nicht hätte, wenn man ehelos geblieben wäre.« Ich möchte im folgenden versuchen, diese fünf Antworten auf das Christsein zu übertragen und noch zwei weitere Antworten zu ergänzen: Man übernimmt ein Stück weit die Leidenschaften des andern: Und: Man wird sich immer wieder seiner Unzulänglichkeit bewußt. – Nach allem bisher Gesagten weiß ich sehr wohl, daß diese sieben Unterschiede weder eine zeitlose Wahrheit noch ein geschlossenes System darstellen. Sie seien daher in aller Vorläufigkeit formuliert:

1. Ob einer Christ ist, merkt man daran, wie er sich anderen Göttern, vor allem den Götzen unserer Gesellschaft gegenüber verhält. Als solche Götzen unserer westlichen Gesellschaft möchte ich vor allem drei hervorheben: Besitz, Anerkennung und Macht.[24]

Unser *Besitz* ist nicht einfach nur ein Segen Gottes, sondern ist wie jede Gabe auch Aufgabe und Verantwortung.

Das heißt aber: Besitz ist in sich selbst kein Ziel und kein Wert. Geld ist ein guter Diener, aber ein schlechter Herr. Wie frei aber ein Mensch von Besitz und Besitzstreben ist, wird sich daran zeigen, wieviel er zu teilen und abzugeben vermag von seinem Überfluß. Wer allerdings jemals versucht hat, Menschen zu ermutigen, 10 Prozent ihrer Einkünfte für einen guten Zweck abzugeben, wird merken, wie sehr viele von uns in der Sklaverei einer Macht gehalten werden, die uns einreden will, wir hätten nicht genug und wir könnten zu kurz kommen – und das in einem der reichsten Länder der Erde! Nicht wir besitzen unseren Besitz, sondern unser Besitz besitzt uns. Es ist an der Zeit, daß wir uns im Namen unseres neuen Herrn von diesem falschen Götzen lossagen. Nicht daß wir uns lossagen vom Besitz ist gefordert, wohl aber von der Macht, die dieser Besitz über uns hat. Ob wir aber wirklich frei sind vom Besitz, wird sich an einer neuen Großzügigkeit zeigen, die wir vorher nicht gekannt haben; daß wir die Angst, die uns krampfhaft an unserem Besitz festhalten läßt, in zunehmendem Maße verlieren.

Sodann: der Götze der *Anerkennung*, der nicht nur in unserem Karrierestreben eine Rolle spielt, sondern auch unser Freizeitverhalten prägt. Die meisten Menschen verhalten sich anderen gegenüber anders, als sie wirklich sind. Die Angst vor Verlust an Anerkennung ist es, die viele Christen hindert, sich vor Freunden und Kollegen offen zu ihrem Gott zu bekennen. Der Götze der Anerkennung steht hinter jenem Erfolgsdenken, von dem die meisten Menschen heute geprägt sind. Ganze Buchverlage leben davon, daß sie ein Werk nach dem anderen auf den Markt werfen, das ständig das gleiche Grundmotiv variiert: »Wie werde ich erfolgreich und anerkannt?« Der »Loser«, der Verlierer, ist die tragische Figur unserer Gesellschaft. Umgekehrt rechtfertigt der Erfolg heute fast jedes noch so fragwürdige Mittel. – Wird man den Christen nicht daran erkennen können, daß er sich von diesem Götzen ein Stück weit freizumachen vermochte? Er muß sich nicht weiter krampfhaft um Anerkennung mühen –

er *ist* ja grundlegend, umfassend und bedingungslos anerkannt bei Gott.[25] Er kann sich zunehmend freimachen von dem, was die anderen über ihn denken. Er wird nicht mehr jede Sprosse auf der Karriereleiter erklimmen müssen, die sich ihm bietet. Er wird nein sagen können, wenn ihm der Preis dafür – etwa der Verlust von Freizeit, Einschränkungen im Familienleben oder ein gutes Arbeitsklimas – zu hoch erscheint. Und er wird auch nein sagen können zu »Freunden«, die nur deshalb gute Freunde sind, weil er ganz bestimmte Seiten seines Lebens und Glaubens vor ihnen nicht offenlegen darf.

Der Götze der *Macht* schließlich hat viele Masken. Man könnte das ganze Spiel unserer Gesellschaft dahingehend verstehen, daß wir versuchen, Macht über andere zu gewinnen beziehungsweise ihre Versuche abzuwehren, Macht über uns zu gewinnen. Der menschenunwürdige Versuch, Einfluß aufeinander zu nehmen und Vorteile aus anderen Menschen zu ziehen, korrumpiert unsere Ehen und Familien, unser Berufsleben, unsere Politik, unsere Medien und auch unsere Kirchen. – Ich träume von einer Kirche, in der das Wort »Macht« in zunehmendem Maße überflüssig wird. Wo es sicherlich im Sinne der Arbeitsorganisation noch so etwas wie »Leitung« geben wird, aber nicht die Macht von Menschen über Menschen. Wo es noch Autoritäten geben wird, aber nicht aufgrund von Amt, Titel und Anspruch, sondern nur noch aufgrund von persönlicher Authentizität und Integrität. Ich träume von einer Kirche, in der das tägliche Spiel der Manipulation ausgespielt sein wird. Wäre das nicht tatsächlich etwas, woran man die Andersartigkeit eines Christen heute erkennen könnte?

2. *Man wird das Christsein eines Christen daran erkennen, daß er oft von seinem Gott redet.* Kennen Sie diese Leute, die immer nur von ihrem Ehepartner oder ihren Kindern reden? Das kann einem furchtbar auf die Nerven gehen und hat auch etwas Ungesundes: Ein solcher Mensch scheint über-

haupt keine eigenständige Persönlichkeit mehr zu sein. Auf der anderen Seite zeugt es auch nicht gerade von einer guten Ehe, wenn man einen Ehepartner überhaupt nie von dem anderen reden hört. In einer guten und gesunden Beziehung ist ein Partner dem anderen ausgesprochen wichtig, und das wird sich auch in der Kommunikation Dritten gegenüber niederschlagen.

Auf das Verhältnis des Christen zu Gott übertragen: Natürlich gibt es ein pathologisches Reden von Gott, in dem einzelne überhaupt kein anderes Thema mehr zu kennen und sie selbst als Persönlichkeit völlig unterzugehen scheinen. Auf der anderen Seite halte ich es für höchst bedenklich, wenn ein Mensch über das, was ihm doch das Wichtigste ist, eben über Gott, überhaupt kein Wort verliert. Es ist eine völlig natürliche Lebensäußerung des Christen, daß er davon redet, was Gott für ihn bedeutet und wie er ihn erlebt – und zwar Christen wie Nichtchristen gegenüber.

3. *Der Christ wird Entscheidungen nicht mehr alleine fällen.* Wenn dies schon für Ehepartner gilt, daß man größere Entscheidungen nicht mehr für sich allein fällen kann, sondern daß man immer den anderen mit einbeziehen wird, gilt dies erst recht für den Menschen, der zum Glauben gekommen ist. Christsein heißt: Ich beziehe Gott in meine Entscheidungen mit ein. Zumindest in die größeren Entscheidungen, die nachhaltige Konsequenzen nach sich ziehen.

Es ist ganz entscheidend für die christliche Existenz, daß wir uns eben nicht mehr von unserer persönlichen Agenda leiten lassen, sondern vom Heiligen Geist. Unter der persönlichen Agenda eines Menschen verstehe ich jenes »Programm«, nach dem der Mensch normalerweise sein Handeln und seine Kommunikation ausrichtet. Sie setzt sich zusammen aus unterbewußten Trieben und Wünschen und früh erlernten Verhaltens- und Kommunikationsmustern. In unserer persönlichen Agenda schlägt sich sowohl das nieder, was wir in unserer frühesten Erziehung als »richtig« oder

»falsch« anzusehen gelernt haben, als auch das starke, von innen herauskommende Bedürfnis, wenn irgend möglich den *bequemen* Weg zu gehen und andere Menschen den eigenen Zielen dienstbar zu machen. Die »Hebel« und Kniffe, mittels derer wir Einfluß auf andere Menschen nehmen, ohne das elterliche Diktat von »richtig« oder »falsch« zu verletzen, sind in der Regel ebenfalls sehr früh erlernt. Unsere Agenda bestimmt in hohem Maße, wie wir mit den Menschen um uns herum, aber auch mit unserem Besitz, unserer Freizeit, unserem Körper und unseren Worten umgehen. Kaum eine Frage ist für unser Christsein entscheidender als die, inwieweit der Heilige Geist zunehmend Einfluß auf diese Dinge nehmen darf. Er tut dies, indem er uns durch das Wort der Bibel und durch das Gespräch mit den Glaubensgeschwistern neue Prioritäten, Entscheidungskriterien beziehungsweise Verhaltendsmodelle an die Hand gibt.

4. *Der Christ wird durch eine zuvor nie gekannte tiefe Freude geprägt sein.* Auch wenn dieser Satz in unserer Tischrunde, auf die Ehe bezogen, einiges Lachen hervorrief, steht eines fest: Weswegen sollte ein Mensch sonst heiraten, wenn er sich davon keine Freude verspräche? Auch wenn ein Mensch Christ wird, kann er damit rechnen, daß eine bislang nicht gekannte Freude in sein Herz einkehrt und sein Leben durchdringt und nach außen strahlt.

Diese Freude ist keine oberflächliche Stimmung, sondern etwas, was tiefer geht. Sie hat etwas mit dem grundlegenden Frieden zu tun, den der Mensch in seiner Beziehung zu Gott findet. Diese Freude ist unabhängig von den äußeren Lebensumständen. Paulus zum Beispiel schrieb seinen »Freudenbrief« an die Philipper im Gefängnis. Ich habe mit Behinderten und mit schwerkranken Menschen gesprochen, die geprägt waren von diesem tiefen Frieden und dieser grundlegenden Freude.

Die Freude ist ein Erkennungszeichen des Christen. Die Freude ist ein Kennzeichen, daß ein Mensch wirklich von sich selbst erlöst ist und sich selbst nicht mehr so wichtig nimmt. Daß im Mittelpunkt seines Lebens eine Hoffnung steht, die alles andere überstrahlt. »Engel können fliegen, weil sie sich leicht nehmen.« Dieser Satz mag in Notzeiten manchmal nicht durchzuhalten sein, aber es wäre ja mal ein verheißungsvoller Anfang, wenn wir Christen uns zumindest in »normalen« Zeiten durch unsere besondere Freude vor anderen auszeichnen würden.

5. *Das Leben des Christen wird aber auch von Spannungen gekennzeichnet sein, die er nicht kennen würde, wenn er nicht Christ wäre.* Dieser Satz muß auch gesagt werden. Christsein ist nicht nur Freude und Sonnenschein, Christsein bedeutet auch Kampf. Der Christ wird in seiner Auseinandersetzung mit den falschen Göttern unserer Zeit in Spannungen geraten, die »der normale Mensch« nicht kennt. Der polnische Dichter Stanislaus Lec hat einmal gesagt: »Man kann nicht mit der Fackel der Wahrheit durch die Menge rennen, ohne dem einen oder dem anderen den Bart anzubrennen.« Man kann nicht die Liebe Gottes in diese Welt hinein abbilden, ohne anzuecken. Die Botschaft des Christentums ist nicht wachsweich, sondern provokant. Sie fordert Menschen heraus, mit ihrem früheren Lebensstil zu brechen, und das ist schmerzlich und fordert Widerspruch geradezu heraus.

Wenn man sich die Person Jesu, wie sie uns von den Evangelien geschildert wird, einmal vorurteilsfrei anschaut, so wird man die erstaunliche Entdeckung machen, daß Jesus dem Bild eines sanften, konfliktscheuen »Christen«, so wie wir ihn uns manchmal vorstellen, alles andere als entspricht. Jesus scheut weder die Auseinandersetzung mit den Machthabern seiner Zeit, noch erspart er seinen Jüngern manch hartes Wort. Auch wir Christen werden um so manchen Konflikt nicht herumkommen. Die Frage ist, *wie* wir diese Auseinandersetzung führen. Der Streit, den Christen zu führen haben, wird sich durch eine ausgesprochene Fairneß auszeichnen müssen. Christen wird man an einer besonderen *Streitkultur* erkennen können, in der zum Beispiel strikt zwischen Sache und Person unterschieden wird. Die Art von Streit, die mir dabei vorschwebt, widerspricht nicht der Liebe, sondern ist Bestandteil der Liebe.

Ein weiteres Konfliktfeld besteht im Widerstreit zwischen unserer persönlichen Agenda und dem Willen Gottes. Dieser kann einen Menschen in schwerste innere Auseinandersetzungen führen. Nicht nur zu fragen: Was wäre jetzt bequem, sondern: Was ist richtig? Nicht jedesmal, aber doch sehr oft, wenn wir in die Bibel hineinschauen, geraten wir in diesen inneren Konflikt. Paulus nennt ihn den Kampf zwischen Fleisch und Geist. Nicht jedesmal, aber doch sehr oft werden wir in diese Auseinandersetzung geführt, wenn wir in die Gemeinde gehen und dort auf Menschen treffen, die wir uns selbst nicht unbedingt ausgesucht hätten. Und regelmäßig werden wir in diese Auseinandersetzung geführt, wenn sich unser Gewissen regt bei den vielen Kompromissen, die unser Alltag einer christlichen Lebensführung abringt. Wie schwer ist es hier oftmals, zu widerstehen. Das, was ich oben über die Freude gesagt habe, sei unbenommen, aber den Christen wird man auch daran erkennen, daß er oft mit sich selbst in einem für Nichtchristen völlig uneinsichtigen und unnachvollziehbaren Kampf liegt.

6. *Der Christ macht sich die Leidenschaften Gottes ein Stück weit zu eigen.* Kommen wir noch einmal auf die Analogie der Ehe zurück. Es gibt ganz bestimmt Leidenschaften meiner Frau, die werde ich nie teilen können. Ihre Fähigkeit zum Malen etwa und zu künstlerischer Kreativität geht mir völlig ab. Aber wir hätten nie geheiratet, wenn wir nicht ganz bestimmte Leidenschaften miteinander geteilt hätten – und zwar nicht nur die Leidenschaft füreinander! – und wenn wir uns nicht irgendwo für die Leidenschaften des anderen interessiert hätten. Es ist die Urbedeutung des Wortes *Sympathie*: die gleiche Leidenschaft zu hegen wie der andere.

Der Christ zeichnet sich dadurch aus, daß er eine »Sympathie für Gott« in ebendiesem Sinne hegt. Nicht daß er Gott lediglich »einen guten Mann sein« läßt, sondern daß er die Leidenschaften seines Gottes teilt beziehungsweise zumindest *versucht*, sie nachzuvollziehen. Es gehört zum Geistsein Gottes, daß er Leidenschaften hat. Ich möchte Ihnen nur drei dieser Leidenschaften Gottes nennen:

Erstens hat Gott eine Leidenschaft für die *Wahrheit*. Es ist unglaublich, wie sehr unser Alltag und unsere Beziehungen und wie sehr unser Selbstbild von Lügen geprägt ist. Jemand hat einmal ausgerechnet, daß wir am Tag etwa zweihundert Kompromisse mit der Wahrheit machen – im Gespräch mit anderen und mit uns selbst. Und trotzdem halten wir uns für ehrliche und rechtschaffene Leute. Ein Christ kann wirklich einen Unterschied machen, wenn er anfängt, hier an sich zu arbeiten.[26]

Sodann hat Gott eine Leidenschaft für die *Schwachen und Verlorenen*. Wir können nicht die Not als Ganzes aus der Welt schaffen, aber es ist gut, wenn wir die Leidenschaft Gottes für die Verlorenen und Schwachen wenigstens in *einem* Punkt zu teilen beginnen. Wir müssen in die Solidarität mit wenigstens *einem* Menschen treten, der *anders* ist als wir, der krank ist, schwach, alt, von anderer Rasse oder Nationalität. Wir müssen in Solidarität mit wenigstens einem Menschen treten, den wir unserer persönlichen Agenda nach eher meiden würden, und versuchen, die Liebe Gottes für ihn erfahrbar zu machen. Vielleicht erscheint Ihnen das nicht viel, aber dieser eine Mensch wäre ein Einbruch in die Macht unserer persönlichen Agenda. Es wäre ein Anfang, der Auswirkungen auf unser ganzes Leben hätte.

Die dritte Leidenschaft Gottes, die zu teilen ich Sie ermutige, ist die Leidenschaft für die *Gemeinde*. Sie ist nicht gerade die Leidenschaft, die aus unserer persönlichen Agenda herauskommt. Es ist auch nicht gerade eine Leidenschaft, die gesellschaftlich von hohem Rang und Ansehen ist. Und doch wird ein Christ sich darum bemühen, diese merkwürdige Leidenschaft Gottes für seine Gemeinde nachzuvollziehen. Er wird unter hohem Einsatz von Zeit, Arbeit und Geld dafür Sorge tragen, daß diese Gemeinde qualitativ und quantitativ wächst, blüht und gedeiht.

7. *Einen Christen wird man schließlich daran erkennen, daß er sich seines Sünderseins sehr bewußt ist.* Vielleicht ist dies von allen genannten der entscheidende Unterschied. Es gibt kein Christsein, das nicht diese Erfahrung zum Ausgangspunkt hat: Ich bin nicht so, wie ich sein sollte; ich werde den Maßstäben des Menschlichen nicht gerecht; ich koste meine Mitmenschen mehr, als ich einbringe; Gott hat mich anders gedacht; ich bin im Begriff, mich zu verfehlen. Christsein beginnt darum immer mit Buße, das heißt mit einer umfassenden Selbstkritik.[27]

Nicht mein Nachbar, sondern *ich* bin der Adressat der Gebote. Jegliches Zitieren von Normen, auch wenn sie hundertmal in der Bibel stehen, hat mit Christentum nichts, aber auch gar nichts zu tun, wenn man sie nicht zuerst auf sich selbst anwendet und sich durch sie zur Umkehr bewegen läßt. Der Mensch hat sich von dem, was er ursprünglich sein sollte, meilenweit entfernt. Die Gebote eines Mose beziehungsweise überhaupt die biblischen Gebote *verhindern* diese Tatsache nicht, sondern sie *dokumentieren* sie. Sie sind weniger eine zu erfüllende Pflicht als vielmehr zunächst einmal ein *Spiegel*, der uns vorgehalten wird.

Daß die Beichte heute allgemeinhin als »katholisch« abgetan wird und auch in der katholischen Kirche weithin zu einer lästigen Pflichtübung verkommen ist, ist signifikant für die Tatsache, daß wir weithin vergessen haben, wo Christsein allein beginnt, nämlich in der Buße und der Selbsterkenntnis. Auch die Zehn Gebote werden erst dann christlich, wenn wir uns *selbst* über sie zur Selbstkritik und Buße haben leiten lassen und wenn uns bewußt ist, daß wir den Maßstäben des Menschlichen nie wirklich gerecht werden. Christsein setzt voraus, daß wir von der Realität unserer Sünde überzeugt und innerlich überführt sind.

Man hat gesagt, es sei ein Zeichen mangelnder Selbstannahme, gewissermaßen »Masochismus«, ständig in seiner Schuld herumzuwühlen; Christen hätten eine negative Einstellung sich selbst und dem Leben gegenüber. Ich sehe das nicht so. Natürlich hat es solche Verirrungen immer wieder gegeben, aber fragen wir umgekehrt: Was bedeutet schon Selbstannahme, wenn sie um den Preis einer Lebenslüge erkauft wird, dadurch, daß ein Mensch die eigenen Schattenseiten und Abgründe verdrängt oder überspielt? Wer sich die Türe zur Erfahrung konkreter Vergebung verschließt, lebt nicht versöhnt mit sich selbst, und das ist eine ganz schlechte Voraussetzung für den Umgang mit den Mitmenschen und dem Leben überhaupt.

Es geht im Christentum um eine gesunde Distanz des Menschen zu sich selbst. Selbstannahme kann nicht heißen, der eigenen Selbstvergötzung Vorschub zu leisten. Die Einsicht, daß wir uns ändern müssen, auch wenn es weh tut, hat mit Masochismus nichts zu tun. Viel schlimmer ist es, wenn man sich und andere jeder Hoffnung auf Veränderung beraubt, indem man alles und jedes kritisiert, nur nicht sich selbst.

Man mag sich natürlich fragen, welchen Sinn es hat, als Christ Maßstäben nachzuleben, von denen man von vornherein überzeugt ist, daß man ihnen nie gerecht werden wird. Ein derart weit entferntes »Vollkommenheitsideal« scheint auf den ersten Blick wenig nützlich. Und doch findet sich in allen möglichen Lebensbereichen etwas Vergleichbares. Weder gibt es einen vollkommenen Tennisspieler noch einen vollkommenen Autofahrer, dennoch benutzen und brauchen wir solche zumindest gedanklichen Ideale, um zu wissen, in welche Richtung hin wir an uns arbeiten wollen. Der Christ hält an dem Idealbild, das Jesus uns vorgelebt hat, fest, auch wenn er weiß, daß er es nie erreichen wird, denn dies ist die Richtung, in die er sich entwickeln möchte, und es ist der Maßstab, an dem sich unsere Menschlichkeit bemißt.

Die Einsicht in unsere grundlegende Sündhaftigkeit hilft uns schließlich, *barmherziger* miteinander umzugehen. Gerade in der Kirche tragen viele oft unrealistisch hohe Erwartungen aneinander heran. Die Einsicht, daß wir es auch in der christlichen Gemeinde immer mit Menschen und von daher mit *Sündern* zu tun haben, läßt uns behutsamer miteinander umgehen und die Erwartungen und Forderungen etwas herunterschrauben. Wer in solcher Selbstkritik geübt ist, etwa weil er regelmäßig beichtet, wird nicht so schnell bei der Hand sein, andere zu verurteilen. Er wird vergebungsbereiter sein, da er selbst aus der Vergebung Gottes lebt.

Einen Unterschied machen:

1. Sich von den Götzen unserer Gesellschaft (Besitz, Anerkennung, Macht) lossagen.
2. Oft von seinem Gott reden.
3. Entscheidungen nicht mehr alleine fällen.
4. Von einer tiefen Freude geprägt sein.
5. Aber auch Spannungen ertragen, die andere nicht kennen.
6. Sich die Leidenschaften Gottes (Wahrheit, Schwache und Verlorene, Gemeinde) zu eigen machen.
7. Wissen, daß man Sünder ist.

Damit habe ich Ihnen einige sehr konkrete Handlungsrichtlinien vorgegeben. Und doch dürfte klargeworden sein, daß sich die hier entwickelten Leitlinien nicht einfach normativ festlegen lassen. Freude zum Beispiel kann man nicht befehlen. Die »Spannungen« zwischen dem Geist Gottes und der persönlichen Agenda oder auch die Auseinandersetzung mit den Götzen der modernen Gesellschaft werden bei jedem einzelnen unterschiedlich aussehen.

Es geht beim ethischen Handeln des Christen nicht um ein fest fixiertes Normensystem, es geht nicht einmal so sehr um richtig oder falsch, sondern vielmehr darum, in zunehmendem Maße von der Person und der Liebe Jesu beeinflußt und durchdrungen zu werden. Das ethische Handeln des Christen ist darum mehr mit dem Malen eines Bildes zu vergleichen als mit dem Befolgen von Regeln. Es ist leichter, spielerischer, aber in bestimmter Hinsicht auch sehr viel schwerer. Das Christenleben ist wie ein Porträt Jesu, das der einzelne Christ zu malen versucht. Der eine versucht es mit Ölfarben, der andere mit Kohlestiften, der eine fängt mit dem Gesicht an und der andere mit dem Gewand. Zwar gibt es bestimmte Regeln für das Malen eines guten Bildes, aber mindestens ebenso wichtig ist die künstlerische Freiheit: Es gibt nicht »das« einzig richtige Bild von einer Sache oder »den« einzig richtigen Malstil.

Christen machen einen Unterschied, aber dieser Unterschied ist nichts Statisches, sondern ein dynamischer Prozeß. Sie haben das Bild Jesu vor Augen, dem sie nachstreben und das sie doch niemals endgültig erreichen. Es ist eine Vorgabe, in die der Christ aus Liebe hineinzuwachsen versucht, und je mehr er hineinwächst, desto mehr merkt er, wie wenig er ihr entspricht.

Mir ist wichtig: Was ich hier beschrieben habe, ist nicht *Bedingung*, sondern *Folge* des Christseins. Christsein besteht nicht in dem, was wir tun, sondern in einem durch Jesus Christus vermittelten persönlichen Verhältnis zu Gott. Dieses persönliche Verhältnis hat Folgen, doch diese Folgen lassen sich nicht in ewig gültigen, objektiven Normen festschreiben. Der von mir beschriebene »Unterschied« ist vielmehr das Ergebnis eines kommunikativen Prozesses zwischen mir und anderen Christen, also im Grunde genommen eine sehr subjektive Sache: An diesen Stellen sehen *wir* uns gerufen, einen Unterschied zu machen. Andere haben das volle Recht, andere Prioritäten zu setzen, wenn sie sich daranmachen, die Liebe Gottes beziehungsweise das »Porträt

Jesu« in diese Welt hineinzureflektieren. Dieses *Ziel* ist das Entscheidende, die Wege dahin können unterschiedlich aussehen.

»Zur Freiheit hat uns Christus befreit!«[29]

Mein Buch nähert sich dem Ende. Gerade dieses letzte Kapitel wird mir eine Menge Kritik von jenen einbringen, die bis dahin vielleicht in vielen Punkten mit mir einiggegangen waren. Diese Kritik finde ich wichtig. Jene Ethik, die mir vorschwebt, ist – wie alles Christsein – ein enorm kommunikativer Prozeß. Und Kritik und Korrektur ist ein wesentliches Element der Kommunikation. Der Christ kann seine Ethik nicht durch einfaches Aufschlagen der Bibel begründen, er kann sie aber auch nicht in seiner Studierstube entwickeln, sondern nur im Gespräch und im Zusammenleben mit seinen Brüdern und Schwestern.

Ich werde häufig gefragt, ob ich mit dem Verzicht auf eine ein für allemal festgeschriebene materiale Ethik der Willkür nicht Tor und Tür öffne. Und ich kann das nur bejahen, diese Gefahr ist in der Tat groß. Es wäre allerdings ein klarer *Mißbrauch* meiner Vorstellungen, wenn jemand daraus lesen wollte, er müsse sich an keine Regeln halten, aber ich kann nachvollziehen, daß dieser Mißbrauch naheliegt. Freiheit läßt sich immer leicht mißbrauchen – aber spricht das gegen die Freiheit?

Das andere Argument, das mir entgegengehalten wird, ist dies, ob jene Freiheit nicht auch *Orientierungslosigkeit* und damit ein hohes Maß an Unsicherheit mit sich führt und ob ich den Menschen mit dem »Wegfall aller Normen« nicht lebenswichtige Stützen wegschlage. Auch dies ist eine Verkennung meines Ansatzes. Ich habe deutlich gesagt, daß es Normen geben muß, daß es aber der immer erneuten Prüfung im

Kreise der Brüder und Schwestern, also der Gemeinde, bedarf, wie diese Normen im Einzelfall anzuwenden sind und wie man mit den in der Moderne immer häufiger werdenden Normenkonflikten umzugehen hat.

Mich erinnern diese Einwände, auch wenn ich sie sehr ernst nehme, an die Rede des Großinquisitors bei Dostojewskij. In dieser Geschichte geht es bekanntlich darum, daß Jesus zur Zeit der Inquisition noch einmal auf Erden kommt, um sich anzusehen, was aus seinem Christentum geworden ist. Er fällt prompt auf und wird ins Gefängnis geworfen. Der Großinquisitor besucht ihn in seiner Zelle und erklärt ihm, daß seine – Jesu – Lehre von der Freiheit die Menschen überfordert habe. Sie sei nur für einige wenige Auserwählte gut, die große Masse aber versetze sie in Orientierungslosigkeit und Unglück. Daher habe die Kirche mit ihren strengen Geboten Jesu Werk *verbessert*, was die Masse der Menschen auch dankbar angenommen habe:

»Nichts kann den Menschen mehr verführen als Gewissensfreiheit, aber auch nichts ist qualvoller für ihn. Doch statt ihm feste Grundlagen zu geben, damit er sein Gewissen ein für allemal beruhigen könnte, wiesest Du ihm alles zu, was es an Ungewöhnlichem, Rätselhaftem und Unbestimmtem gibt, alles, was über die Kräfte der Menschen geht. Du handeltest also, als liebtest Du sie überhaupt nicht ...

Statt Dich der Freiheit der Menschen zu bemächtigen, hast Du sie vermehrt und ihre Qualen auf ewig der menschlichen Seele aufgebürdet. Du wolltest, der Mensch solle in Freiheit lieben, damit er, von Dir bezaubert, Dir freiwillig folge. Statt nach dem festen alten Gesetz sollte der Mensch hinfort in der Freiheit des Herzens selber entscheiden, was gut und was böse sei, und nur Dein Vorbild als Richtschnur vor sich haben ... Ich schwöre Dir, der Mensch ist schwächer und niedriger, als Du gedacht hast! Vermag er denn zu vollbringen, was Du vollbracht hast? In Deiner hohen Achtung vor ihm hast Du so gehandelt, als hättest Du kein Mitleid mit ihm, denn Du verlangtest zuviel von ihm – Du, der Du ihn mehr liebst als Dich selbst!«[30]

»Liebe, und dann tu, was du willst«: Dieser Satz eröffnet uns eine atemberaubende Freiheit. Die einen führt diese Freiheit in Versuchung, die anderen überfordert sie. Doch er, »der uns mehr liebt als sich selbst«, hat sie uns zugemutet – und ganz offensichtlich auch zugetraut.

Praktische Übung: Ein Brief an mich selber

Am Ende dieses Buches sollten Sie das Gelesene noch einmal Revue passieren lassen. Bitte nehmen Sie sich die Zeit, das Buch noch einmal durchzublättern und dabei folgende Fragen zu beantworten:

1. Was habe ich aus diesem Buch gelernt?
2. Was habe ich mir vorgenommen?
3. Welche Fragen muß ich jetzt unbedingt klären? Wie soll das geschehen?
4. Wie sehen meine nächsten beiden Schritte aus?

Ich möchte Ihnen empfehlen, daß Sie einen Brief an sich selber schreiben. Zünden Sie dazu eine Kerze an, und machen Sie sich schöne, leise Musik. Verschließen Sie anschließend Ihren Brief, adressieren ihn an sich selbst, und deponieren Sie ihn bei einem Freund, den Sie bitten, Ihnen diesen Brief irgendwann im Laufe des übernächsten Jahres mit der Post zuzuschicken.

Vielleicht scheuen Sie davor zurück, sich die Zeit zu dieser Übung zu nehmen. Aber ich bin sicher, daß die Durchführung dieser Übung den Gewinn, den Sie aus diesem Buch ziehen, verdoppeln wird. Vor allem wird es ein sehr eindrucksvolles Erlebnis sein, ganz unverhofft eines Tages einen Brief von sich selber zu bekommen, eine Botschaft aus der eigenen Vergangenheit als Wegzehrung auf dem Weg in die Zukunft.

Anmerkungen

Warum ich nicht religiös bin

1 Die Popularität, die Eugen Drewermann heute genießt, läßt sich zum guten Teil daraus erklären, daß er diese Stimmung aufzugreifen weiß. Christentum, wie er und seine vielen Anhänger es verstehen, ist nicht von außen oktroyiert, sondern erwächst aus dem Inneren der Seele.

2 Empirische Beweise (Erfahrungsbeweise) sind strenggenommen gar keine Beweise. Es sind eigentlich nur statistische Aussagen: Jedesmal, wenn wir hingeschaut haben, haben sich uns die Dinge so dargestellt. Damit ist aber nicht gesagt, ob sie es beim nächstenmal nicht anders tun. Um noch einmal das Beispiel von der Auferstehung Jesu aufzugreifen: Natürlich sagt uns unsere Erfahrung, daß, wer einmal tot daliegt, nicht wieder aufsteht. Aber ist damit wirklich *bewiesen*, daß das bei ausnahmslos jedem so sein muß und daß darum Jesus auch nicht auferstanden sein kann?

3 Damals, als man diesen Satz formulierte, ging man davon aus, daß die Welt unendlich ist. Heute »weiß« man, daß die Welt endlich ist. Wo also sollen sich die Parallelen schneiden? Man kann es als mathematischen Grenzbegriff fordern und sogar berechnen, aber *gibt* es damit das Unendliche? Und wenn ja: Sieht es wirklich so aus, wie die Mathematik sich das vorstellt?

4 Ehrlich gesagt beunruhigt es mich nicht, daß Gott nicht in die Grenzen der menschlichen Logik paßt. Es würde mich beunruhigen, *wenn* er es täte. Denn ein Gott, der in die Grenzen meiner Logik paßte, wäre kleiner als mein Verstand. Und er wäre kleiner als die vielen Dinge, die mein Verstand nicht erfassen kann und nie erfassen wird.

5 Da ich anfangs nicht an eine Publikation dachte, kann ich leider einige der Quellen, die in dieses Buch eingeflossen sind, nicht mehr rekonstruieren, was ich mir nachzusehen bitte. Das ist vor allem insofern schade, als es mir nicht immer ermöglicht, Sie auf kompetentere Autoren als mich hinzuweisen. Es läßt sich aber unschwer feststellen, daß mein Denken sehr stark von C. S. Lewis wie auch von Helmut Thielicke geprägt ist, deren Schriften ich zur vertiefenden Lektüre grundsätzlich empfehlen möchte.

6 Bertolt Brecht, Geschichten von Herrn Keuner, Gesammelte Werke 12, Werkausgabe Frankfurt 1967, S. 380

1. Gott – durch Worte nicht zu greifen

1 Vgl. 2. Mose 20,4+5. Doch sogar das Wort »Gott« ist ein Bild. Es hängt etymologisch mit dem Wort »gut« zusammen. »Gott« ist – so gesehen – der Inbegriff des Guten. Bild wie Begriff haben wir Christen nicht für uns gepachtet. »Gott« ist eigentlich ein Gattungsbegriff – obwohl wir nur an einen Gott glauben. Doch ist der Begriff Gottes für den Christen durch nichts anderes zu ersetzen. Versuche wie: »höchstes Gut«, »erste Ursache« oder »jenes höhere Wesen, das wir verehren« drücken bestenfalls nur Teilaspekte jener einen Wirklichkeit aus, die wir »Gott« nennen. In gewisser Weise sind wir Christen daher für die Inflation des Gottesbegriffs ein Stück weit mitverantwortlich. Die Juden wag(t)en – nicht zuletzt infolge des Bilderverbotes – den Namen Gottes nicht auszusprechen; je tiefer sie ihn kannten, desto unsäglicher erschien ihnen sein Name.

2 Sogar das Bild »Gott ist nicht« ist von christlichen Mystikern immer wieder gebraucht worden. Damit sollte zum Ausdruck gebracht werden, daß Gott selbst mehr ist als das Sein. Wenn man von Gott sagt, daß er in der gleichen Weise »ist« wie etwa ein Stein oder ein Mensch, dann ist Gott nur ein Teil dessen, was ist, dann ist das Sein größer als Gott. Darum haben Theologen in der Schule Bonhoeffers immer wieder behauptet: Einen Gott, den es »gibt«, gibt es nicht. Sie taten dies nicht, um ihren Atheismus damit zu dokumentieren, sondern um auszudrücken, daß Gott selbst das Bild des Seins übersteigt.

3 Rainer Maria Rilke, Das Stundenbuch, Rilke Werke I, Insel TB 1101, Frankfurt 1955, S. 254

4 Bertolt Brecht, Geschichten vom Herrn Keuner, Gesammelte Werke 12, Werkausgabe Frankfurt 1967, S. 386

5 Die Rechnung mit dem Kartenspiel geht natürlich, genaugenommen, nicht auf, denn hier wird *vom Ergebnis her* gedacht. Egal, wie die Karten am Schluß des Mischvorgangs in dem Stapel liegen, ich kann mir immer die Frage stellen: »Wie wahrscheinlich ist es, daß die Karten gerade in *dieser* Ordnung zu liegen kommen?« und bekomme die Antwort, daß es, statistisch gesehen, höchst unwahrscheinlich ist. Dennoch hat keine steuernde Intelligenz dieses Ergebnis beeinflußt. Das alte Uhrmacher-Argument gibt da für die Gottesfrage mehr her als jener »kybernetische Gottesbeweis«, denn es lebt nicht vom Ausrechnen der Wahrscheinlichkeit, sondern vom Staunen über die Schönheit und Komplexität des Ergebnisses.

6 Erst das Buch Hiob macht endgültig Schluß mit dieser Vorstellung. Die Freunde Hiobs vertreten dabei die »alte Lehre«, wie sie sich vor allem im Buch der Sprüche niederschlägt, indem sie behaupten,

Hiob müsse doch irgend etwas Böses getan haben, daß es ihm so übel ergeht. Die Rahmenhandlung wie die Antworten Hiobs widerlegen diese Ansicht.

7 Das Schrecklichste, was mir in diesem Zusammenhang einmal begegnet ist, war die Aussage eines Mannes, der im Zweiten Weltkrieg eine Reihe unschuldiger Frauen und Kinder mit seinem Gewehr niedergeschossen hat und dies mit den Worten kommentierte: »In diesem Moment habe ich Gott erlebt.« Hier zeigt sich, wie sehr wir auf eine verbindliche Geschichte wie die der Bibel angewiesen sind, um nicht unseren Blut- und Machtrausch auch noch religiös zu überhöhen.

8 Die östliche Mystik ist nicht ohne Grund derzeit so beliebt: Sie vermittelt dem Menschen Wege, sein Ich auf immer höhere Stufen zu heben, bis er schließlich im vermeintlich Göttlichen aufgeht. Die »Erkenntnis«, daß man selbst mit Gott eins ist, steht am Ende dieses Prozesses. Er zielt letztlich nicht auf Gott, sondern auf das eigene Ich. Man setzt das eigene Erhabenheitserlebnis an die Stelle Gottes.

9 Die Geschichte ist von mir stark ausgeschmückt, auf der anderen Seite geht der Dialog doch so sehr auf Pascal zurück, daß ich ihn nicht gut für eine von mir erfundene Geschichte ausgeben kann. Eine sehr schöne Aufbereitung des Pascalschen Arguments, die auch in meine Darstellung eingeflossen ist, findet sich im Vorwort des Buches »Und wenn Gott wäre« von Helmut Thielicke. Das ursprüngliche Argument findet sich im Fragment 233 der »Penseés« Pascals. Es ist nicht gesichert, ob dieser Dialog jemals geführt wurde oder ob Pascal ihn sich lediglich erdacht hat.

10 Wobei es symptomatisch ist, daß wir von vornherein erwarten, daß eine solche Änderung des Lebensstils für uns *negativ* und unschön sei, als ob Jesus es nicht anders gesagt hätte – so zum Beispiel in Johannes 4,14 oder 10,10.

11 Vgl. Johannes 7,17

2. Die Bibel – kann Gottes Wort ein Buch sein?

1 Vgl. etwa Römer 1,18 ff.

2 Selbst der Begriff »Ewigkeit« ist nicht gerade hilfreich, da wir uns diese lediglich als eine endlos lange Zeit vorstellen können. Das *muß* ja zwangsläufig zu Horrorvisionen wie derjenigen des »Münchners im Himmel« führen!

3 Dieses Bild habe ich übernommen und modifiziert aufgrund eines Vortrages meines Lehrers Klaus Vollmer, veröffentlicht in der Zeitschrift »impulse«. Auch einige der folgenden Gedanken entstammen diesem Vortrag.

4 Viktor Frankl hat eine solche Haltung (»Glaube oder Liebe sind doch nichts anderes als . . .«) als *Reduktionismus* bezeichnet und deutlich gemacht, daß sich diese Position durch nichts widerlegen läßt. Wenn ein Mensch in einem niedergeschriebenen Goethe-Gedicht partout nur ein mit irgendwelchen Strichen bemaltes Papier sehen will, kann man ihm das Gegenteil nicht beweisen. Meßbar ist nur Quantität, nie so etwas wie Qualität. Darum kann ich argumentativ alle Qualität auf Quantität reduzieren und damit alle Leute gut in Verlegenheit bringen, die behaupten, es gäbe Wahres, Schönes, Gutes oder gar so etwas wie eine Seele oder eben Liebe. Die Frage, die ich Menschen, die sich auf einen reduktionistischen Standpunkt zurückziehen, gerne stelle, ist, ob sie das, was sie da argumentativ vorbringen, nur *denken* oder wirklich *leben.* Wie argumentiert und lebt ein solcher Hirnforscher, wenn er selbst verliebt ist?

5 Vgl. zu dem ganzen Zusammenhang C. S. Lewis, Das Gespräch mit Gott, S. 134 ff.

6 In der Sprachforschung unterscheidet man zwischen der *Denotation* und der *Konnotation* eines Wortes. Die Denotation ist der reine, streng definierte Sachgehalt eines Wortes. Die Konnotation hingegen beinhaltet alles, was sich mit diesem Wort an Erlebnissen, Assoziationen und Gefühlen verbindet. Die Konnotation des Sprechers ist eine andere als diejenige des Hörers. Darum ist Zuhören oder gar Verstehen ein so schwieriges Geschäft. Ich kenne Menschen, die aufgrund ihrer persönlichen negativen Vater-Erfahrungen ernsthafte Probleme haben, an Gott zu glauben. Es hilft allerdings nicht viel, den Begriff des Vaters gegen den der Mutter auszutauschen: Denn auch der kann, wie ich aus seelsorgerlicher Erfahrung weiß, beim Hörer durchaus negativ konnotiert sein.

7 Nehmen wir nur die Jesus-Berichte der Bibel, die wir scheinbar so gut kennen. Ich behaupte, wenn wir ein Evangelium wirklich einmal konsequent mit der Frage lesen würden, was da *wirklich* steht, wir kämen aus dem Staunen nicht heraus, und von unserem alten Jesusbild würde vermutlich kein Stein auf dem anderen bleiben.

8 Das ist übrigens das Geheimnis einer guten Predigt, wenn der Prediger sich so lange mit dem Text auseinandersetzt, daß selbst er, der studierte Theologe, noch einmal zu staunen anfängt, was da eigentlich wirklich steht.

9 Die vier Fragen sind angelehnt an einen Vortrag von Hermann Traub, abgedruckt in: Mitarbeiterhilfe 3/92.

10 Ich weiß aus eigener seelsorgerlicher Erfahrung in der Begleitung Sterbender, wie ausgesprochen schwierig das ist, in einer Notsituation jenes Vertrauen zu Gott zu gewinnen, das man in guten Zeiten aufzubauen versäumt hat.

11 An dieser Stelle werde ich häufig gefragt, wie es denn um jene Dokumente steht, die nicht in den biblischen Kanon aufgenommen wurden. Dazu kann ich nur sehr kurz andeuten, daß man sich bei der Kanonbildung über die in den Kanon aufzunehmenden Hauptschriften relativ schnell einig war, ebenso wie über den unseriösen Charakter vieler Schriften wie etwa der sogenannten Kindheitsevangelien. Die historisch-kritische Forschung ist sich heute darüber einig, wie treffsicher und gut die Auswahl ist, die damals aus den vorhandenen Schriften getroffen wurde.
Am Rande allerdings verschwimmt diese Eindeutigkeit. Manche Kanonentscheidungen sind buchstäblich nach der Devise getroffen worden: »Wollt ihr den Hebräerbrief, kriegen wir aber die Offenbarung!« So sind Schriften in den Kanon aufgenommen worden, die im Grunde doch recht fragwürdig sind, und andere Schriften sind außen vor geblieben, die man zumindest als »Randschrift« durchaus hätte mit hineinnehmen können. Aber noch einmal: Alles in allem ist die vorliegende Auswahl auch nach heutigem wissenschaftlichen Standard erstaunlich treffsicher und gut.
In diesem Zusammenhang ist es mir ein Bedürfnis, vor den derzeit modisch gewordenen Versuchen zu warnen, von den in den Qumran-Höhlen aufgefundenen Schriften eine völlige Neuformulierung des Christentums zu erwarten, wie etwa in dem Bestseller »Verschlußsache Jesus«. Viele Dinge, die in diesem Zusammenhang als reißerische Neuheit präsentiert werden, sind für die theologische Forschung lediglich aufgewärmter kalter Kaffee und werden mit gutem Grund völlig anders beurteilt. Mittlerweile sind sehr fundierte Gegendarstellungen von versierten Qumran-Fachleuten erschienen, etwa die von Klaus Berger: »Qumran und Jesus« oder die von Otto Betz und Rainer Riesner: »Jesus, Qumran und der Vatikan«.

12 Zum Beispiel am Jakobusbrief. Der Jakobusbrief kennt scheinbar weder Kreuz noch Auferstehung Christi. Wenn man ihn isoliert liest, steht man tatsächlich in Gefahr, das Christentum auf Ethik zu reduzieren. Allerdings finde ich die ethischen Weisungen gerade dieses Briefes sehr hilfreich und kann daher die harsche Beurteilung Luthers nicht teilen, auch wenn sein Hauptkritikpunkt zweifellos zutrifft.

13 Ich nenne als Beispiele nur den Psalm 109 oder auch den unrühmlichen Einschub der Verse 21f. in den an sich so wunderschönen Psalm 139.

14 Luther sagte zu jenen, die seine Bibel-Kritik kritisierten und eine »Mitte der Schrift« ablehnten: »Und bieten sie die Schrift gegen Christus auf, so biete ich Christus gegen die Schrift auf.«

15 Außerdem kann diese Art von Kritik immer nur die *äußere* Wahr-

heit der Bibel – etwa die Frage, ob sich die Sonne um die Erde dreht oder umgekehrt – betreffen und nie ihre *innere* Wahrheit, kraft derer die Bibel uns eine Begegnung mit Gott vermitteln kann.

16 Dieses Urteil ergibt sich schon allein vom Textumfang her: Im Neuen Testament findet sich 730mal der Name »Gott«, dagegen 884mal der Name »Jesus« und 399mal »Christus«, davon sind 204 Überschneidungen (»Jesus Christus«); dazu kommen die vielen Stellen, die sich erwartend, beschreibend oder reflektierend indirekt auf Christus beziehen.
Darum ist die Kanonbildung trotz verschwimmenden Randes prinzipiell abgeschlossen: Es wird nach dem Alten und dem Neuen kein »ganz Neues Testament« mehr geben. Gott kann sich nicht umfassender aussagen, als er es in Jesus Christus getan hat. Die Christusoffenbarung kann nur noch entfaltet und ausgelegt, nicht aber weiter ergänzt werden. Vgl. Hebräer, 1,1 f.: »Nachdem Gott vorzeiten vielfach und auf vielerlei Weise geredet hat zu den Vätern durch die Propheten, hat er in diesen letzten Tagen zu uns geredet durch den Sohn.« Das Wort, das Gott durch Jesus gesprochen hat, ist unüberholbar.

17 Wie ein solcher Umgang mit der Bibel konkret aussehen kann, werde ich im siebten Kapitel ausführlich erörtern.

3. Der Mensch – das Risiko Gottes

1 Einen ähnlichen Erkenntnisweg scheint Jesus vorauszusetzen, wenn er seinen Kritikern vorwirft: »Ihr glaubt nicht einmal, was ich euch von irdischen Dingen sage, wie werdet ihr glauben, wenn ich euch von himmlischen Dingen erzähle?« (Johannes 3,12).

2 Vgl. Johannes 1,18 und 6,46.

3 Freilich nicht auf einmal und vom ersten Augenblick an. Einem Menschen, der – etwa infolge einer Operation – lange die Augen geschlossen hatte, werden bei der ersten Berührung mit dem Licht die Tränen in die Augen schießen, und er wird sie sofort wieder schließen. Das Sehenlernen kostet Mühe und ist schmerzhaft. Der vorherige Zustand erschiene einem fast angenehmer, wenn man nicht wüßte, daß sich die Mühe lohnt.

4 So hat sich etwa die menschenverachtende Ideologie des Nationalsozialismus auf den Darwinismus bezogen: Wieso sollte, wenn das evolutionäre Prinzip des »survival of the fittest« absolute Gültigkeit auch für den Menschen hat, *nicht* von »lebensunwertem Leben« oder der »Minderwertigkeit« bestimmter Rassen gesprochen werden?

5 Vgl. 1. Mose 2,7 (im Urtext steht hier: »eine lebendige Seele«).
6 Es ist hier wie bei unseren Gottesbildern: Je mehr man hier erklärt zu haben meint, desto dunkler wird die Sache: Jede Enthüllung ist gleichzeitig eine Verhüllung.
7 Vgl. hierzu – auch im folgenden – das Buch von H. Thielicke, Wie die Welt begann, S. 31 ff.
8 Wir dürfen nicht zu selbstverständlich von Gottes »Allmacht« reden: Gott verzichtet genau auf diese in seinem Experiment Mensch. Zweifellos: Es steht zweimal im Glaubensbekenntnis, daß Gott der Allmächtige ist, aber was heißt Allmacht? Kann Gott zum Beispiel einen Stein schaffen, der so groß ist, daß er ihn nicht heben kann? Oder kann Gott *böse* sein? Die Kategorie der Allmacht ist philosophisch wie theologisch höchst fragwürdig. Wenn man sie im Munde führt, muß man definieren, was man damit meint. »Allmacht« heißt für mich: Gott wird letzten Endes zweifellos an sein Ziel kommen; aber es ist noch nicht gesagt, auf welchem Wege und auf welchen Umwegen, ob der Mensch sich ihm widersetzt oder Partner des Zieles Gottes wird.
9 Hier muß man genau hinsehen. Es heißt nicht, wie ich es etwa bei Däniken oder auch in esoterischer Literatur gelesen habe, »Im Anfang schufen die Götter Himmel und Erde.« Nein: Das im Alten Testament Hunderte Male vorkommende »Elohim« ist zwar ein Pluralwort, wird aber in der Bibel ausnahmslos singularisch prädiziert. Der, dessen Name »Götter« ist, ist *einer.*
10 Ein Jude würde diese Beurteilung allerdings strikt ablehnen – sie ist in der Tat ein theologiegeschichtlicher Anachronismus, von dem ich allerdings meine, daß er seine Berechtigung hat. Es ist ja nicht nur das Wörtchen »uns« oder der Begriff »Elohim«, sondern vor allem die Tatsache, daß das Bild, das Gott sich schafft, damit es ihm gleich sei, eben nicht *ein* Mensch ist, sondern das Zusammenspiel von Mensch und Mitmensch. Vgl. auch die Geschichte vom Besuch Gottes (Jahwes!) bei Abraham in 1. Mose 18. Im *Neuen Testament* geht die Tendenz bereits stark in Richtung Trinitätsdenken, etwa in der dreigliedrigen Taufformel oder in einem Gruß wie 2. Korinther 13,13, wenn die Lehre als solche auch erst im vierten Jahrhundert verbindliches Bekenntnis wurde.
11 So kann ein Ball grün oder blau sein, aber *wesentlich* ist er rund. Zur Zeit der Produktion war der Ball vielleicht noch nicht rund, es war dann aber auch noch kein Ball.
12 Es mag jemand einwenden: »Liebe ist für mich vor allen Dingen eine Kraft. Ist Gott also doch nur eine Kraft und nicht Person, wie du so vehement behauptest!?« – Zweifellos ist die Liebe eine Kraft. Die Liebe ist die größte Kraft, die der Mensch kennt, aber sie ist

gleichzeitig eine hochgradig personale Kategorie. Liebe ist jenseits von Personen nicht denkbar.

13 1. Johannes 4,16b. Man kann den Satz aber nicht einfach umdrehen: Gott ist zwar die Liebe, aber die Liebe ist nicht einfach Gott. Gott ist die Liebe *in Person!* Die menschliche Liebe ist eine davon abgeleitete Kraft, ist nur ein Abbild und allzuoft leider nur ein Zerrbild. Darum ist unsere Liebe auch oft so kurzlebig: Sie ist nicht Gott, sie bezieht lediglich – für eine Weile – ihre Energie aus seinem Kraftfeld. Sie verliert diese Energie aber, wenn sie nicht in der Nähe der Liebe Gottes bleibt, ähnlich wie ein Stück Kohle erlischt, wenn man es aus dem Ofen herausnimmt und beiseite legt.

14 Dies ist aus unserem Text allein nicht zu entnehmen, sondern hierzu muß man die anderen Texte der Bibel – gerade auch des Alten Testaments – danebenlegen, um zu sehen, daß die Geschlechtlichkeit des Menschen im Vergleich mit seiner Mit-Menschlichkeit eine eher untergeordnete Rolle spielt. Das Zusammenspiel von Mann und Frau ist lediglich die Ur-Form der Mitmenschlichkeit. In bezug auf *Gott* spielt die Geschlechtlichkeit in der Bibel überhaupt keine Rolle, im Gegenteil: Diese Auffassung wird über weite Strekken des Alten Testaments – vor allem in Auseinandersetzung mit der stark geschlechtsorientierten Baalsreligion – strikt bekämpft.

15 Wir wissen heute, wie wichtig es für die Entwicklung eines Menschen ist, daß er liebevoll ins Leben eingewiesen wird. Das Ur-Vertrauen, das sich in der Beziehung zwischen Kind und vor allem der Mutter ausbildet, ist für sein ganzes Leben prägend, und zwar sowohl für seine Ich-Werdung als auch dafür, wie er die Welt später erlebt. Die *Erfahrungen*, die er macht, sind bereits vorgeprägt von *Begegnungen*. Vgl. hierzu Martin Bubers Ich-Du-Philosophie, die sich nicht zufällig aus dem jüdischen Denken heraus begreift; ihre Thesen finden ihre Bestätigung in der modernen Tiefenpsychologie.

16 Darum ist in den Schöpfungsauftrag auch die Fortpflanzung mit einbezogen. Sie gilt nicht nur in biologischem, sondern auch in übertragenem Sinne.

17 Wie das Menschsein überhaupt, gelingt auch das Christsein nicht ohne Gemeinschaft, vgl. dazu das 5. Kapitel.

18 Zweifellos finden wir manche dieser Aspekte auch bei einigen Tierarten, zum Beispiel bei den Delphinen, was aber das Gesagte nicht außer Kraft setzt. All diese Bausteine *zusammen* ergeben das, was wir die *Personalität* des Menschen nennen.

19 Darauf basiert auch der alte Witz, demzufolge Eva den Adam gefragt haben soll: »Liebst du mich?«, und Adam antwortete: »Wen denn sonst?«

20 Wobei diese »Freiheit« des Menschen, sich gegen Liebe und Güte zu entscheiden, gerade das *Ende* seiner Freiheit markiert: Was der Mensch hier »frei« wählt, ist seine eigene Sklaverei. Die eigentliche und ursprüngliche Freiheit des Menschen wird – wie alle anderen Aspekte der Gottesebenbildlichkeit auch – gegen jenes schreckliche Zerrbild vertauscht, von dem bereits die Rede war. Darum heißt Eugen Drewermann zufolge dieser Baum auch »Baum der Erkenntnis«: Die einzige Erkenntnis, vor der Gott den Menschen bewahren wollte, war das Wissen davon, daß alle Dinge sich ins Negative verkehren müssen ohne Gott und daß sie nur gut sind in seiner Gemeinschaft. Vgl. Drewermann, Strukturen des Bösen I, S. 351.

21 Manche fragen, wie weit her es denn mit der Freiheit des Menschen bestellt sei, wenn Gott eine derart drastische Konsequenz für den Fall der Nichtbefolgung seines Gebots ankündigt. Doch Gott droht hier nicht eine von außen kommende Strafe an (»Du bist zwar frei, aber wehe, wenn du . . ., dann werde ich . . .«), sondern schildert sachlich-warnend die Konsequenz und innere Folge einer etwaigen Zuwiderhandlung (»Wenn du deine Freiheit dergestalt nutzt, wird das so geschehen«).

22 In der Regel im Zusammenhang mit Verkehrsdelikten oder Diätverstößen. Und wenn es angeblich auf der Alm keine Sünde gibt, weiß auch jeder, *welche* Sünde damit angesprochen ist. Auf Karnevalsveranstaltungen schunkelt man zu dem Lied: »Wir sind alles kleine Sünderlein«, wohl wissend, daß das nächste Lied dennoch lauten wird: »Wir kommen alle, alle in den Himmel.«

23 Wer die Frage stellt, wie das Böse in die Welt gekommen ist, fragt von sich weg. Dies läuft der Intention des Textes genau entgegen. Jede vorschnelle Erklärung des Bösen führt nur zu einer unzulässigen Selbstentschuldigung des Menschen, wie sie bereits in Vers 13 angedeutet ist.

24 Es ist, wie wenn ich Ihnen sagte: »Versuchen Sie jetzt mal in den nächsten fünf Minuten nicht an Eichhörnchen zu denken!« – Normalerweise ist das wahrscheinlich kein Problem für Sie, aber irgend etwas an meinen Worten zwingt Sie und fixiert Ihren Blick auf Eichhörnchen.

25 Strukturen des Bösen I, S. 59. Drewermanns Auslegung hat mich in vielerlei Hinsicht überzeugt und meine Darstellung entsprechend geprägt.

26 So wie sich auch die sogenannte christliche Ethik in der Praxis meist viel stärker aus der Angst vor Strafe beziehungsweise der Erwartung einer Belohnung speiste als aus dem Vertrauen zu Gott; vgl. weiter unten das Kapitel 8.

27 Hierin drückt sich die Erfahrung aus, daß die Sünde eines Menschen den anderen immer mitbetrifft und mit hineinzieht. Der Mensch ist in jeder Hinsicht, nicht nur im Positiven, sondern auch im Negativen Mit-Mensch.

28 Gehorsam ist – in bezug auf Gott – nicht eine Frage der Knechtung, sondern des Vertrauens.

29 Eugen Drewermann, Strukturen des Bösen I, S. 74

30 Lukas 10,27.

31 Bitte lesen Sie in Vers 16 wie in allen anderen Versen statt des mißverständlichen »soll/sollst« lieber »wird/wirst«. Diese Übersetzung legt sich vom hebräischen Urtext sehr viel näher. Die sich über alle Zeiten und Länder erstreckende Tyrannei des Mannes über die Frau ist leider eine geschichtliche Tatsache, sie ist aber keineswegs – wie das Wörtchen »soll« nahelegt – von Gott sanktioniert.

32 Vgl. Römer 6,23.

33 Man denke nur an den grausamen Kampf aller gegen alle in der Evolution und in der außermenschlischen Kreatur: fressen und gefressen werden. Interessant ist in diesem Zusammenhang die Ausgestaltung des Adam-und-Eva-Mythos, wie sie C. S. Lewis in seinem Roman »Perelandra« entwickelt hat: Der Mensch wurde geschaffen, um das vor seiner Zeit in die Welt gekommene Böse und den damit verbundenen Tod im Auftrag Gottes aus der Welt zu schaffen. Dies ist in dem Auftrag, die Schöpfung zu bebauen und zu bewahren, impliziert. Statt dessen aber unterwarf der Mensch sich der Macht des Bösen und riß damit die Schöpfung noch tiefer ins Chaos. Man kann sagen: Der Fall des Menschen war, daß er den Fall nicht aufhielt.

34 Erst der Tod verleiht dem Leben seine Valenz, das heißt: Durch ihre Begrenztheit wird die Art, wie der Mensch seine Zeit füllt, der Beliebigkeit entnommen, und sein Leben bekommt Tiefe und Sinn. Darum kann man »Ewigkeit« auch nicht einfach nur als unbegrenzte Zeit denken. Ewigkeit ist eine andere *Qualität* als Zeit, nicht lediglich deren ausgedehnte Quantität.

35 Ein Tier kennt wohl *Todesfurcht* (in einer konkreten Gefahr), nicht aber die menschliche *Todesangst* als schwebendes Grundgefühl auch ohne konkreten Anlaß.

36 Man denke an Tolstois Geschichte vom Tod des Iwan Iljitsch, in der dessen langes Sterben beschrieben wird und dessen letzte Gedanken ein erlöstes Aufatmen sind: »Gott sei Dank, der Tod war vorbei«(!).

37 Vgl. 3,21, vgl. später auch 4,15.

4. Jesus – ein heruntergekommener Gott?

1 Wie unzureichend dieser Sündenbegriff ist, zeigt sich bereits darin, daß unsere *Unterlassungen* dabei überhaupt nicht in den Blick kommen.
2 Vgl. Römer 7,18 f.
3 Der Text ist gerade *nicht* sexistisch aufzufassen! In 1. Mose 3 geht es nicht darum, daß die »bösen Frauen« schuld sind, sondern der Text betont gerade die *Zusammengehörigkeit* aller Menschen – das heißt der Frauen *und* der Männer – in der Sünde. Wenn hier überhaupt ein geschlechtsspezifischer Unterschied herausgearbeitet werden kann, dann der, daß der Schlange die Erreichung ihres Zieles bei der Frau sehr viel schwerer fiel als beim Mann, der einfach unreflektiert mitmachte.
4 Man denke neben den eindeutigen Erb- und Erziehungsfaktoren vor allem auch an die vielen pränatalen Einflüsse, die ein Kind bereits im Mutterleib psychisch, konstitutionell wie gesundheitlich beeinflussen.
5 Albrecht Ritschl, der sich dabei auf Vorarbeiten von Kant mit seiner Lehre vom »radikalen Bösen« und von Schleiermacher mit seinem »Gedanken der gemeinsamen Sünde« stützen konnte. Dieses Reich der Sünde ist identisch mit dem von mir so bezeichneten »Kraftfeld der Angst«, drückt nur stärker ihren interaktionellen Charakter aus.
6 Es ist kein Zufall, daß die besonders »heiligen« und »anständigen« Menschen oft auch besonders unausstehlich sind. Auf Recht und Grenze der Moral werde ich im achten Kapitel noch näher eingehen.
7 Darauf weisen uns Kirchen- und Religionskritik hin. Die Kirchenkritik zeigt uns, was wir Menschen aus den ursprünglichen Impulsen der Religion faktisch gemacht haben. Die Religionskritik treibt diesen Keil noch tiefer, indem sie nämlich diese Impulse selbst in Frage stellt.
8 Vgl. etwa Johannes 8,46; 2. Korinther 5,21; 1. Petrus 2,22; 1. Johannes 3,15; Hebräer 4,15.
9 »Abba« pflegt Jesus Gott zu nennen: »Papa«. Diese vertrauliche Anrede Gottes ist noch für unser Stilempfinden unangemessen, seinerzeit war sie geradezu skandalös.
10 Dieses Wort ist mit Vorsicht zu genießen. Man muß, wenn man von »Ausschmückungen« oder »Tendenzen« der Evangelisten spricht, immer mitbedenken, daß sie die damaligen Ereignisse von ihrem Ausgang her sehen und beurteilen. Das waren nicht einfach »Übertreibungen«, sondern sie haben das vorösterliche Leben Jesu bereits von Ostern her gedeutet. Alles andere wäre auch unsachgemäß gewesen.

Wenn sich ein König in einen Bettler verkleidet und läuft durch die Stadt, und ich schreibe das nieder, dann sieht mein Bericht anders aus, wenn ich weiß, daß es sich hier um den König handelt. Ja – dann *kann* ich nicht bloß einen reinen Tatsachenbericht abgeben. Ich würde meinen Lesern etwas vorenthalten. Wenn dieser verkleidete König gar noch in einer besonderen Beziehung zu meinem Leser stünde, wenn er etwa dessen Vater oder Bruder wäre, dann wäre es geradezu ein Verbrechen, rein sachlich, buchhalterisch zu berichten: Da lief einer herum und bettelte.

Das Entscheidende, was hier gesehen werden muß, ist dies: Die urchristlichen Zeugen *können* gar nicht anders, als die Geschichte Jesu im Lichte seiner Auferstehung zu sehen, sie gleichsam von rückwärts zu lesen und erst später gewonnene Erkenntnisse bereits in die früheren Geschichten einzutragen. Die Evangelien haben nicht den Charakter eines *Protokolls*, sondern eines *Zeugnisses.* Natürlich sind die Evangelien subjektiv – aber gerade in dieser Subjektivität ihres Zeugnisses sind sie sachgemäß.

Wenn man die vier Evangelien kritisch miteinander vergleicht, kann man allerdings sehr schön herausarbeiten, wo der historische Kern liegt und was die – nicht minder historische! – subjektive Glaubenserfahrung des Evangelisten ist, die dieser in seinen Bericht einträgt und die er uns nahebringen will.

11 Vgl. – auch im folgenden – C. S. Lewis, Gott auf der Anklagebank, S. 94.

12 C. S. Lewis, Gott auf der Anklagebank, S. 95.

13 Am markantesten und zugleich am schmerzlichsten arbeitet das *Johannesevangelium* diesen Anspruch Jesu heraus. Wenn Sie es vorurteilsfrei lesen, werden Sie sich entweder wahnsinnig ärgern, weil Ihnen dieser Anspruch auf Schritt und Tritt begegnet, und es wird Ihnen gehen, wie das Evangelium in 6,66–69 selbst berichtet: Die Leute wenden sich teils hoch empört, teils mit Entsetzen ab. Oder Sie lassen sich wie die Jünger darauf ein und fangen an, an ihn zu glauben.

14 Um nur kurz auf die drei gängigsten Titel des Neuen Testaments für Jesus einzugehen:

Als Jesus seine Jünger fragt, für wen sie ihn halten, antwortet Petrus: »Du bist der *Christus,* der Sohn des lebendigen Gottes« (Matthäus 16,16). Und Jesus bestätigt daraufhin einerseits diese Aussage, andererseits verbietet er den Jüngern, weiterzusagen, daß er der Christus sei. Das heißt: Jesus hat diesen Titel durchaus für sich beansprucht. Seinerzeit aber verbanden sich gerade mit dem Christustitel sehr festgefügte politische Erwartungen. In diese Schublade wollte sich Jesus nicht legen lassen. Der Christustitel konnte nicht sagen, wer Jesus ist, sondern Jesus sagte den Menschen, was der Christustitel bedeutet.

Oder *»Sohn Gottes«* – was heißt das denn? Die Juden verstanden darunter ein Adoptivverhältnis, die Griechen verstanden darunter die göttliche Natur eines nur scheinbaren Menschen. Das Neue Testament spiegelt stellenweise sowohl die eine als auch die andere Vorstellung wider, aber kann sich auf keine der beiden eindeutig festlegen. Darum macht man es sich zu einfach, wenn man lediglich dogmatisierend behauptet, Jesus sei, »wie das unverbrüchliche Wort Gottes sagt«, der »Sohn Gottes«. Man muß auch erklären, was man damit meint beziehungsweise welchem seinerzeit kursierenden Verständnis man sich da anschließt.

Oder nehmen wir den Titel *»Menschensohn«*, den Jesus wahrscheinlich am häufigsten für sich gebrauchte. Auch dieser Titel ist geradezu atemberaubend zweideutig. Zum einen kann er ganz schlicht als »Mensch« oder »Menschenkind« übersetzt werden: Jesus, der wahre Mensch. Zum andern aber verband das Judentum zur Zeit Jesu enorme Erwartungen mit der endzeitlichen Gestalt des Menschensohnes, der kommen sollte, um der Welt das Heil und das Gericht zu bringen (vgl. Daniel 7,12 ff.). All dies zeigt: Die Titel erklären Jesus nicht, sondern Jesus erklärt die Titel.

15 Von den zwölf Jüngern starb nur *einer* eines natürlichen Todes: Johannes in der Verbannung auf der Insel Patmos. Judas erhängte sich, alle anderen wurden zu Märtyrern ihres Glaubens.

16 Das ist nicht despektierlich gemeint. Sie erinnern sich: Die Bibel beschreibt keinen Endzustand, sondern einen *Weg*. Ich halte die im Alten Testament gelegten Grundlagen für den christlichen Glauben für unverzichtbar. Wohl aber bin ich der Meinung, daß das Neue Testament einiges von dem, was im Alten Testament grundgelegt wird, durchaus auch weiterführt. Das betrifft auch das Gottesbild.

17 Gemeint ist hier das stärker verbreitete Sühneopfer, nicht so sehr das Dankopfer, obwohl auch letzteres in den Religionen nicht selten von dem Bestreben geprägt ist, sich Gott irgendwie geneigt zu halten.

18 Man kann, wenn man die vier Evangelien nebeneinanderlegt, sehr schön sehen, wie diese neue Sicht des Todes Jesu sich in verschiedenen Facetten ausfaltet: Für den Evangelisten Markus stirbt Jesus mit einem unartikulierten Schrei (Markus ist, was Deutungen anbetrifft, auf alle Fälle der Zurückhaltendste der vier Evangelisten). Matthäus gibt dem Ganzen eine Deutung, indem er ein Wort des Psalmes 22, den Jesus wahrscheinlich am Kreuz gebetet hat, besonders hervorhebt: »Vater, Vater, warum hast du mich verlassen?« Lukas und Johannes ist das wohl etwas zu kraß, und so legen sie Jesus

ein etwas heroischeres Wort in den Mund: »Vater, in deine Hände befehle ich meinen Geist« beziehungsweise: »Es ist vollbracht.«
Natürlich kann man historisch-kritisch fragen: Was *war* denn nun das letzte Wort – es kann doch nur *eins* gewesen sein?! Man kann aber auch fragen: Wie haben die einzelnen Evangelisten von Ostern her das Kreuz verstanden? Während bei Markus und Matthäus sicherlich das Eingehen in die Gottverlassenheit im Vordergrund steht (siehe weiter unten), spielt für Johannes eine wichtige Rolle, daß sich das Leben Jesu mit diesem Tod vollendet, daß mit diesem Tod der Hingabe im Grunde das passiert, worauf das ganze Leben Jesu zielt. Und bei Lukas, dem Arzt, der großen Wert auf den *Heiland* Jesus legt, steht eher das Bewußtsein Jesu im Vordergrund, daß der Tod nicht das letzte Wort über uns hat, sondern daß Gott das letzte Wort hat über den Tod und damit auch über uns.
Was sich also historisch gesehen widerspricht, steht auf der Ebene der Sinndeutung des Todes Jesu keineswegs im Widerspruch zueinander. Alle vier Evangelisten werfen mit ihrem Zeugnis ihr eigenes Licht auf den gleichen Sachverhalt: Nämlich wie Gott sich in Jesus in das menschliche »Netz« wirft, um die verlorengegangene Gemeinschaft zwischen uns und ihm wiederherzustellen.

19 Wie ein Magnet zieht das Ereignis von Golgatha die großen ungelösten Menschheitsfragen an sich: Schuld, Tod, Sinnlosigkeit, Lieblosigkeit, Leid und Angst. In all diesen Fragen stand der Mensch allein, bis Jesus sich an seine Seite gestellt hat. Darum geht gerade in diesen Fragen eine enorme Kraft vom *Gekreuzigten* aus. Am eindringlichsten ist das vielleicht beschrieben in dem prophetischen Text Jesaja 53, wobei der Verfasser im fünften Jahrhundert vor Christus sich noch nicht träumen ließ, daß in seinen Worten in gewisser Weise von Gott selbst die Rede ist.

20 Zumindest nach *unserem* Rechtsverständnis ist dies so. Man hat freilich oft darauf hingewiesen, daß es zur Zeit Jesu ein völlig üblicher Vorgang war, daß ein jüngerer Sohn, der kein Recht an Haus und Hof hatte, sich seinen Anteil am Erbe auszahlen ließ. Doch Jesus redet ja davon, wie der Mensch mit *Gott* umgeht. Auf unser Verhältnis zu Gott gewendet versagen hier die Parallelen: Weder haben wir einen Rechtsanspruch auf Gottes Güte(r) noch von Natur aus einen »älteren Bruder«, der uns »Haus und Hof« bei Gott streitig macht.

21 Vgl. für den ganzen Zusammenhang Theo Lehmann, Verrückt vor Liebe, S. 24 ff., das Zitat findet sich auf S. 27.

22 Vgl. Theo Lehmann, Verrückt vor Liebe, S. 30.

23 Wenn Sie zum Beispiel derzeit noch Probleme haben mit dem »heruntergekommenen Gott« und in Jesus lieber den »von Gott hoch an

seine Seite gezogenen Menschen« sehen, dann halte ich auch das für einen legitimen Anfang. Die Jünger haben Jahre gebraucht, um in Jesus mehr zu sehen als einen bloßen Menschen. Sie sind erst einmal von der Arbeitshypothese ausgegangen, daß Jesus ein besonderer Mensch ist. Im Laufe des Umgangs mit Jesus hat sich ihr Zugang zu ihm gewandelt. Daß sie in ihm etwa den »Sohn Gottes« sahen, steht nicht am Anfang ihres Glaubens, sondern kommt erst sehr viel später. Die Vertrauensbeziehung zu Jesus ist nicht abhängig von einem einzigen Titel. Sie kann auf der Grundlage verschiedener Bilder aufgebaut werden.

5. Heiliger Geist – das Kraftfeld Gottes

1 Was glauben die Deutschen? »Spiegel« 25/1992, Seite 36 ff.
2 A.a.O. Seite 44.
3 Die theologischen Grundlagen dieser neuen Reformation hat im deutschsprachigen Raum vor allem Christian A. Schwarz in seinem Buch »Die dritte Reformation – Paradigmenwechsel in der Kirche«, Emmelsbüll 1993, gelegt. Er sieht in Luthers »erster Reformation« vor allem eine Erneuerung der *Glaubenslehre*, in der »zweiten Reformation« des Pietismus hingegen eine Erneuerung der *Spiritualität*. Die »dritte Reformation« wird eine Reformation der kirchlichen *Strukturen* sein.
4 Johannes 10,10.
5 Vgl. Johannes 7, 37–39 und 14,26.
6 John Wesley, der sich in seiner Theologie sehr stark auf den Heiligen Geist berief, hat vielleicht nicht die ganze Welt, zumindest aber ganz England und Schottland auf den Kopf gestellt mit seinen sozialen Reformen, die sozusagen die diakonische Rückseite seiner Bekehrungspredigt bildeten. Die manchmal vertretene These, daß sich in England aufgrund der von Wesley eingeleiteten Reformen als einzigem Land Westeuropas keine nachhaltige kommunistische Bewegung etablieren konnte, ist *so* sicher geschichtlich nicht haltbar – man denke nur an Engels' Schrift über die Lage der arbeitenden Klasse in England –, sie entbehrt aber nicht eines gewissen Wahrheitsgehaltes: Er nahm diese Bewegung in gewisser Weise zumindest dort, wo sich der Methodismus ausbreitete, bereits vorweg.
7 Anders freilich das nicänisch-konstantinopolitanische Glaubensbekenntnis, das die erläuternden Worte über die Kirche den Worten über den Heiligen Geist durch ein »und« anschließt. Über den Geist selbst hingegen heißt es: »Wir glauben an den Heiligen Geist, der

Herr ist und lebendig macht, der aus dem Vater (und dem Sohn) hervorgeht, der mit dem Vater und dem Sohn angebetet und verherrlicht wird, der gesprochen hat durch die Propheten.«

8 Die Trinitätslehre ist eine Ableitung konkreter Erfahrungen. Jede Reflexion dieser Lehre ist eine Ableitung dieser Ableitung. Die theologische Auseinandersetzung mit solchen Reflexionen ist eine Ableitung dieser Ableitungen der ursprünglichen Ableitung . . . Die Theologie des Heiligen Geistes hat mittlerweile jede »Bodenhaftung« verloren, was sich in der Geistvergessenheit unserer Gemeinden niederschlägt. Die Bibel beschränkt sich, was den Heiligen Geist anbetrifft, aus gutem Grunde weitgehend auf die Beschreibung und Vermittlung dieser Erfahrung.

9 Entsprechend erfahren wir uns *selbst*: Einerseits kommen wir ganz von Gott her (Vater), andererseits sind wir ihm völlig entfremdet, weswegen er uns zur Versöhnung ruft (Sohn), und schließlich beruft und beauftragt er uns zu Glaube, Gemeinschaft und Dienst (Heiliger Geist).

10 Sowohl im Hebräischen als auch im Griechischen bedeutet das Wort für »Geist« soviel wie »Luft in Bewegung, Wind«, ja sogar »Sturm«. Während der Abendländer bei »Geist« an *Ruhe und Gleichmäßigkeit* denkt, denken jene beiden biblischen Sprachen an *Bewegung und Dynamik*. »Geist haben« heißt für biblisches Denken: von einem Sturm gepackt sein, außer Fassung geraten, getrieben sein, nicht mehr bei sich selbst bleiben können, außer sich sein, sich »äußern«. Das ist gerade das Gegenteil unserer landläufigen »Geistigkeit«.

11 Ist es nicht merkwürdig: Auf der einen Seite pflegt man der Christenheit mangelnde Begeisterung und der Kirche mangelnde Begeisterungsfähigkeit vorzuwerfen, auf der anderen Seite stehen die gleichen Leute, *wenn* in der Kirche tatsächlich einmal so etwas wie Begeisterung auftritt, dem auch wieder skeptisch gegenüber.

12 Ich habe eine ganze Reihe von Menschen gesprochen, die mir gerade im Zusammenhang mit dem sogenannten »Dritten Reich« nahezu wörtlich übereinstimmend sagten, sie hätten sich in ihrem Leben *einmal* für etwas begeistert, jetzt sei damit ein für allemal Schluß!

13 Begeisterung ist zunächst einmal ein Bedürfnis des menschlichen Herzens, sich selbst zu transzendieren, das heißt aufzugehen in einem größeren Ganzen. Wenn die Erkenntnis kommt, daß das, wofür man sich begeistert hat, gar nicht größer war – vom »Ganzen« ganz zu schweigen! –, kommt es sehr schnell zur Ernüchterung, ja zur Frustration: *nichts* erscheint einem dann mehr begeisterungswürdig.

14 Unsere religiösen Erfahrungen bedürfen einer Korrektur, sonst stehen wir in Gefahr, unsere Wünsche und Sehnsüchte zu projizieren beziehungsweise unser eigenes Erhabenheitserlebnis zu feiern und mit Gott zu verwechseln.

15 Die Aufforderung, die Geister zu prüfen, findet sich 1. Johannes 4,1. Der Theologe Karl Barth sagte mit Recht, der beste Freund des Heiligen Geistes sei der gesunde Menschenverstand.

16 Solche möglichen Gaben sind zum Beispiel in 1. Korinther 12 beschrieben. Zu dieser Ausrüstung gehört in gewissem Sinne auch die Verheißung Jesu, daß den Jüngern durch den Heiligen Geist das rechte Wort zur rechten Zeit gegeben werde (Matthäus 10,19f.).

17 Ich kann mir nicht vornehmen, von einer Sache fasziniert und hingerissen zu werden, das kann nur die Sache selbst wirken. Das ist ein (Pfingst-)Wunder, das allein der Heilige Geist bewirkt. Ich kann allenfalls um dieses Wunder *beten. Und* ich kann störende Faktoren beseitigen. So wie der Bauer Unkraut jäten und den Boden entsteinen und auflockern kann, das entscheidende Wachstum aber schenkt Gott.

18 Die Gaben des Geistes müssen nicht nur entdeckt werden, sondern wir müssen sie auch üben und schulen. Das ist kein Widerspruch zu ihrem Gaben-Charakter. Auch eine natürliche Begabung – etwa Musikalität – schließt die Notwendigkeit häufiger Übung und Schulung nicht aus, sondern ein. Wer hier tiefer einsteigen möchte, dem empfehle ich das – allerdings von einem stark fundamentalistischen Ansatz herkommende und daher etwas mit Vorsicht zu genießende – Buch von C. P. Wagner: Die Gaben des Geistes für den Gemeindeaufbau.

19 Aufwendige »Bohrtürme« sind gar nicht notwendig. Nach Lukas 11,13 gibt Gott den Heiligen Geist jenen, die ihn darum bitten. Die Frage ist tatsächlich die, ob wir ihn wirklich wollen.

20 Zu diesem Bild und überhaupt zu dem gesamten Zusammenhang vgl. H. Thielicke, Woran ich glaube, S. 267ff.

21 Vgl. Johannes 14,26; 15,26; 16,14.

22 Vgl. Johannes 16,8.

23 Vieles in unseren Gemeinden sähe anders aus, wenn wir uns wieder auf dieses Selbstverständnis einigen könnten!

24 Dieser Auftrag findet sich als Vermächtnis Jesu in Matthäus 28,19f. beziehungsweise in Apostelgeschichte 1,8. Die Funktion der Gemeinde dabei ist es, sich gegenseitig in Bewegung zu *halten.*

25 Vgl. 1. Mose 2,7: »Da machte Gott der Herr den Menschen aus Erde vom Acker und blies ihm den Odem des Lebens in seine Nase. Und so ward der Mensch ein lebendiges Wesen.« Das für

Odem (Atem) benutzte hebärische Wort ist das gleiche wie für »Geist«.

26 Zu Streitereien in der Urgemeinde vgl. etwa Apostelgeschichte 6,1; 15,2 oder Galater 2,11 ff.

27 Dies halte ich für eine der wichtigsten Erkenntnisse, die dem modernen Menschen verlorengegangen sind. Mein Beruf führt mich immer wieder mit solchen »schwächeren« Menschen zusammen: mit Alten, Kranken, Sterbenden, mit oft wunderlichen und manchmal auch unausstehlichen Leuten, die ein Freund von mir gerne als »Schleifsteine Gottes« bezeichnet. Sie sind für mein spirituelles Wachstum von enormer Wichtigkeit, denn bei ihnen kann ich Eigenschaften lernen und einüben, die ich bei den »Stärkeren« nicht so schnell lerne: zum Beispiel Geduld, Barmherzigkeit, Einfühlungsvermögen und oft auch Gebet.

28 Darum sagt Bonhoeffer: »Wer seinen Traum von einer christlichen Gemeinschaft mehr liebt als die christliche Gemeinschaft selbst, der wird zum Zerstörer jeder christlichen Gemeinschaft, und ob er es persönlich noch so ehrlich, noch so ernsthaft und hingebend meinte« (Gemeinsames Leben, S. 19).
Und weiter: »Wird so nicht gerade die Stunde der großen Enttäuschung über den Bruder (die Schwester) mir unvergleichlich heilsam sein, weil sie mich gründlich darüber belehrt, daß wir beide doch niemals von eigenen Worten und Taten, sondern allein von dem einen Wort und der einen Tat leben können, die uns in Wahrheit verbindet, nämlich von der Vergebung der Sünden in Jesus Christus?« (a.a.O., S. 20; Einschub von mir).

29 Es gibt diese schöne Anekdote von jener englischen Lady, die zusammen mit ihrer Haushälterin eine neue Kirche aufmachen wollte. Die Tatsache, daß hier *zwei* Menschen eine Kirche nur für sich aufmachen wollten, hatte Nachrichtenwert. Man interviewte sie, ob sie denn allen Ernstes meine, daß nur sie und ihre Haushälterin das Wohlgefallen Gottes gefunden hätten, und da antwortete die Lady: »Bei Mary bin ich mir da nicht so sicher.« Groucho Marx zeigt da schon etwas mehr »Selbsterkenntnis«, wenn er sagt: »Ich würde nie einem Club beitreten, der Leute wie mich als Mitglieder aufnimmt.«

6. Glaube und Taufe – Entscheidung zum Christsein

1 Zu dieser Fragestellung vgl. Klaus Vollmer, Ich glaube, also bin ich, S. 10 f.

2 Auch hier weiß ich, wovon ich rede: Ich habe jahrelang einem Freund von mir nicht geglaubt, der mich zu Recht, wie sich später

herausstellte, vor einem bestimmten Arzt gewarnt hat. Ihm war das damals bestimmt sehr unangenehm, heute, im nachhinein, finde ich: Er hätte es vielleicht noch eindringlicher tun sollen.

3 Mit »Kritik« meine ich allerdings nicht jene prinzipielle Skepsis, die alles und jedes in Zweifel zieht und nichts an sich heranläßt. Die Skepsis ist auch eine Art Glaube: Man glaubt an nichts, außer an seinen Zweifel. Kritisches Fragen darf vor sich selbst nicht haltmachen.

4 Es ist gut, den Tod von Zeit zu Zeit gedanklich zu antizipieren, denn er ist ein unbestechlicher Richter über Wahr und Falsch, über Illusion und Wahrheit in meinem Leben. Angesichts des Todes rükken sich die Maßstäbe meines Lebens zurecht: Was war es wert, wo habe ich meine Zeit und Energie vergeudet, wo bin ich hinter meinen Möglichkeiten zurückgeblieben, was hätte ich statt dessen tun sollen ...?

5 Ich persönlich bin dankbar für den Dienst, den die Religionskritik der letzten beiden Jahrhunderte uns Christen getan hat. Natürlich sind für viele Leute dabei ganze Welten zusammengebrochen. Aber die Religionskritik hat den Glauben vieler Irrtümer und Lügen überführt und ihm so ein Stück weit zu seiner Wahrheit verholfen. Die Religionskritik tangiert nicht Gott, wohl aber unsere *Systeme* von ihm und weist deren Korrekturbedürftigkeit auf.

6 Es gibt beispielsweise Sprachen, die *ohne* den Begriff oder die Vorstellung eines »Ichs« auskommen. Für diese Völker »gibt« es einfach kein Ich, sondern sie sehen in dem, was wir »Ich« nennen, jeweils einen Teil der Gemeinschaft. Unser ganzes Bild von der Wirklichkeit ist eine Konstruktion. Aus der »unvorstellbaren physikalischen Wirklichkeit fangen meine Sinne ein paar Reize auf. Diese übersetzen und versinnbildlichen sie in Empfindungen, die mit der materiellen Wirklichkeit keinerlei Ähnlichkeit haben. Diese Empfindungen ordnet mein stark von den eigenen praktischen Bedürfnissen gelenktes und durch soziale Schulung bestimmtes Assoziationsvermögen in kleine Bündel von was ich ›Dinge‹ nenne (mit Hauptwörtern etikettiert). Aus diesen baue ich mir ein nettes Guckkasten-Bühnchen ... Darin kann ich meine Rolle spielen. – ›Eine Rolle spielen‹ bezeichnet genau die Sache. Denn auch was ich (für den praktischen Alltag) mein ›Ich‹ nenne, ist eine dramatische Konstruktion; Anblicke im Rasierspiegel und Fetzen einer leicht irrezuführenden Beschäftigung, ›Selbstbeobachtung‹ genannt, sind ihre Hauptbestandteile. Für gewöhnlich nenne ich diese Konstruktion ›ich‹ und die Szenerie ›die wirkliche Welt‹.« Aus C. S. Lewis, Du fragst mich, wie ich bete. S. 89f.

7 Die Logik kann über ganz bestimmte Grenzen nicht hinausgreifen, aber sie kann diese Grenzen erfassen und definieren, wo ihr Zustän-

digkeitsbereich aufhört. In der Naturwissenschaft spricht man zum Beispiel vom sogenannten Gödel-Theorem, das aussagt, daß sich kein System – auch nicht das der Logik – aus sich selbst heraus begründen läßt, sondern daß man dazu immer von einem Standpunkt außerhalb dieses Systems her argumentieren muß. Kant hatte philosophisch bereits ähnliches behauptet, aber Gödel hat dies wissenschaftlich *nachgewiesen.*

8 Auf dieses Mißverständnis bin ich bereits im Vorwort ausführlich zu sprechen gekommen. Ich verweise auf die dortige Argumentation.

9 Nicht zuletzt aus Angst, durch eine solche Konfrontation auch noch das letzte bißchen an Glaube und Christsein zu zerstören. Der volkskirchliche Konflikt ist enorm. Einerseits vollziehen wir ganz selbstverständlich Taufen, Trauungen, Konfirmationen etc. auch in Fällen, wo ganz offensichtlich keinerlei religiöse Bindung oder auch nur Fragestellung vorhanden ist, und bestärken die betroffenen Menschen damit in der Meinung, daß sie auch so »gute Christen« seien. Auf der anderen Seite bestärken wir sie, wenn wir den Vollzug einer solchen Amtshandlung ablehnen, in ihrer ablehnenden Haltung der Kirche gegenüber. Die Angst ist berechtigt, daß sie sich aufgrund eines solchen Ereignisses erst recht abwenden werden und der Zugang zur Kirche, den ihnen eine trotz aller Bedenken gewährte Amtshandlung vielleicht ganz neu gewähren könnte, für die nächsten 20 Jahre verbaut wird.

10 Das, wozu wir von uns aus »ja« sagen können, sind unsere Wunschträume und Abgötter, nicht aber der Schöpfer Himmels und der Erde!

11 Der Begriff »Erwachsenentaufe« ist im Grunde nicht korrekt, es fehlt aber an sprachlich nicht gestelzt klingenden Alternativen. Mich sprach unlängst jemand an, der mit der Taufe seiner Kinder bewußt gewartet hatte, bis sie selbst entscheiden könnten. Sein vierjähriger Sohn wollte nun unbedingt getauft werden. Das erste, was ich mich fragte, war, ob ein Kind in dem Alter denn schon die Reife zu einer solchen Entscheidung haben kann. Wann aber hat der Mensch diese Reife? In der Alten Kirche gab es die Sitte, sich erst auf dem Sterbebett taufen zu lassen. Zwischen diesen beiden Extremen bewegt sich die Taufe, die man von der persönlichen Reife des Täuflings abhängig macht.

12 Dies ist in der evangelischen Kirche zumindest theoretisch der Fall, stößt aber auch dort in der Praxis auf Schwierigkeiten, wenn, wie leider mancherorts immer noch der Fall, ungetaufte Kinder nicht zum Religionsunterricht zugelassen werden. Beide Formen der Taufe gleichberechtigt nebeneinanderzustellen heißt, im allgemei-

nen Bewußtsein die Möglichkeit und den Sinn der Großtaufe, die doch immer noch die Ausnahme ist, wieder mehr ins Spiel zu bringen. Mir gibt es zu denken, daß Jugendliche, von mir daraufhin befragt, zu über 80 Prozent äußern, es wäre ihnen lieber gewesen, ihre Eltern hätten mit der Taufe gewartet und sie gefragt, statt diese Entscheidung – oft aus reinen Gründen der Konvention – bereits im Säuglingsalter über sie zu fällen. Nur: Wenn man andererseits sieht, wie wenig Konfirmanden in der Praxis den Mut haben, sich selbst im Falle völligen religiösen Desinteresses gegen eine *Konfirmation* zu entscheiden, erkennt man, daß mit der Einführung eines allgemeinen Taufunterrichtes im Konfirmandenalter auch noch nicht viel gewonnen wäre. Das Gesündeste scheint mir immer noch zu sein, Kinder- und Großtaufe nebeneinander stehen und gegenseitig auf sich hinweisen zu lassen.

13 Medizinisch gesehen stimmt das natürlich nicht, da die Pockenschutzimpfung eine sogenannte Aktiv-Impfung ist, bei der der Körper selbst Antigene bildet. Worauf es mir aber ankommt, ist, daß unser bewußtes *Ich* in diesen Prozeß nicht eingeschaltet wird, sondern passiv bleibt.

14 Vgl. Johannes 13,10. Johannes hat die erklärte Absicht, die anderen Evangelien zu ergänzen (vgl. 20,30 f.). Darum bringt er viele Geschichten und Jesusworte, die sich in den anderen Evangelien nicht finden und umgekehrt. Außerdem ist das Johannesevangelium am stärksten von allen Evangelien *theologisch* überformt.

15 Wenn Sie meinen, Sie könnten dieses Gebet auch ohne die Hilfe eines anderen sprechen, überlegen Sie sich bitte, ob dahinter nicht auch wieder das Bild einer auf Gemeinschaft nicht angewiesenen Religion steht. Wenn man kurz vor einer Geburt steht, wäre es töricht, wenn man ohne Not – etwa, weil niemand verfügbar oder die Sache sehr, sehr eilig ist – auf die Hilfe einer Hebamme oder eines Arztes verzichten wollte. Auch auf geistlichem Gebiet ist so ein »Geburtshelfer« von nicht zu überschätzender Wichtigkeit.

7. Gebet und Spiritualität – die Antwort des Glaubens

1 Ich würde diesem Kriterium sogar Vorrang vor der *konfessionellen* Bindung einräumen!

2 Freilich gibt es auch hier eine Schmerzgrenze, jenseits derer jedwede Nibelungentreue sinnlos wird. Diese Grenze ist nicht vom grünen Tisch aus zu bestimmen, aber meiner Erfahrung nach ist es schwierig, in einer Gemeinde etwas auszurichten, wenn der Pfarrer – und womöglich auch noch der Kirchenvorstand – aktiv gegen einen ar-

beiten, denn dann gestaltet sich Mitarbeit als täglicher Kleinkrieg. Hier sollte man tatsächlich erwägen, ob man die Gemeinde nicht lieber wechseln sollte. Dies sollte man auch in Erwägung ziehen, wenn man nicht wenigstens einen kleinen Kreis von Menschen hat, die den gleichen Traum von Gemeinde träumen wie man selbst.

3 Machen Sie nicht den Fehler, eine Aufgabe zu übernehmen, die zwar den Bedürfnissen der Gemeinde, nicht aber Ihren Gaben entspricht. Letzteres muß auch im Sinne der Gemeinde unbedingt Priorität behalten. Der Idealfall wäre es natürlich, wenn beides zusammenkommt.

4 Das geht weit bis in den außerkirchlichen Bereich hinein, wenn spirituelle Angebote etwa des sogenannten New-Age-Marktes heute von vielen wahrgenommen werden – viele scheinen sich hier etwas zu versprechen, was sie in der Kirche allem Anschein nach nicht gefunden haben.

5 Leider ist das Wort »Frömmigkeit« bei vielen Menschen negativ konnotiert. Sie setzen es gleich mit Frömmelei und Bigotterie. Frömmigkeit ist nach der schönen Definition Hermann von Bezzels aber »der Entschluß, die Abhängigkeit von Gott als Glück zu bezeichnen«.

6 Wir müssen unterscheiden zwischen einer *persönlichen* und einer *privaten* Spiritualität. Erstere steht zur gemeinschaftlichen Spiritualität in einer Beziehung des Gebens und Nehmens, letztere hingegen ist – christlich gesehen – ein Unding.

7 Dietrich Bonhoeffer, Nachfolge, S. 17

8 Viele Menschen meinen, ihr Christsein, wenn auch nicht nur für sich, so doch nur für »ihre Lieben« praktizieren zu können. Sie sagen: »Ich lebe mein Christsein nicht in der Gemeinde, sondern in meiner Familie.« Das tut allerdings auch jeder Mafioso. (Vgl. hierzu Matthäus 5,46 oder auch die harten Worte Jesu zur Familie in Matthäus 10,29–30.35–38; Markus 3,32–35; Lukas 2,49; 9,61–62 und 14,26).

9 Die folgende Auslegung lehnt sich teilweise bis in den Wortlaut hinein eng an diejenige Helmut Thielickes in: Das Gebet, das die Welt umspannt, S. 27 ff., an.

10 Reinhard Deichgräber: Wachsende Ringe, S. 50 zur Stelle. Auf dieses Buch weise ich mit großem Nachdruck hin: Es ist eines der besten zum Thema »Beten«, das ich kenne.

11 Darum sagt Luther: Dreimal beten für eine Sache ist genug. Wir sollen kurz, aber kräftig beten. Bereits die Dreizahl ist eine Konzession an unseren Kleinglauben, der nicht meint, daß eine Sache, die wir Gott einmal vorgelegt haben, bei ihm schon in guten Händen liegt. Freilich gibt es auch das andere, wo es so ganz und gar nicht

aus uns heraussprudeln will und wo es deshalb durchaus sinnvoll sein kann, die gleichen Gebetsinhalte immer wieder zu wiederholen: und zwar nicht so sehr um *Gott*, sondern um *uns selbst* in Bewegung zu bringen.

12 Vgl. D. Bonhoeffer, Nachfolge, S. 103.

13 »Realisieren« hat dabei die schillernde Bedeutung von einerseits »merken, erkennen« und andererseits von »in die Tat umsetzen, anerkennen«.

14 Das ist im Hinblick auf das Gebet auf den ersten Blick ausgesprochen erstaunlich, aber im Grunde gilt das für alle unsere Taten und nicht nur für unser Gebet. C. S. Lewis sagt: »Es ist eigentlich nicht seltsamer oder weniger seltsam, daß meine Gebete den Lauf der Dinge beeinflussen sollten, als daß meine anderen Handlungen dies tun . . . anscheinend tut er (= Gott, d. Vf.) nichts selbst, was irgend er seinen Geschöpfen übertragen kann. Er gebietet uns, auf unsre langsame und pfuscherhafte Weise etwas zu tun, was er vollkommen und in einem Augenblick tun könnte.« Vgl. hierzu C. S. Lewis, Was der Laie blökt, S. 137 f.

15 Das in meiner Skizze S. 211 an dieser Stelle auftauchende Kunstwort »Fürdank« weist uns darauf hin, daß wir bei dem Versuch, unseren Dank zu kultivieren, auch nicht nur auf uns selbst zu schauen brauchen.

16 Angelehnt an C. S. Lewis, Das Gespräch mit Gott, S. 108 ff.

17 Es mag manchen erstaunen, daß ich Lob und Klage hier auf die gleiche Stufe stelle. Aber zum einen darf man die biblische »Klage« nicht verwechseln mit dem Lamentieren und Sich-Beklagen vieler Menschen (»Warum gerade ich? Wie kann Gott das zulassen? Hätte/könnte/wäre . . .«). Der Unterschied zwischen diesem Jammern und der Klage ist, daß wir im Jammern nicht von uns selbst wegkommen. Die biblische Klage stößt durch die äußeren Umstände immer hindurch zum »Du« Gottes, und das stellt sie neben das Lob.
Es ist kein Zufall, daß das Buch der Psalmen im Hebräischen zwar »Buch der Preisungen« *(tehalim)* heißt, faktisch aber mehr Klagelieder *(tefiloth)* als Loblieder aufzuweisen hat. Auch unsere Klagen loben Gott, wenn sie uns nicht von ihm weg-, sondern zu ihm hinführen. Dies sei auch kritisch angemerkt gegenüber jener vor allem im Bereich der charismatischen Bewegung angesiedelten »Lobpreis«-Ideologie, die diesen Aspekt meines Wissens völlig ausblendet. Es gibt nicht nur Positives, sondern auch Negatives in meinem Leben. Entscheidend ist, daß ich in beidem zum Du Gottes vorstoße.

18 Nichts wäre verkehrter, als die von mir genannten fünf Stufen des Gebets dahingehend mißzuverstehen, daß man die unteren Stufen zu überwinden und hinter sich zu lassen habe, um zu reiner Anbetung zu gelangen.

19 Ich kann hierauf an dieser Stelle nicht näher eingehen. Wen diese Form des Betens näher interessiert, dem empfehle ich die sehr gute Einführung in das kontemplative Gebet von Thomas Keating, Das Gebet der Sammlung, Münsterschwarzach 1987.

20 Vgl. Thielicke, Das Gebet, das die Welt umspannt, S. 36: »Darum hat Gott uns nicht nur fromme *Gefühle* und eine subjektive »Religiosität« gegeben, wie sie etwa unter dem Duft des Weihrauchs, unter dem Klang der heiligen Musik oder im Schweigen einer sonnendurchfluteten Waldlichtung geweckt werden mögen; diese frommen Gefühle vergehen, vielleicht schon in der nächsten Stunde, wenn mich irgendeine Katastrophennachricht erreicht. Das ›Wort‹ aber vergeht nicht.«

21 Zum Thema »Gebetsgebärden« weise ich auf das gleichnamige schöne Büchlein von Anselm Grün und Michael Reepen hin.

22 Jochen Klepper sagt: »Die Hände, die zum Beten ruhn, die macht er stark zur Tat, und was der Beter Hände tun, geschieht nach seinem Rat.«

23 Sehr schöne Gebete finden sich auch in der Sammlung von Jörg Zink: Wie wir beten können, oder auch in den Büchern von Michel Quoist: Herr, da bin ich, und Paul Roth: Gott ist jederzeit zu sprechen.

24 Vgl. R. Rohr, Der nackte Gott, S. 99f. Eine ähnliche »rechtshemisphärische« Wirkung auf das Unterbewußtsein hat das sogenannte *Wiederholungsgebet*, etwa der Rosenkranz oder das der orthodoxen Tradition entstammende »Jesusgebet«.

25 Welche Anlässe Sie dazu nehmen, ist fast zweitrangig. Ich kenne jemanden, der betet immer, wenn das Telefon klingelt, und zwar betet er für denjenigen am anderen Ende der Leitung, bevor er abhebt. Freilich kann ich mir für dieses Gebet nicht viel *Zeit* nehmen. Andere beten, wenn sie die Glocken ihrer Kirche läuten hören.

26 Dieser Aspekt, daß alle Nahrung transparent wird auf Gott hin, wird auf den Begriff gebracht in dem Tischgebet: »Allen Hunger, den wir haben, stillen wir mit Gottes Gaben, alles Dürsten, das wir stillen, stillen wir mit Gottes Willen. Alle Sehnsucht ist erfüllt, wenn Gott selbst als Nahrung quillt.«

27 Ich denke, daß sich Christen mit dieser Praxis heute weniger denn je vor anderen zu verstecken brauchen, da man gerade im Bereich des Management-Trainings mehr und mehr im Begriff ist, die morgendliche Meditation wiederzuentdecken. Die Spannbreite dieser

mittlerweile fast schon zum guten Ton gehörenden Meditation reicht vom sogenannten autogenen Training über sogenannte Affirmationen (»Es geht mir mit jedem Tag und in jeglicher Hinsicht besser und besser«) bis hin zu Praktiken der »transzendentalen Meditation« eines Mantras, das heißt der oftmaligen Wiederholung vermeintlich sinnloser Silben, die aber meines Wissens in Wirklichkeit meist eine Anrufung einer hinduistischen Gottheit sind.

28 Die Ordnung ist dabei weitgehend standardisiert, das heißt, die meisten Bibellesehilfen beziehen sich auf die gleichen Tagestexte, wie sie etwa auch im blauen Losungsheft angegeben sind. Sehr gut, wenn auch etwas teurer, weil in einer aufwendigen, aber auch sehr benutzerfreundlichen Ringbuchausgabe, ist die jährlich im Brunnen-Verlag herausgegebene Hilfe »Bibel für heute« (auch als Paperback erhältlich).

29 Martin Luther, »Eine einfältige Weise zu beten. Für einen guten Freund« von 1535. Ausführlich wird diese Schrift erörtert in dem Büchlein von Walter Trobisch: Kleine Therapie für geistliche Durststrecken.

30 Vgl. W. Trobisch, a.a.O., S. 40.

31 Einige Impulse der folgenden Auslegung entnahm ich dem Buch von Artur Richter: Was glaubt der Christ, S. 89 ff.

32 Vgl. Matthäus 23,9

33 Die Gliederung »Daß Gott Gott werde und der Mensch Mensch bleibe« stammt von Heinz Zahrnt.

34 Richard Rohr hat einmal in einem Vortrag darauf hingeweisen, wie merkwürdig diese Bitte im Munde von Menschen klingt, die in der Regel ihr Geld gut angelegt und eine Menge überflüssiger Versicherungen abgeschlossen haben und die die Garantiebelege selbst für einen Toaster für drei Jahre aufbewahren.

35 Dieses Ende findet sich in den ältesten Handschriften des Neuen Testaments nicht, ist aber schon Anfang des zweiten Jahrhunderts bezeugt. Es ist, wie Ernst Lohmeyer einmal gesagt hat, ein »Geschenk der syrischen Kirche an die Christenheit«.

8. Das Handeln des Christen – zwischen Normen und Freiheit

1 Umgekehrt geht es freilich auch nicht. Keiner kann sich darauf berufen und sagen: »Wieso soll ich abspülen? Ich liebe doch meine Frau, das ist die Hauptsache.«

2 Auch eine Tat, die lediglich aus Angst vor der Strafe Gottes oder aus der Spekulation auf eine Belohnung im Himmel heraus geboren wird, ist keine christliche Tat!

3 C. S. Lewis, Christentum schlechthin, S. 65 (vgl. auch im folgenden).

4 Ich lasse meine Konfirmanden gerne die Gebote nach der Reihenfolge ihrer Wichtigkeit ordnen, und es ist interessant, daß das Feiertagsgebot dabei mit großer Regelmäßigkeit auf den letzten Platz kommt. Auf den vorletzten Platz kommt in der Regel das Ehebruchsverbot. Beides scheint mir ein eindrücklicher Spiegel unserer Gesellschaft zu sein.

5 Bekanntlich schaffte man in der UdSSR nach der Oktoberrevolution den Sonntag als Feiertag ab und gab den arbeitenden Menschen nur jeden zehnten Tag frei. Die Folgen waren so verheerend, daß man nach kurzer Zeit wieder zu dem alten Sieben-Tage-Rhythmus zurückkehrte.

6 Ähnliches läßt sich vom Bilderverbot beziehungsweise Verbot des Mißbrauchs des Gottesnamens sagen. Die Herabzerrung beziehungsweise willkürliche Bemächtigung der Majestät Gottes etwa durch Gedankengespinste oder abergläubische Praktiken schadet nicht so sehr *Gott* als vielmehr *uns* und unseren Mitmenschen. Auch diese Gebote hindern nicht, sondern ermöglichen allererst unsere Freiheit, indem sie darüber wachen, daß die tiefste Dimension unseres Menschseins, eben unser Gottesverhältnis, nicht von Lügen und Angst beherrscht und geprägt wird.

7 So kann man im Grunde genommen auch gar nicht undifferenziert von »den« Pharisäern sprechen, da es innerhalb dieser Gruppierung verschiedene Flügel gab. Freilich setzte sich die als gemäßigt geltende Schule des Pharisäers Hillel erst in der Zeit nach Jesus durch. Blickt man nur auf die Ethik, finden sich viele Prallelen zwischen Jesus und dem Pharisäer Jochanaan ben Zakkaj (ca. 1–80 n. Chr.), der nach dem Aufhören des Tempelkultes der Nächstenliebe eine vertiefte Bedeutung für den jüdischen Glauben gegeben hat. Das Neue Testament bescheinigt namentlich den Pharisäern Nikodemus (Johannes 3,10) und Gamaliel (Apostelgeschichte 5,34) ihre hohe persönliche Integrität.

8 Darum formuliert Jesus in den berühmten Antithesen seiner Bergpredigt Regeln, die dem Kriterium der Menschlichkeit wirklich gerecht würden: »Euren Vätern ist gesagt worden . . . – ich aber sage euch« (Matthäus 5,21.27.33.38.43). In diesen Regeln greift Jesus seinerzeit völlig anerkannte Normen – nicht zuletzt aus dem Bereich der Zehn Gebote – auf und *verschärft* sie: Dem Töten wird das negative Denken, dem Ehebrechen bereits das Begehren und der Nächstenliebe die Feindesliebe vorgeschaltet. Diese Regeln sind freilich extrem und unerfüllbar. Die Absicht ist hierbei, aufzuzeigen, daß der Mensch die Gebote des Mose vielleicht erfüllen kann,

daß er aber den Standard, den Gott an unsere Menschlichkeit anlegt, nicht erreicht und auch nie erreichen *kann.*

9 Oder was würden Sie zum Beispiel sagen, wenn Ihnen jemand Gebote aus dem Kultgesetz wie etwa in 3. Mose 5,15 (Schuldopfer) oder 15,19 ff. (Unreinheit von Frauen, die ihre Tage haben) oder aus dem Sozialgesetz 5. Mose 21,10–14 (Umgang mit kriegsgefangenen Frauen) oder 21,18–21 (Tötung von ungehorsamen Söhnen) für die heutige Zeit als gültige Norm vorschreiben wollte?

10 Der *Krieg* hat durch die Erfindung der Massenvernichtungswaffen und der sich damit ergebenden Möglichkeit der Vernichtung der ganzen Welt eine völlig neue Qualität bekommen. Und um ein paar Andeutungen zur Ehe zu machen: Damals bestimmte die *Sippe*, wen man zu heiraten hatte. Es ging nicht so sehr um Liebe und *Erotik*, sondern vielmehr um Nachkommenschaft und den Erhalt der Familie. Die Braut wurde dabei in einer Art Rechtsgeschäft »erworben«. Die Stellung der Frau innerhalb der Ehe war nahezu rechtlos. Das Heiratsalter lag nicht selten bei dreizehn Jahren, es gab also keinen langen Aufschub zwischen sexueller Reife und der Ehe. Die erheblich kürzere Lebenserwartung wirkte sich auch auf die Dauer der Ehe aus. Ferner gab es die Polygamie und die Möglichkeit, »Nebenfrauen« zu haben.

11 Natürlich konnte *Gott* sie absehen, aber wer hätte damals diesbezügliche Normen denn verstanden? Noch im Jahr 1970 wußte kaum einer, was die Worte »Umweltschutz« oder gar »Datenschutz« bedeuten.

12 Da ist zum Beispiel die immer wiederkehrende politische Entscheidung zwischen dem Verlust vieler Arbeitsplätze und ökologisch unverantwortlichen Alternativen. Auch beim modernen Strafvollzug kann man sich des Eindrucks nicht erwehren, daß man, egal, wie man handelt, auf jeden Fall einen Fehler macht. Oder wie will man »richtig« mit der Stasi-Vergangenheit so vieler Menschen umgehen? Wie geht man überhaupt »richtig« mit Diktaturen im eigenen oder auch in anderen Ländern um? Ist uns eigentlich klar, daß wir, auch wenn wir »noch nie etwas Böses getan« haben, permanent schuldig werden, indem wir aufgrund unseres Weltwirtschaftssystems auf Kosten der Zweidrittelwelt leben? Doch wissen Sie eine Alternative? Kennen Sie die »richtige« Antwort auf das weltweit zunehmende Flüchtlingsproblem?

13 Man unterscheidet die sogenannte »Zweite Tafel«, also jene Gebote, die unser Verhältnis zu unseren Mitmenschen regeln, von der sogenannten »Ersten Tafel«, deren Gebote sich speziell auf unser Verhältnis zu Gott beziehen. Die Trennung von Erster und Zweiter Tafel der Gebote hat keinen biblischen Anhalt. Schon die Textge-

stalt aus 2. Mose 20 zeigt, daß dies nicht gut möglich gewesen sein kann, da der Text jener vermeintlichen »Ersten Tafel« jenen der »Zweiten« um ein Dreifaches übersteigt.

14 Diese Gedanken sind übernommen von dem Tübinger Moraltheologen Alfons Auer. Auer kommentiert diesen Sachverhalt wie folgt: »Jesus greift also auf die ethischen Einsichten früherer Zeiten zurück. Freilich hat er diese Einsichten durch die Radikalität der Theozentrik, der Konzentration, der Intensität, der Verinnerlichung und der Universalität weit hinter sich gelassen. Doch ist das Proprium seiner Botschaft eben nicht in der Aufstellung neuer sittlicher Weisungen, sondern im Aufweis eines neuen Sinnhorizontes zu sehen: ›Gottes Herrschaft‹, ›Heil‹, ›Gemeinschaft mit dem Vater‹. Aus dem neuen Sinnhorizont ergibt sich dann auch eine neue Motivation.« Vgl. Alfons Auer, Theologische Ethik und autonome Moral, S. 42.

15 Titus 2,9, vgl. Kolosser 3,22, Epheser 6,5 oder auch 1. Petrus 2,18. Auf seine Weise noch schlimmer ist nach unseren heutigen Maßstäben die Tatsache, daß alles, was an diesen Stellen von den *Sklavenhaltern* gefordert wird, lediglich dies ist, ihren Sklaven das zu gewähren, was recht und billig ist.

16 Vgl. 1. Korinther 14,34 oder 2. Timotheus 2,11 f.

17 Der Sachsenspiegel war das zur Zeit Luthers gültige bürgerliche Gesetzbuch. Die Schrift, eigentlich eine Predigt, findet sich in WA 16, 363 ff. und ist hier zitiert nach den sprachlich überarbeiteten Fassungen der Alandschen Ausgabe »Luther Deutsch« (Band 5) und nach der Calwer-Luther-Ausgabe (ebenfalls Band 5).

18 Ein gelungener Versuch, eine »Ethik ohne Gesetz« zu entwickeln, findet sich zum Beispiel in dem gleichnamigen Buch von Reinhard Schinzer, Göttingen 1986

19 Meiner Erfahrung nach kann selbst eine biblizistische Ethik nicht umhin, bestimmte Regeln der Bibel in den Vordergrund und andere in den Hintergrund zu rücken und somit eine Bibel-*Auswahl* zu treffen. Auch eine erklärtermaßen »biblische Ethik« ist eine eklektizistische Ethik, nur daß sie die Kriterien für ihre Auswahl nicht offenlegt.

20 Die folgenden Gedanken sind eng angelehnt an den katholischen Moraltheologen Alfons Auer (Alfons Auer a.a.O).

21 Gerade wegen seines hohen Anspruchs habe ich sehr intensiv den Vorschlag einer (kommunikativen) Letztbegründung der Ethik von Apel und Habermas studiert und muß gestehen, daß mir auch diese keineswegs einleuchtet.

22 Vgl. im folgenden Eugen Drewermann, Der offene Himmel, S. 67 ff.

23 Vgl. Römer 3,28, Galater 2,16 oder Epheser 2,8 f. (beim Epheserbrief ist die Verfasserschaft des Paulus umstritten).

24 Als weiteren »Götzen« würde ich das Lustprinzip nennen, das heißt die Orientierung an dem, was mir Spaß macht beziehungsweise bequem ist und mir ein Wohlgefühl verschafft. Ich werde auf diesen »Götzen« unter (3) und (5) näher eingehen.

25 Eine große Hilfe wäre es freilich, wenn er sich in ähnlicher Weise anerkannt fühlen könnte im Kreise der Glaubensgeschwister. Leider zeigt es sich immer wieder, daß die Wirklichkeit unserer Kirchen und Gemeinden oft nicht minder vom Götzen der Rechthaberei, der Empfindlichkeit, der Animositäten und der Anerkennungssucht geprägt ist wie unsere Gesellschaft überhaupt. Dies liegt daran, daß das Selbstverständnis unserer Gemeinden nicht unbedingt mehr das ist, die Gemeinschaft der begnadigten Sünder zu sein.

26 Ich kann an dieser Stelle nicht näher darauf eingehen. Wer hieran weiter arbeiten möchte, dem seien zwei Bücher empfohlen, die ich als sehr hilfreich empfunden habe: Anselm Grün, Einreden, Münsterschwarzach 1983 und Chris Thurman, Lügen, die wir glauben, Asslar 1991.

27 Der Begriff der Selbstkritik spielt in diesem Buch eine recht wichtige Rolle. Mittlerweile habe ich mich jedoch belehren lassen, daß dieser Begriff vor allem für Leser und Leserinnen aus der ehemaligen DDR teilweise sehr negativ behaftet ist, weil sie vom damaligen Regime zu permanenter »Selbstkritik« aufgefordert wurden, wohl in der unausgesprochenen Absicht, sie immer recht klein und demütig zu halten. Sie können versichert sein, daß mir nichts dergleichen vorschwebt. Es geht nicht darum, daß ein Mensch sich künstlich kleinmacht, sondern daß er sich in der rechten Relation vor dem ewigen Gott und dessen Maßstäben des Menschlichen sieht und vor allem auch: daß er sich nicht über seine Mitmenschen erhebt. Darum sagt Jesus auch, wir sollen den Balken im eigenen Auge wahrnehmen, bevor wir uns anschicken, den Splitter aus dem Auge unseres Bruders zu entfernen (vgl. Matthäus 7,1–5).

29 Galater 5,1.

30 Fjodor M. Dostojewskij, Die Brüder Karamasow, S. 343–345

Literaturverzeichnis

Auer, Alfons — Theologische Ethik und autonome Moral, zitiert nach »Konzepte« Bd. 5, Materialien für den RU in der Sek. II, Hrsg. v. K. Heintz und G. Neumüller, Frankfurt 1983², S. 42–44

Bonhoeffer, Dietrich — Gemeinsames Leben München 1985²⁰

Bonhoeffer, Dietrich — Nachfolge München 1950

Brecht, Bertolt — Gesammelte Werke, Frankfurt am Main 1967

Deichgräber, Reinhard — Wachsende Ringe. Die Bibel lehrt beten. Göttingen 1983

Dostojewskij, Fjodor M. — Die Brüder Karamasow (1879/80) übers. von Hans Ruoff und Richard Hoffmann, Zürich 1975

Drewermann, Eugen — Das Markusevangelium Olten 1987

Drewermann, Eugen — Das Matthäusevangelium Olten 1992

Drewermann, Eugen — Der offene Himmel Düsseldorf 1990

Drewermann, Eugen — Strukturen des Bösen (1978) Paderborn 1988

Grün, A./Reepen, M. — Gebetsgebärden Münsterschwarzach 1988

Lehmann, Theo — Verrückt vor Liebe, Neukirchen-Vluyn 1988

Lewis, C. S. — Christentum schlechthin (1942–44) Freiburg 1959; (Neuer Titel: Pardon, ich bin Christ)

Lewis, C. S. — Das Gespräch mit Gott (1959) Zürich-Einsiedeln-Köln 1978

Lewis, C. S. — Du fragst mich, wie ich bete (1964) Einsiedeln 1978²

Lewis, C. S. — Gott auf der Anklagebank Basel 1981

Lewis, C. S.	Was der Laie blökt. Christliche Diagnosen. Einsiedeln 1977
Martin Luther	Werke in neuer Auswahl für die Gegenwart, hrsg. von K. Aland (»Luther Deutsch«) Göttingen, div. Jahre
Martin Luther	Calwer Ausgabe Stuttgart, div. Jahre
Pascal, Blaise	Penseés (Hrsg. von Ewald Wasmuth) Heidelberg 1972[7]
Phillips, John B.	Dein Gott ist zu klein (1952) Moers 1991
Richter, Artur	Was glaubt der Christ Wuppertal 1963
Rohr, Richard	Der nackte Gott. Plädoyers für ein Christentum aus Fleisch und Blut München 1987
Schinzer, Reinhard	Ethik ohne Gesetz Göttingen 1986
Thielicke, Helmut	Das Gebet, das die Welt umspannt Stuttgart 1980
Thielicke, Helmut	Und wenn Gott wäre Stuttgart 1970
Thielicke, Helmut	Woran ich glaube Stuttgart 1980
Thielicke, Helmut	Wie die Welt begann Stuttgart 1964
Traub, Hermann	Bibelorientiert in: Mitarbeiterhilfe 3/92, S. 45 ff.
Trobisch, Walter	Kleine Therapie für geistliche Durststrecken Wuppertal 1975
Vollmer, Klaus	Die Bibel in: Impulse 4/81, S. 4–8
Vollmer, Klaus	Ich glaube, also bin ich Wuppertal 1992
Zahrnt, Heinz	Leben, als ob es Gott gibt München 1992
Zahrnt, Heinz	Westlich von Eden Frankfurt am Main 1984

Quellenangaben

Wie man beten lernen kann.

In sieben Kapiteln leitet der erfahrene Theologe Jörg Zink an zur geistigen Haltung des Beters – gegenüber Gott, sich selbst, den Mitmenschen, der Welt und der Zukunft. Schritt für Schritt erweitert er den Horizont, in dem das Gebet ein zentraler Ausdruck des eigenen Seins und des Vertrauens werden kann und der Beter seine eigenen Worte findet. Mit zahlreichen Beispielen ist das Buch eine Fundgrube für den einzelnen, für Andachten und Gottesdienste.

Jörg Zink
Aufrecht unter dem Himmel
Wie man beten lernen kann
160 Seiten, Hardcover

Das unübertroffene Jesusbuch als Sonderausgabe:

Wie der Autor dem Leser den Wanderprediger von Galiläa nahebringt, das ist etwas vom Bewegendsten und Tiefgründigsten in der christlichen Literatur der Gegenwart. Hier »muß« man nichts glauben, hier geht es um Erfahrungen, um Verstehen, um Verstandenwerden. In einfacher und eindringlicher Sprache erzählt und erklärt Zink dem Leser von heute die alten Geschichten der Bibel.

Jörg Zink
Erfahrung mit Gott
Einübung in den christlichen Glauben
478 Seiten, Paperback

KREUZ: Was Menschen bewegt.